Besaat-e-Shauq

بسم اللہ الرحمن الرحیم

بساطِ شوق

منصور احمد شوقؔ عظیم آبادی

PARTRIDGE
A Penguin Random House Company

Besaat-e-Shauq

Mansoor Ahmad Shauq
Azeemaabaadi

PARTRIDGE
A Penguin Random House Company

بساطِ زندگی پر حیثیت اپنی ہے مُہرے کی

چلاتا ہے کوئی جس سمت حسبِ حال چلتے ہیں

Besaat-e-zindagi par haisiat apnee hai mohrey kee

Chalaata hai koyee jis simt hasb-e-haal chaltey hain

Dear Reader,

Inside these pages you will find a veritable bounty of heart touching Urdu poetry of Prof. Mansoor Ahmad (Shauq). Most of the poetries are in form of 'Ghazal', a form of poetic expression that originated in the 6th century Arabic verse and has remained a cultural heritage of south Asian literature since the 12th century.

The poet has been well known for his aesthetic depiction both through and of the language. Besides being technically precise in terms of language and expression required for the art of Urdu poetry, he has also been rated highly among the experts for his quintessential amalgamation of pragmatic and philosophical views without compromising the classical nature of Ghazal.

The variants of Urdu are spoken and understood in almost entire south Asia and are written under different scripts. We realized that the limitation of the script should not act as a barrier for those readers who love Urdu poetry. Therefore Prof. Shauq endeavored to transliterate his poetries into roman script.

Although, we do not intend to invent Roman Urdu, we have tried to maintain uniformity of representation through the following table of reference. It would act as a phonetic guide for the pronunciation of the language.

Letter	Phonetic	Usage
A, a	ʌ	cup, luck: When used in the beginning or the middle of the word
(a)	ʌ	cup, luck: When used as a last letter of the word
Aa, aa	ɑ:	arm, father: When used in the beginning or the middle of the word
a	ɑ:	arm, father: When used as a last letter of the word
ai	æ	cat, black: Anywhere in the word
E,e	e	met, bed: Anywhere in the word
I, i	ɪ	hit, sitting: Anywhere in the word
Ee, ee	i:	see, heat: Anywhere in the word
Au, au	ɒ	hot, rock: Anywhere in the word
U, u	ʊ	put, could: Anywhere in the word
Oo, oo	u:	blue, food: Anywhere in the word
Ey, ey	eɪ	say, eight: Anywhere in the word
O, o	oʊ	go, home: Anywhere in the word

Other rules:

- *A letter in parenthesis () has to be pronounced as half the weight of the original phonetic*
- *Letters connected by hyphen are considered as a single word*
- *Single or double letters connected by hyphen on both sides would be pronounced as per the table above*
- *The word 'mey(n)' has been written as 'mein'*
- *The word 'hai(n)' has been written as 'hain'*
- *The word 'hoo(n)' has been written as 'hoon'*
- *The letter 'y' has been used before 'e', 'o', or 'u' to make the pronunciation more convincing*

Due to the difference in phonetics, not all the letter of the Urdu language finds its equivalent English letter. Therefore, we have left much to the wisdom of the reader acquainted with the language.

Wish you enjoyable and convenient reading!

Faisal Mahboob

Editor (English)

Editor (Urdu): Dr. Zakra Tabassum
Editor (English): Faisal Mahboob
Copyeditor: Zeba Perveen

ISBN: Hardcover   978-1-4828-1751-5
             Softcover   978-1-4828-1750-8
             Ebook   978-1-4828-1749-2

To order additional copies of this book, contact
Partridge India
000 800 10062 62
www.partridgepublishing.com/india
orders.india@partridgepublishing.com

فہرست

تعارف

ہر فنکار اپنے دور کا آئینہ دار ہوتا ہے مختلف ذریعہ ٔفن سے وہ اپنے احساسات کی ترجمانی کرتا ہے جس میں شاعری بھی ایک ذریعہ ٔفن ہے جس میں انسانی جذبات و احساسات اس طرح سامنے آتے ہیں کہ ہر شخص کو لگتا ہے کہ یہ میرے دل کی بات ہے یہی وجہ ہے کہ شاعری ہر دور میں پڑھی، سمجھی اور پسند کی جاتی ہے کچھ ایسا ہی اندازہ منصور احمد شوؔق کے مجموعہ کلام ''مبساطِ شوق'' کے مطالعہ سے ہوتا ہے۔

حالانکہ شوؔق صاحب سائنس کے طالب علم رہے ہیں جب وہ پٹنہ انجینئرنگ کالج میں پڑھ رہے تھے اُسی وقت سے ان کی شاعری کی ابتداء ہو چکی تھی وہ ایک طرف ایک ایسے خشک مضامین میں تعلیم حاصل کر رہے تھے جہاں ہر بات ایک ٹھوس حقیقت پر مبنی ہوتی ہے اور بغیر ثبوت کے تسلیم نہیں کی جاتی۔ دوسری طرف تخیلاتی دنیا میں اپنے قرب وجوار کے محرکات سے متاثر ہوتے ہیں اور اشعار کی صورت میں سامنے لاتے ہیں ۔

کوئی ضرور اور ہے مجھ میں چھپا ہوا
میرے تخیلات کا جو پیشوا ہوا

بھلا بن گیا ہے بُرا بن گیا ہے
یہ انساں بھی موسم نمُا بن گیا ہے

تیری روداد کردوں رقم زندگی
مجھ کو حاصل کہاں وہ قلم زندگی

شوؔق صاحب کے کلام میں ہر موضوع پر مشاہدوں کے دلکش اور خوبصورت اشعار ملتے ہیں جس سے انہوں نے اپنی شاعری کی بساط بچھا رکھی ہے "بساطِ شوق" ان کا شعری مجموعہ ہے جو غزلوں پر مشتمل ہے ان کے کلام سے جو بات واضح طور پر سامنے آتی ہے وہ ہے اعتدال پسندی۔ ان کی شاعری میں نہ تو روایت سے بغاوت ہے اور نہ ہی جدیدیت سے اجتناب برتا گیا ہے دونوں کے صحت مند عناصر ان کی شاعری میں شامل ہیں ۔

نازاں جدیدیت پہ ہیں اہل قلم عبث
ہر رسم نو کی روح تو رسمِ کہن میں ہے

ساز ہر چند پُرانا ہے بجانا ہے مجھے
اس قدامت میں بھی ایک حسن دکھانا ہے مجھے

میں وہی حروف لے کر ترا نام لکھ رہا ہوں
مری لوحِ زندگی پر جو لکھے ہیں ابتداء سے

تبدیلیوں کو ہرگز قبول نہیں کرنا چاہتے جو انسان سے اس کی شرافت اور وقار چھین لیتی ہے ۔

ایسا نہیں کہ آج شرافت نہیں رہی
کہئے کہ دورِ نو کو ضرورت نہیں رہی

بعد میں ماہانہ طرحی مشاعروں میں منسلک رہے اور فن شاعری پر روز بروز نکھار آتا گیا اور ایک کہنہ مشق شاعر کی صورت میں ہمارے سامنے ہیں جہاں ان کا ایک منفرد مقام ہے ۔

ممکن ہے تڑپتی ہو مرے واسطے منزل
یہ سوچ کے چلئے تو قدم اور بڑھے گا

ان کی شخصیت میں نہ کوئی گرہ ہے اور نہ کوئی الجھاؤ ہے ، نہ ہی عیّاری ، ڈھونگ اور تصنع نظر آتا ہے ان کی شخصیت میں خاندانی تصوف کا بڑا ہاتھ ہے اپنے ملنے جلنے والوں میں ہمیشہ بڑھ کر اور جھک کر ملتے ہیں ان کی شخصیت کا یہ رنگ ان کی شاعری میں ہر جگہ نظر آتا ہے ۔

ہم ہیں آگاہِ عظمتِ انساں
آپ کرتے ہیں احترام اپنا

اُن کی قربت پہ ہی موقوف ہے ہونا میرا
جسم سے اپنے عجب روح کا رشتہ دیکھا

شوؔق کے یہاں سماجی و اخلاقی بدحالی کا گہرا مشاہدہ ملتا ہے پھر اُن حالات سے باہر نکلنے کی سعی بھی نظر آتی ہے ۔

کیجئے اپنا علاج آپ ہی دانا ہو کر
اب یہاں کوئی نہ آئے گا مسیحا ہو کر

ہتھیلی پر لکیریں خود بنا لو اپنی قسمت کی
کروگے تم مقدر کے لکھے پر منحصر کب تک

"بساطِ شوق" اس دور میں ادبی ذوق رکھنے والوں کے لئے باعثِ تسکین ہے جہاں زبان میں سلاست، روانی اور پختگی ہے اور قارئین کے لئے ایک خوبصورت تحفہ ہے وہیں اردو ادب کی خدمت کا ایک دلکش نمونہ ہے ۔

ڈاکٹر ذاکرہ تبسّم

پی۔ایچ۔ڈی (اردو)

پٹنہ یونیورسٹی

4

شَوق کے قلم سے

حالِ دل مجھ سے خود پوچھتا تھا کوئی

جانے کیا کہہ دیا، کیا بچا رہ گیا

مجھے یہ سوچ کر بے حد خوشی ہوتی ہے کہ ہر دور میں خواہ وہ اچھا ہو یا بُرا، انسان کو کوئی نہ کوئی حالِ دل پوچھنے والا ضرور مل جاتا ہے۔ چاہے سماج والے کے افراد ہوں، پڑوسی ہوں، رشتہ دار یا گھر والے۔

ایسا کیوں ہوتا ہے؟ اس کا جواب ایک ہی ہے اور وہ ہے انسانی دلجوئی اور محبت کا جذبہ ۔

اور کہئے گا کیا محبت کو

اک تعلّق ہے قدرتی کہئے

شاید اسی تعلّق کو نبھانے کے لئے زبان، دلکش لب و لہجہ، حسین اور شائستہ طرزِ بیان، خوبصورت جملوں اور آدابِ زندگی سے آشنائی لازمی ہو جاتی ہے۔ اشارے، کنائے، تشبیہات جنم لیتے ہیں ۔

کسی غزل کی ہے تصویر میری غزلوں میں

اشارے اور کنائے ہیں سب اسی کے لئے

5

انہی احساسات نے مجھے غزل گوئی کی طرف راغب کیا ورنہ ؎

میرے اعمال اتنے تو اچھے نہ تھے
باپ ماں کی دعا کارگر ہوگئی

اور پھر ؎

اپنا چہرہ بھی ایک اندھے نے
دل کو درپن بنا کے دیکھ لیا

اب گلشنِ فکر میں ہر رنگ کے پھول کھلنے لگے۔ موسمِ بہار ہو کہ موسمِ خزاں، خوشی ہو کہ غم، محرومی ہو کہ آسودگی سارے کوائف اثر انداز ہونے لگے اور کہنا پڑا ؎

ہم بلبلِ غریب کی قسمت تو دیکھئے
چھوٹے قفس سے جب تو گلستاں نہیں رہا

اپنے ان احساسات کا تذکرہ میں نے محترم و مکرّم جناب سیّد سعید رضا گہرؔ عظیم آبادی سے کیا۔ جو ایک مستند شاعر، فنِّ عروض کے ماہر، تجربات و مشاہدات سے مالا مال، منطق و فلسفہ اور مستند اساتذہ سخن کے دواوین کا گہرا مطالعہ رکھنے والے ہر محفل سخن کے چراغِ روشن تسلیم کئے جاتے ہیں۔ انہوں نے میری بڑی حوصلہ افزائی کی، نہایت ہی شفقت سے پیش آئے اور فنّی نکات سے روشناس کرایا اور مجھے غالبؔ کی زمین میں یہ کہنے کی جسارت ہوئی ؎

ہم ہیں محتاجِ ہنر ان کی نظر ہونے تک
اور چمکے کی غزل نذرِ گہرؔ ہونے تک

آسماں چھونے کی اے شوقؔ تمنا نہ کرو

اپنے بازو میں اُڑانوں کا ہنر ہونے تک

میرے ذوق و شوق پر گہری نظر رکھتے ہوئے محترم گہرؔ عظیم آبادی نے ایک دن محترم شفیع احمد فاطمی عظیم آبادی سے ملواتے ہوئے کہا:

"میں دریائے سخنوری سے ملوا رہا ہوں۔ آپ یہاں سے گوہرِ نایاب حاصل کرلیں۔ انہیں روایتی اور جدید دونوں انداز میں فنِّ سخنوری پر عبور حاصل ہے۔"

میں چند ہی دنوں میں ان کے حسنِ اخلاق و خلوص اور فراخ دلی سے بہت زیادہ متاثر ہوا۔ حضرت فاطمی کی بلندیٔ فکر، برجستگی، زود گوئی، قادر الکلامی، شعور کی پاکیزگی، مختلف فلسفیاتی نظریات اور نفسیات کی لطافت اور انفرادی لب ولہجہ کا قائل ہوگیا۔ ان کی شفقت و محبت اور خلوص نے مجھے خوب خوب آسودگی بخشی۔ ان کا کلام سن کر آتشؔ کا شعر بے ساختہ لبوں پر آگیا ؎

یہ شاعر ہیں الٰہی یا مصوّر پیشہ ہے کوئی

نئے نقشے ، نرالی صورتیں ایجاد کرتے ہیں

ان دونوں استاد محترم کے کرم کے ہی نتیجے میں یہ کہہ کر نازاں ہوں کہ ؎

پیار کی وادیوں کا سُہانا سفر ، ساتھ تم ہو تو ہے خوب سے خوب تر

اے مرے ہم قدم اے مرے ہم سفر ، رہروی کا مجھے تو شعور آگیا

یہ اور بات ہے کہ ؎

سوال بن کے کھڑی ہے یہ زندگی اپنی

ستم تو یہ ہے کہ واقف نہیں جواب سے ہم

۱۹۸۰ء کے دوران پٹنہ سیٹی میں شعر و سخن کی واحد معتبر بزم "بزمِ ثاقب" اردو ادب کی خدمت میں پیش پیش تھی۔ عظیم آباد کی روایت کو برقرار رکھتے ہوئے ماہانہ طرحی مشاعروں کا سلسلہ جاری تھا جس کے سرپرست اور روحِ رواں جناب سیّد سعید رضا گہرؔ عظیم آبادی تھے۔ ان کے والد محترم حضرت مولانا سیّد حسن رضا صاحب ثاقب عظیم آبادی کی یادگار بزمِ سخن تھی۔ حضرت ثاقب کے استاد حضرت باقر عظیم آبادی تھے جن کا سلسلہ آتش سے ملتا ہے۔ ان کے بچپن سے ہی بزمِ ادب میں شاد عظیم آبادی کی دھوم تھی جن کے مشاعروں میں حضرت ثاقب کی بھی شرکت ہوا کرتی تھی۔

مجھ ناچیز کو بھی بزمِ ثاقب کے مشاعروں میں شرکت کا موقع ملنے لگا۔ حضرت عطاء الرحمٰن صاحب عطاؔ کاکوی کی صدارت میں بزمِ ثاقب کا ماہانہ طرحی مشاعرہ شرکاء کے دولتکدے پر باری باری بڑے جوش و خروش کے ساتھ مسلسل ہوتا رہا۔ اس وقت کے نمایاں اور معیاری اخبارات ساتھی، سنگم، صدائے عام اور قومی تنظیم میں اُن ماہانہ طرحی مشاعروں کی روداد نمایاں سرخیوں میں شائع ہوتی رہی ہے۔ یہ سلسلہ ۲۰۰۰ء تک جاری رہا۔ مصرعِ طرح کا انتخاب مشہور کتاب "بہار کے اردو شعراء" کے سہارے ہوتا تھا۔ تقریباً ایک سو(۱۰۰) سے زیادہ شعراء کی طرح میں مشاعرے منعقد ہوئے۔ ان مشاعروں میں درج ذیل شعرائے کرام شرکت فرما کر بزمِ ثاقب کو زینت بخشتے رہے۔

حضرت مولانا سید شاہ فرید الحق عمادی، پروفیسر عطا کاکوی، پروفیسر سید حسن سرمدؔ، حضرت بہزاد فاطمی، پروفیسر محمد علی خاں رضاؔ، پروفیسر انیسؔ امام، پروفیسر طلحہ رضوی برقؔ، پروفیسر حفیظؔ بنارسی، ڈاکٹر احمد یوسف، پروفیسر ڈاکٹر اعجاز علی ارشدؔ، پروفیسر ڈاکٹر شکیبؔ ایاز، شفیعؔ احمد فاطمی، سید سعید رضا گہرؔ، سید سعید عالم انورؔ، محمد عالم شیداؔ، احمد تبسم، شفیع الرحمٰن شفیعؔ، متینؔ احمد عمادی، سید شاہ مصباح الحق زاہرؔ، اخترؔ عظیم آبادی، رشید عارف، احسن راشد، ضیاء الرحمٰن ضیاءؔ، ناشادؔ اورنگ آبادی، نقلیؔ، بگ ٹٹؔ، ظفرؔ صدیقی، اطہرؔ ہلسوی، مسلمؔ ہندی وغیرہم۔ ان مشاعروں میں شرکت فرمایا کرتے تھے۔ انہیں محفلوں میں شریک ہوکر مشقِ سخن اور ذوقِ سلیم کو میں پروان چڑھاتا رہا۔

ساز ہر چند پُرانا ہے ، بجانا ہے مجھے
اس قدامت میں بھی اک حُسن دکھانا ہے مجھے

میری پیدائش گیا ضلع کے ہتھیاواں گاؤں میں ۱۹۴۴ء میں ہوئی۔ عہدِ طفلی اسی گاؤں میں گزرا۔ وہاں تعلیم حاصل کرنے کا کوئی ذریعہ نہیں تھا۔ نہ کوئی ہائی اسکول نہ کالج۔ اس وجہ کر میرے تمام گھر والے گاؤں چھوڑ کر پٹنہ میں مقیم ہوگئے۔ پٹنہ کے بی۔ این۔ کالیجیٹ سے میں نے میٹریکولیشن کی تعلیم حاصل کی۔ پٹنہ سائنس کالج سے آئی۔ ایس۔ سی اور بہار کالج آف انجینئرنگ سے ۱۹۶۶ء میں سِوِل انجینئرنگ کی ڈگری حاصل کی۔ چند سال بہار اسٹیٹ الیکٹریسیٹی بورڈ میں سِوِل انجینئر کی حیثیت سے ملازمت کرنے کے بعد گورنمنٹ پالیٹکنک، محکمۂ سائنس اینڈ ٹیکنالوجی میں اسسٹنٹ پروفیسر، سِوِل انجینئرنگ کے عُہدے پر فائز رہا۔ ۲۰۰۴ء میں ایسوسیئٹ پروفیسر کے عُہدے پر رہتے ہوئے ملازمت سے سُبکدوش ہوا۔

میرے والد بزرگوار حضرت محبوب حسین چشتیؒ اسلام پور، ضلع نالندہ میں اپنے گھر کی زمین میں ہی مدفون ہیں۔ جہاں میرے بڑے بھائی جناب محمد شفیع صاحب، ریٹائرڈ کوآپریٹو انسپکٹر مقیم ہیں۔ میرے چھوٹے بھائی مقصود احمد اسٹیٹ بینک آف انڈیا میں ملازمت کر رہے ہیں اور میرے ساتھ ہی ہیں۔

یہ بھی قابلِ ذکر ہے کہ میری شریکِ حیات ڈاکٹر ذاکرہ تبسم نے پٹنہ یونیورسٹی سے اردو زبان میں بی۔اے آنرس، ایم۔اے اور پی۔ایچ ڈی کی ڈگریاں حاصل کیں۔ ان کی اس تعلیم سے مجھے بڑا فائدہ ہوا۔ میں اردو کے نصاب سے واقف ہو گیا جو میری شاعری میں اہم کردار ادا کرتا رہا۔ ان کی ادبی دلچسپی اور معلومات نے مجھے بہت بہت حوصلہ بخشا۔ انہوں نے اس کتاب کی ترتیب وطباعت میں بھی اپنی صلاحیت میرے نام کر دی۔

ناسپاسی ہوگی اگر میں محترم و معظم گہر عظیم آبادی اور شفیع احمد فاطمی کا شکریہ نہ ادا کروں جنہوں نے تخلیقِ کلام سے لے کر اشاعت تک اپنے کرم کا سلسلہ جاری رکھا اور پروفیسر طلحہ رضوی برقؔ نے تقریظ کا تحفہ عطا کر کے میری شعر گوئی کو سند بخشی جس کے لئے میں بہت ممنون ہوں۔

منصور احمد شوق

منصور احمد شوقؔ

تقریظ

دریں زمانہ رفیقی کہ خالی از خلل است
صراحیٔ مئے ناب و سفینۂ غزل است

راسخ و سجاد اور شاد و آزاد کی سرزمین عظیم آباد شعر و سخن کے لحاظ سے جتنی ارجدار کل تھی اتنی ہی پراوزش آج بھی ہے۔ زمانے کی رفتار ایک ہے، حالات کے اتار چڑھاؤ سے ماحول اور معاشرہ متاثر ہوتا ہے اور یہ حالات، جن میں ہم جی رہے ہیں، علمی انکشافات اور سائنسی اختراعات سے تغیر پذیر ہیں۔ یہ تغیر ہماری فکر پر اثر انداز ہے اور ہماری سوچ پر بھی۔ خیالات ہمارے احساسات کے تحت ہیں اور احساسات جو روزِ اوّل تھے وہی آج بھی ہیں۔ مشاہدہ انہیں انگیز کرتا ہے، نہ حسّ بدلی ہے نہ جذبہ ؎

زمانہ ایک ، حیات ایک ، کائنات بھی ایک
فسادِ کم نظری قصّۂ جدید و قدیم

فنونِ لطیفہ کی ہر شِق اس حقیقت کی آئینہ دار ہے اور شاعری تو سب کی سرتاج ٹھہری کہ اس کا ذریعۂ اظہار مرئی نہیں غیر مرئی ہے۔ اصنافِ سخن میں جو مقبولیت بہر زماں غزل کو حاصل رہی اور ہے وہ کسی دوسری صنف کو نہیں۔ اس لئے غزل کو شاعری کی آبرو کہا گیا۔ حافظ ہوں یا سعدی، عرفی ہوں یا نظیری، اردو میں میر ہوں یا غالب، آتش ہوں یا ولی غزل ہی کے برتے پر جی رہے ہیں اور کل بھی زندہ رہیں گے۔ وہ یوں کہ آئے دن کی زندگی میں اٹھتے بیٹھتے

اگر ہم شعر و سخن کا سہارا لیتے ہیں تو غزل ہی کے اشعار سے۔ نہ سوؔدا و ذوقؔ کا قصیدہ پڑھتے ہیں نہ مراثئ دبیؔر و انیؔس کے بند۔ غزل کا ایک شعر پڑھا اور جہانِ معنٰی نگاہوں کے سامنے۔

مذہب ہو یا سیاست، عشق و محبت ہو یا پند و اخلاق ایک شعر پڑھا اور ذہنوں میں روشنی کا جھماکا ہوا۔ غزل کے شعروں میں تجربات و احساسات اور افکار و خیالات کی جو "پسی ہوئی بجلیاں" چھپی ہوتی ہیں وقت اور ماحول کی مناسبت سے زود اثری میں اپنا جواب نہیں رکھتیں۔ یہ غزل ہی ہے جس کے ہر کامیاب شعر میں ہم معنوی ایٹم کی جوہری توانائی دیکھ کر سر دھنتے ہیں۔ ضرب المثل غزل کے ہی اشعار اور مصرعے ہوتے ہیں قصیدے اور مرثیوں کے بند نہیں۔

مشاعرہ ہماری مشرقی تہذیب کی ایک عمدہ اور زندہ علامت ہے اور اس کی مقبولیت میں کبھی کمی واقع نہیں ہوتی خواہ یہ مشاعرہ عوامی اسٹیج سے ہزاروں اور لاکھوں سامعین کے لئے ہو یا اہل دانش کی نجی شعری نشستوں اور طرحی مشاعروں کے طور پر۔ طرحی مشاعروں کی روایت بہت قدیم ہے۔ میر دردؔ و مظہرؔ جانجاناں کی خانقاہوں سے لے کر امیروں، رئیسوں کی انجمنوں بلکہ لال قلعہ میں بہادر شاہ ظفرؔ کی شاہانہ محفلوں تک غزل ہی کا جادو چلتا رہا اور اسی رعنائی و برنائی کے سب اسیر رہے۔

اردو کے دیگر دبستانوں کی طرح دبستانِ عظیم آباد بھی اپنے تاریخی مشاعروں کے لئے مشہور ہے اور زلفِ معشوق کی طرح اس کا سلسلہ آج بھی دراز ہے۔ دبستانِ عظیم آباد کے مختلف علاقوں میں شعر و سخن کی بزمیں سجتی اور انجمنیں آراستہ ہوتی رہی ہیں۔ انہیں میں پٹنہ سیٹی کی ایک بزم استادالشعراء حضرت علامہ ثاقبؔ عظیم آبادی کے نام سے بھی موجود ہے جس کی خصوصیت یہ ہے کہ اس کے ماہانہ طرحی مشاعرے گشتی ہوتے ہیں۔ بزمِ ثاقب تقریباً تیس (۳۰) برسوں سے اہلِ علم و اربابِ سخن و صاحبانِ ذوق کی دلچسپیوں کا مرکز ہے۔ اس کے ماہانہ طرحی مشاعروں کا ہی فیضان ہے کہ کتنے جوہر قابل جو اپنی بے نظیر خفتہ شعری صلاحیتوں کے ساتھ گوشۂ گمنامی میں تھے اس کے مشاعروں میں پیہم شرکت سے ان کا

شعری شعور بیدار ہوا اور وہ اپنی مشق و ممارست سے آج ایک معتبر شاعر کی حیثیت سے جانے اور پہچانے جاتے ہیں۔

مثال کے طور پر میں پروفیسر انجینئر منصور احمد شوقؔ عظیم آبادی کو پیش کرتا ہوں جن کی تقریباً دو سو (۲۰۰) غزلوں کا مجموعہ "بساطِ شوق" کے نام سے منظرِ عام پر آیا چاہتا ہے۔ روایت کی اہمیت کے پیشِ نظر اس میں ایک ایک حمد و نعتؐ اور منقبت بھی شامل ہے۔

جناب منصور احمد شوقؔ بنیادی طور پر سائنس اور ریاضیات کے آدمی ہیں۔ ایک ماہر سِوِل انجینئر کی حیثیت سے گورنمنٹ پالی ٹکنیک کے محکمۂ سائنس اور ٹکنالوجی میں ایسوسئیٹ پروفیسر کے عہدے پر فائزرہ کر ابھی حال میں سبکدوش ہوئے ہیں۔ آپ احباب کے ساتھ ۱۹۸۰ء سے ہی بزمِ ثاقب کے ماہانہ طرحی مشاعروں میں شریک ہوتے رہے جہاں ان کی رگِ شاعری پھڑکی اور ایسی پھڑکی کہ مستقلاً غزل لکھنے لگے۔ شوقؔ اپنی غزلوں پر بزرگ شعرائے مشاعرہ پروفیسر شاہ عطاؔ کاکوی، پروفیسر سید حسن سرؔمد، نبیرۂ شاد بہزؔاد فاطمی، شاہ فرؔید الحق عمادی، پروفیسر حفیؔظ بنارسی، پروفیسر انیؔس امام، پروفیسر طلحہ رضوی برؔق، ڈاکٹر اعجاز علی ارؔشد، ڈاکٹر شکیؔب ایاز، شفیعؔ احمد فاطمی اور فرزند و جانشینِ علامہ ثاقب جناب سید سعید رضا گہرؔ عظیم آبادی جیسے مسلم الثّبوت اساتذہ، اہل دانش اور فنکاروں سے بے تحاشہ دادِ سخن لینے لگے۔ جناب شوقؔ عظیم آبادی اس لحاظ سے فیضانِ شعری اور اعجازِ سخن کی ایک جیتی جاگتی روشن مثال ہیں۔

آیئے ہم ان کی غزلوں کے منتخب اشعار کی روشنی میں پروازِ فکر و خیال، اندازِ بیاں اور اسلوب و ادا کا ایک مختصر جائزہ لیں ۔

اے شوقؔ دورِ نو میں ہے یہ بھی لہولہان
اب کیف چاہتے ہیں عبث شاعری سے ہم

شاعری میں شعریت اور غزل کا تغزل اس کا بنیادی عنصر ہے، مگر گردشِ ایّام نے شعریت و تغزل کی قلب ماہیت کردی ہے گویا ثبات ایک تغیر کو ہے زمانے میں۔ اس کا اندازہ آپ جنابِ شوقؔ کے ان اشعار سے کرسکتے ہیں ۔

تہذیبِ نو میں نغمۂ جدّت کے ساتھ ساتھ
ہم کو سنائی دیتی ہے رسمِ کہن کی چیخ

ہماری فکر بھی ماضی کی اک امانت ہے
جو شوقؔ لگتی ہے گذری ہوئی صدی کی طرح

اس امانت داری میں انہیں کس جوکھم سے گذرنا پڑا ہے اس کا اظہار اس شعر سے ہوتا ہے ۔

قبول ہوتی ہے ، ہوتا ہے جب لہو پانی
سخنوری بھی ہے مشکل پیمبری کی طرح

شوقؔ عظیم آبادی کا علوے فکر انہیں کے لفظوں میں دیکھئے کہ شاعر خود ہی اپنا بہتر ناقد ہوتا ہے ۔

فکر اپنی ہے کسی فکرِ سخنور کی طرح
ابر کی ، دھوپ کی ، صحرا کی ، سمندر کی طرح

اس دستِ نظری اور بلند خیالی کی پذیرائی خاطر خواہ نہ ہوسکی تو شوقؔ کہہ اٹھے ۔

مجھ کو سمجھا نہ مرے فن کو ہی سمجھا کوئی
مجھ سے بیزار رہے لوگ مرے فن کی طرح

یہ شاعر کا اپنا نقطۂ نظر ہے کیونکہ فنکار کی توقعات بے حد و بے حساب ہوتی ہیں۔ زمانہ تو شاطر و عیار ہے۔ قدر دانیٔ اہل ہنر کا معیار بدلتا رہتا ہے۔ خلوص و محبت کے ساتھ خونِ دل جلا کر پیش کئے گئے فن پارے اندیکھے رہیں تو فنکار کا گلہ بجا ہے۔ شوقؔ کہتے ہیں ۔

کیا کیجئے کسی سے متاعِ ہنر کی بات
اب ہے ہر اک زباں پہ فقط سیم و زر کی بات

بہر حال فنکار تو اپنے وِجدان کا اسیر ہوتا ہے، دنیا سے بے تعلق تو نہیں مگر بے پروا اپنے خیالات میں گم فن کی مشاطگی میں مشغول ۔

ریاضِ حسن میں تیرا حسین چہرا بھی
کِھلا ہے شاخِ بدن پر گلاب کی صورت

کوئی آواز ہے چلنے کی نہ قدموں کے نشاں
کرتا رہتا ہے تعاقب مرا سایہ اکثر

شکر ہے ضبط کا ساغر نہ چھلکنے پایا
تشنگی بڑھتی رہی دیکھ کے دریا اکثر

مگر تشنگی تشنگی ہی تو ہے۔ پوری وسعتِ معنوی کے ساتھ اس کا اطلاق آرزوؤں، تمناؤں، ارمانوں اور شوقِ بے پایاں کی کثیر الجہات صورتوں پر ہوتا ہے اور یہ قیس تصویر کے پردوں میں بھی عریاں ہی نظر آتا ہے۔ شوقؔ کا یہ شعر نہاں خانۂ دل میں چھپی ہوئی اس کسک کا ترجمان ہے جسے فطرتِ بشری سے تعبیر کریں گے ۔

پھروں گا غم کے صحرا میں نہ جانے دربدر کب تک
کرے گی تشنگی میری سرابوں کا سفر کب تک

اس خرابے میں کسی کو نہ کسی کا دیکھا
ہم نے ہر شخص کو دنیا میں اکیلا دیکھا

اپنی تسلی آپ کرتے ہوئے شوقؔ اس حقیقت کو بھی بے نقاب کرتے ہیں کہ ؎

میں تو محرومیِ ارماں سے تھا واقف لیکن
میری آنکھوں نے کوئی خواب ہمیشہ دیکھا

محرومیوں کے اندھیرے میں بھی امید و شوق کا جگنو چمکتا ہے اور یہ سچ ہے۔ ذکر زلف ولب و رخسار والی روایتی غزل جس پر کنگھی چوٹی کی شاعری کا طنز بھی کیا جاتا رہا ہے آج وقت کو کیسا آئینہ دکھا رہی ہے۔ اقدار حیات کی تابانی کبھی کم نہیں ہوتی، انداز اور زاویے بدلتے رہتے ہیں۔ شوقؔ کی غزلیں اس لحاظ سے خاصے کی چیز ہیں کہ ان میں وہ سب کچھ نہیں ہے جسے غزل کا جھول کہا جائے۔ صاف ستھری غزلیں، اخلاص کی گرمی، نیتوں کی پاکیزگی اور زندگی کی سچّائیوں سے معمور ہیں۔ شوقؔ کی ایسی غزلوں سے چند منتخب اشعار درج ذیل ہیں۔ جن سے میری باتوں کی تائید ہو سکے گی۔

بدل کے بھیس کہاں وہ چھپا سکا خود کو
نئے لباس میں چہرا وہی پرانا تھا

کسی سے بھول کے بھی داستانِ غم نہ کہو
زمانہ سن کے تمہاری ہنسی اڑائے گا

غم کے شعلوں میں بھی تپ تپ کے نکھرتی ہے حیات
زندگی تجھ کو یہ انداز بتانا ہوگا

زخم خنجر کے جتنے تھے سب بھر گئے
جو زباں نے دیا تھا ہرا رہ گیا

گھر سے وہ نکلا تھا کہہ کر اب نہ لوٹے گا کبھی
جانے کیوں مُڑ مُڑ کے اس نے دیر تک دیکھا کیا

شوقؔ کی شاعری امید و آرزو اور جرأت و حوصلہ کی شاعری ہے زندگی کی رمق، حیات کی تابانی لئے جینے کا درس دیتی ہے، عزّتِ نفس کے ساتھ اخلاص کا پرچم اونچا کئے ہوئے ۔

اٹھانے سے بھی کسی کے وہ اُٹھ نہیں سکتا
نگاہ سے جو خود اپنی ہی گر گیا ہوگا

ہاتھ میں اس کے اگر اخلاص کا پرچم رہا
ایک دن تنہا مسافر قافلہ ہو جائے گا

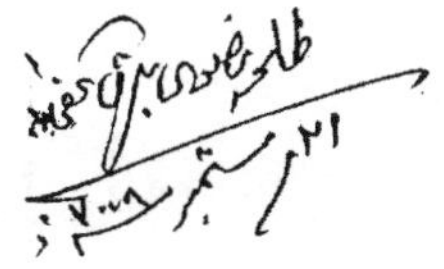

ڈاکٹر طلحہ رضوی برقؔ

سابق یونیورسیٹی پروفیسر و صدر
پوسٹ گریجوئیٹ شعبۂ اردو و فارسی
ایچ۔ڈی۔ جین کالیج، آرہ
مگدھ یونیورسیٹی

(Hamd) حمد

لائقِ حمد و ثناء تیرے سوا کوئی نہیں
Laaeq-e-hamd-o-sana, teyrey sewa koyee nahee(n)
خالقِ کل ، مالکِ روزِ جزا کوئی نہیں
Khaaliq-e-kul, maalik-e-roz-e-jaza koyee nahee(n)

ابتدا سے تو ہے تیری انتہا کوئی نہیں
Ibteda se too hai teyri inteha koyee nahee(n)
برتر و بالا ہے سب سے، دوسرا کوئی نہیں
Bartar-o-baala hai sab se, doosara koyee nahee(n)

کہہ دیا تو نے جو ہو جا ، ہو گئی یہ کائنات
Kah diya tooney jo ho jaa, ho gayee yeh kaaenaat
حکمتِ ذاتِ الٰہی جانتا کوئی نہیں
Hikamt-e-zaat-e-elaahee, jaanata koyee nahee(n)

کس کے دل میں کیا ہے پوشیدہ کوئی بتلائے کیا
Kis ke dil mein kya hai po-sheeda koi batlaae kya
ایک تو ہی آشنا ہے دوسرا کوئی نہیں
Eyk too hee aashana hai, doosara koyee nahee(n)

اپنے بندوں کی رگِ جاں سے بھی ہے نزدیک تر

Apne bando(n) kee rag-e-jaa(n) se bhi hai nazdeek tar

یعنی تجھ میں اور ہم میں فاصلا کوئی نہیں

Yaani tujh mein aur hum mein faasela koyee nahee(n)

جس کو جو چاہے بنا دے، قادرِ مطلق ہے تو

Jis ko jo chaahey bana dey, qaadir-e-mutlaq hai too

تیری رحمت سے جدا شاہ و گدا کوئی نہیں

Teyri rahmat se juda, shaah-o-gada koyee nahee(n)

ہر مرض ہے تیرے تابع، ہر شفا تیری رضا

Har maraz hai teyre taabey, har shefa teyree raza

آسرا تیرے کرم کا ہے دوا کوئی نہیں

Aasara teyrey karam ka, hai dawa koyee nahee(n)

گلستانِ دہر میں تیری مشیّت کے بغیر

Gulsitaan-e-dahr mein teyree mashi-at key baghair

آج تک پتّہ شجر کا بھی ہلا کوئی نہیں

Aaj tak patta shajar ka bhee hila koyee nahee(n)

تیری رحمت ہی سے ہوتی ہیں دعائیں مستجاب

Teyri rahmat hee se hotee hain doaayey(n) mustajaab

ورنہ شانِ عظمتِ حرفِ دعا کوئی نہیں

Warn(a) shaan-e-azmat-e-harf-e-doa koyee nahee(n)

کون ہے تیرے سوا معبود ، اٹھا جب سوال

Kaun hai teyrey sewa maabood uth-tha jab sawaal

جھک کے سجدے میں قلم نے لکھ دیا، کوئی نہیں

Jhuk ke sijdey mein qalam ney likh diya koyee nahee(n)

شوق گر توفیق ہو حمدِ خدائے پاک کی

Shauq gar taufeeq ho hamd-e-khodaa-e-paak kee

اس سے بڑھ کر دولتِ فکرِ رسا کوئی نہیں

Is se badh kar daulat-e-fikr-e-rasa koyee nahee(n)

نعت ﷺ (Naat)

جس پہ چشمِ کرم آپ کی ہو گئی
Jis pe chashm-e-karam aap kee ho gayee
اس کی تقدیر ہی دوسری ہو گئی
Us ki taqdeer hee doosaree ho gayee

زندگی خاکِ پائے نبیؐ ہو گئی
Zindagee khaak-e-paa-e-nabee ho gayee
لعل و گوہر سے بھی قیمتی ہو گئی
Laal-o-gauhar se bhee qeematee ho gayee

آفتابِ رسالتؐ کے صدقے میں ہی
Aaftaab-e-resaalat ke sadqey mein hee
چاند، تاروں میں تابندگی ہو گئی
Chaand taaro(n) mein taabindagee ho gayee

دولتِ دین و ایماں جو دی آپؐ نے
Daulat-e-deen-o-eema(n) jo dee aapaney
ذاتِ آدم اسی سے غنی ہو گئی
Zaat-e-Aadam usee sey ghanee ho gayee

میرے آقاؐ کی، ہر بات، مت پوچھیئے
Meyrey aaqa ki har baat mat poochiyey
میرے ایمان کی اک کڑی ہو گئی
Meyrey eemaan kee ek kadee ho gayee

اُنؐ کے روضے کے سائے میں جو آ گیا
Un ke rauzey ke saaey mein jo aa gaya
اُس گدا کو بھی حاصل شہی ہو گئی
Us gada ko bhi haasil shahee ho gayee

جس گھڑی مصطفےٰؐ سوئے خالق چلے
Jis ghadee Mustafa soo-e-khaaliq chaley
زیرِ پا چاند کی چاندنی ہو گئی
Zeyr-e-pa chaand kee chaandanee ho gayee

خلوتِ حق میں جب آپؐ حاضر ہوئے
Khilwat-e-haq mein jab aap haazir huyey
گفتگو بھی ہوئی دید بھی ہو گئی
Guftagoo bhee huyee deed bhee ho gayee

رنگ و نکہت کا سیلِ رواں بن گئے
Rang-o-nikhat k(a) sail-e-rawaa(n) ban gayey
روشنی آپؐ سے روشنی ہو گئی
Raushanee aap sey raushanee ho gayee

سچ ہے جنّت کا مژدہ اُسے مل گیا
Sach hai jannat ka mu(sh)zhdah usay mil gaya
جس کی دربار میں حاضری ہو گئی
Jis ki darbaar mein haazeree ho gayee

دیکھ کر ان کا اندازِ عفو و کرم

Deykh kar un ka andaaz-e-ufw-o-karam

سخت حیرت زدہ دشمنی ہوگئی

Sakht hairat zada dushmanee ho gayee

تجھ میں شہر مدینہ! وہ مہر آگیا

Tujh mein shahr-e-Madeena wo mehr aa gaya

جس سے روشن تری ہر گلی ہوگئی

Jis se raushan teree har galee ho gayee

ہیں شفیعِ اُمم آپؐ خیر البشر

Hain shafi-e-omam aap khair-ul-bashar

آپ پر ختم پیغمبری ہوگئی

Aap par khatm, pai-gham-baree ho gayee

شوقؔ اپنے ہنر کا صلہ مل گیا

Shauq apnay hunar ka sila mil gaya

جب غزل اپنی نعتِ نبیؐ ہوگئی

Jab ghazal apni naat-e-Nabee ho gayee

نعتؐ - ہندی (Naat - Hindi)

نبیوں کے سردار نبی جی

Nabyo(n) key sardaar Nabee jee

امّت کے غمخوار نبی جی

Ummat key gham-khwaar Nabee jee

نیاّ کے پتوار نبی جی

Nayiya key patwaar Nabee jee

کردو بیڑا پار　　کرپا ہو سرکار

Kar do beda paar　　Kirpa ho sarkaar

امیّ جی کی آنکھ کے تارے

Ammee jee kee aa(n)kh ke taarey

بابا جی کے راج دلارے

Baabaajee key raaj dulaarey

آپ کے سب انداز ہیں پیارے

Aap ke sab andaaz hain pyaarey

بخشش کے آدھار　　کرپا ہو سرکار

Bakshish key aadhaar　　Kirpa ho sarkaar

چاند کو دو ٹکرے فرما دے

Chaand ko do tukdey farma dey

دھرتی کا سونا بتلا دے

Dhartee ka sona batla dey

کنکر سے کلمہ پڑھوا دے

Kankar sey kalma padhwa dey

لاثانی اوتار کرپا ہو سرکار

La saanee awtaar Kirpa ho sarkaar

جینے کا ہر ڈھنگ بتایا

Jeeney ka har dhang bataaya

ناری کا آدر سکھلایا

Naaree ka aadar sikhlaaya

ودھواؤں کا مان بڑھایا

Vidhwaao(n) ka maan badhaya

آپ کا ہے اُپکار کرپا ہو سرکار

Aap k(a) hai upkaar Kirpa ho sarkaar

رتبہ اونچا ، نظریں نیچی

Rutba oo(n)cha nazrey(n) neechee

باتیں ساری ہیرا موتی

Baatein saaree heera motee

شترو کی خاطر بھی نیکی

Shatroo kee khatir bhee neykee

پیار کے سب حقدار کرپا ہو سرکار

Pyar ke sab haqdaar Kirpa ho sarkaar

تن ہے اُجلا ، من ہے گندا

Tan hai ujla man hai ganda

چاروں اور ہے گورکھ دھندا

Charo(n) or hai gorakh dhanda

کُوکَرمی ہے بندا بندا

Koo-karmee hai banda banda

جینا ہے دشوار کرپا ہو سرکار

Jeena hai dushwaar Kirpa ho sarkaar

آپ کی یہ اُمّت بے چاری

Aap ki yeh ummat beychaaree

تنہا ہے دکھ درد کی ماری

Tanha hai dukh dard ki maaree

چار طرف ہے نرسنگھاری

Chaar taraf hai nar-sanghaaree

سر پر ہے تلوار کرپا ہو سرکار

Sar par hai talwaar Kirpa ho sarkaar

آتا ہے یہ شوقؔ کے جی میں

Aata hai yeh Shauq ke jee mein

بُلوا لو طیبہ نگری میں

Bolwa lo Taiba nagree mein

بھکچھا مل جائے جھولی میں

Bhikcha mil jaayey jholee mein

دیکھوں وہ دربار کرپا ہو سرکار

Deykhoo(n) wo darbaar Kirpa ho sarkaar

کربلا کی روشنی [Karbala kee Raushaneee]

زندۂ جاوید شمعِ کربلا کی روشنی
Zinda-e-jaaveyd sham(a)-e-Karbala kee raushanee
ہیں حسینؑ ابنِ علیؑ حمد و ثنا کی روشنی
Hain Hussain ibn-e-Ali hamd-o-sana kee raushanee

کربلا میں دیکھ کر رب نے وفا کی روشنی
Karbala mein dekh kar rab ney wafa kee raushanee
بخش دی دینِ محمدؐ کو بقا کی روشنی
Bakhsh dee deen-e-Mohammad ko baqa kee raushanee

پاسبانِ سیرتِ خیر البشرؐ حضرت حسینؑ
Paasbaan-e-seerat-e-khair-ul-bashar hazrat Hussain
مدّعائے فاطمہؑ ، مشکل کشا کی روشنی
Mud-da-aa-e-Faatma, mushkil kusha kee raushanee

کیوں نہ جوَہر رن میں دکھلاتی عجب تیغِ حسینؑ
Kyo(n) n(a) jauhar ran mein dekhlaatee ajab teygh-e-Hussain
کارگر تھی اصل میں شیرِ خدا کی روشنی
Kaaragar thee asl mein sheyr-e-khoda kee raushanee

چھِن گئی چادر جو زینب کی ، قیامت ہوگئی
Chin gayee chaadar jo Zainab kee qayamat ho gayee
بن گئی مظلوم کا پردہ حیا کی روشنی
Ban gayee mazloom ka parda haya kee raushanee

تھا عجب جلتے ہوئے خیموں کا منظر ہائے ہائے

Tha ajab jaltey huyey kheymo(n) ka manzar haae haae

رو رہی تھی دیکھ کر جس کو فضا کی روشنی

Ro rahee thee dekh kar jis ko faza kee raushanee

ابنِ حیدر کا چڑھا جب نیزۂ ظالم پہ سر

Ibn-e-Haidar ka chadha jab neyza-e-zaalim pe sar

دیکھ لی دنیا نے پھر صبر و رضا کی روشنی

Dekh lee dunya ne phir sabr-o-raza kee raushanee

خون کے قطروں سے روشن ہو گیا دیں کا چراغ

Khoon key qatro(n) se raushan ho gaya dee(n) ka charaagh

جگمگا اٹھّی رسولِ دوسَرا کی روشنی

Jagmaga uth-thee Rasool-e-do-sara kee raushanee

یا خدا ایثار و قربانی کا جذبہ کر عطا

Ya Khoda isaar-o-qurbaanee k(a) jazba kar ata

دے نگاہِ شوق کو بھی کربلا کی روشنی

Dey nigaah-e-Shauq ko bhee Karbala kee raushanee

ترتیب (Sequence)

غزلیات

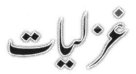

Ghazalyaat

اور کوئی نہیں پیام اپنا

Aur koyee nahee(n) payaam apna

بھیجتا ہوں انہیں سلام اپنا

Bhejata hoon unhey(n) salaam apna

یاد ان کی ہے اب تو جام اپنا

Yaad unkee hai ab to jaam apna

پی کے رہنا ہے مست کام اپنا

Pee ke rahna hai mast kaam apna

ان کی خاطر ہے وقف ہر لمحہ

Un ki khatir hai waqf har lamha

صبح اپنی نہ وقتِ شام اپنا

Subhh apnee n(a) waqt-e-shaam apna

ہم ہیں آگاہِ عظمتِ انساں

Hum hain aagaah-e-azmat-e-insaa(n)

آپ کرتے ہیں احترام اپنا

Aap kartey hain ehteraam apna

اپنی پہچان سے جو ہو محروم

Apni pahchaan sey jo ho mahroom

کیا بتائے بھلا وہ دام اپنا

Kya bataaey bhala wo daam apna

کون ہوں، کیا ہوں میں، خدا جانے

Kaun hoon, kya hoon mai(n) Khoda jaaney

بس سُنا ہوں کسی سے نام اپنا

Bas suna hoon kisee se naam apna

اپنے جذبات کو زباں دے کر

Apne jazbaat ko zabaa(n) dey kar

ہم سناتے رہے کلام اپنا

Ham sunaatey rahey kalaam apna

وقت کی بات ہے یہ ، کیا کہئے

Waqt kee baat hai ye kya kahiyey

بن کے آقا ہے اب ، غلام اپنا

Ban ke aaqa hai ab gholaam apna

شوقؔ کی رہبری کے صدقے میں

Shauq ki rah-bari ke sadqey mein

پا ہی جائیں گے ہم مقام اپنا

Pa hi jaaye(n)ge ham moqaam apna

گھر کے باہر نہ کوئی گھر کے ہے اندر اپنا

Ghar ke baahar na koi ghar ke hai andar apna

کون دیتا ہے صدا پھر ، مجھے کہہ کر اپنا

Kaun deyta hai sada phir mujhe kah kar apna

ہاتھ اپنے ہیں ، گلا اپنا ہے ، خنجر اپنا

Haath apney hain, gala apn(a) hai, khanjar apna

کوئی دشمن نہیں خود اپنے سے بڑھ کر اپنا

Koyi dushman nahi(n) khud apney se badhkar apna

لاکھ بدلا کرے تیور یہ سمندر اپنا

Laakh badla kare teywar ye samundar apna

اس سے بدلے گا ارادہ نہ شناور اپنا

Is se badley g(a) eraada n(a) shanaawar apna

آبرو عشق کی رکھ لی مری خودداری نے

Aabaru ishq ki rakh lee meri khud-daari ney

اپنی ہی آگ میں جلتا رہا پیکر اپنا

Apni hi aag mein jalta raha paikar apna

وقت وہ چور ہے اس کو بھی چرا لیتا ہے

Waqt woh chor hai isko bhi chora leyta hai

خواب آنکھوں میں چھپا رکھنا برابر اپنا

Khwaab aankho(n) mein chupa rakhn(a) baraabar apna

وقت کے ہاتھوں نے تہذیب بدل دی یکسر
Waqt ke haatho(n) ne tahzeeb badal dee yaksar
کس سے کہیئے کہ ہے بدلا ہوا خود گھر اپنا
Kis se kahyey ke hai badla hua khud ghar apna

شرم آتی ہے ستمگر کو ستمگر کہتے
Sharm aati hai sitamgar ko sitamgar kahtey
مہرباں بھی تھا کبھی ہم پہ ستمگر اپنا
Meh-rabaa(n) bhee tha kabhee hum pe sitamgar apna

اپنے بگڑے ہوئے حالات سے ہر دم لڑ کر
Apne bigdey huye halaat se har dam lad kar
شوق نے خود ہی بنایا ہے مقدّر اپنا
Shauq ne khud hi banaaya hai moqaddar apna

دل میں سر کو جھکا کے دیکھ لیا
Dil mein sar ko jhuka ke deykh liya
اُن کو اُن سے چُھپا کے دیکھ لیا
Un ko un sey chupa ke deykh liya

مل نہ پایا کہیں وہ پردہ نشیں
Mil n(a) paaya kahee(n) wo pard(a) nashee(n)
سارے پردے اٹھا کے دیکھ لیا
Saare pardey utha ke deykh liya

باز آیا نہ پیار سے ناداں
Baaz aaya n(a) pyar sey naadaa(n)
دل کو سمجھا بجھا کے دیکھ لیا
Dil ko samjha bujha ke deykh liya

ان کو شک ہی رہا وفا پہ مری
Un ko shak hee raha wafa pe meree
دل بھی ہم نے دِکھا کے دیکھ لیا
Dil bhi ham ney dekha ke deykh liya

میں بھی شیشہ نہیں تھا آہن تھا
Mai(n) bhi sheesha nahee(n) tha aahan tha
سب نے پتھر چلا کے دیکھ لیا
Sab ne path-thar chala ke deykh liya

اپنا چہرہ بھی ایک اندھے نے

Apn(a) chehra bhi eyk andhey ney

دل کو درپن بنا کے دیکھ لیا

Dil ko darpan bana ke deykh liya

غم کو بھی چار دن ذرا دیکھیں

Gham ko bhee chaar din zara deykhey(n)

مدّتوں مسکرا کے دیکھ لیا

Mud-dato(n) muskura ke deykh liya

دشمنوں سا ہے دوستوں کا سلوک

Dushmano(n) sa hai dosato(n) k(a) solook

ان کو اپنا بنا کے دیکھ لیا

Un ko apna bana ke deykh liya

شوقؔ کے دل میں مشکلوں کی قسم

Shauq key dil mein mushkilo(n) ki qasam

حوصلے ہیں بلا کے ، دیکھ لیا

Hausaley hain bala ke deykh liya

اس خرابے میں کسی کو نہ کسی کا دیکھا
Is kharaabey mein kisee ko n(a) kisee ka deykha
ہم نے ہر شخص کو دنیا میں اکیلا دیکھا
Hum ney har shakhs ko dunya mein akeyla deykha

ایک ویرانے میں بہتا ہوا دریا دیکھا
Eyk weeraane mein(n) bahta hua darya deykha
اپنی ہی زیست کا گویا کہ تماشا دیکھا
Apni hee zeest k(a) goya ke tamaasha deykha

دین و دنیا کا عجب ہم نے تماشا دیکھا
Deen-o-dunya ka ajab hum ney tamaasha deykha
درمیاں حضرتِ انسان کو رسوا دیکھا
Darmeyaa(n) hazrat-e-insaan ko ruswa deykha

عقل کا ساتھ نہ چھوڑا کبھی دیوانے نے
Aql ka saath n(a) choda kabhi deewaney ney
مسئلہ زیست کا ہر موڑ پہ الجھا دیکھا
Mas-ala zeest k(a) har mod pe uljha deykha

زندگی ! تو بھی بتا ہم سے سبب چھپنے کا
Zindagee too bhi bata hum se sabab chupney ka
جستجو میں تری ہم نے تو زمانا دیکھا
Justajoo mein teri hum ney to zamaana deykha

ان کی قربت پہ ہی موقوف ہے ہونا میرا

Un ki qurbat pe hi mauqoof hai hona meyra

جسم سے اپنے عجب روح کا رشتا دیکھا

Jism se apney ajab rooh k(a) rishta deykha

اس سے بڑھ کر بھی ہو کیا اور ثبوتِ الفت

Is se badh kar bhi ho kya aur saboot-e-ulfat

تذکرہ ان کے فسانے میں خود اپنا دیکھا

Tazkera unke fasaaney mein khud apna deykha

کچھ بھی پوچھا نہ مرے خونِ جگر کی بابت

Kuch bhi poocha n(a) merey khoon-e-jigar kee baabat

صرف سب نے مرا رنگین فسانا دیکھا

Sirf sab ney mer(a) rangeen fasaana deykha

جرأتِ دید بھلا حُسن کی کب تھی مجھ میں

Jurat-e-deed bhala husn ki kab thee mujh mein

میری آنکھوں نے فقط شوق کا دیکھا دیکھا

Meyri aankho(n) ney faqat Shauq k(a) deykha deykha

رہِ حیات میں ہر آن مسکرانا تھا
Rah-e-hayaat mein har aan muskuraana tha
سفر کا حوصلہ مجھ کو ذرا بڑھانا تھا
Safar k(a) hausal(a) mujh ko zara badhaana tha

ترستے رہ گئے ہم ایک ایک لمحے کو
Tarastey rah gaye ham eyk eyk lamhey ko
ہمارے ساتھ تو کہنے کو یوں زمانا تھا
Hamaarey saath to kahney ko yoo(n) zamaana tha

رہی یہ رسمِ محبت تو ہر زمانے میں
Rahee ye rasm-e-mohabbat to har zamaaney mein
تعلقات نبھانے کو آنا جانا تھا
Ta-alluqaat nibhaaney ko aan(a) jaana tha

نہ تھا یہ لازمی وعدے پہ ان کا آ جانا
N(a) tha ye laazemi waadey pe unk(a) aa jaana
چراغ پھر بھی مجھے رات بھر جلانا تھا
Charaag phir bhi mujhey raat bhar jalaana tha

اسی لئے تو فلک نے تھی تیرگی بخشی
Isee liyey to falak ney thi teeragee bakhshee
زمین والوں کو سورج نیا اُگانا تھا
Zameen waalo(n) ko sooraj naya ugaana tha

شعور جس کو نہ تھا اپنے خود سنورنے کا
Sha-oor jisk(o) n(a) tha apney khud sa(n)warney ka
اس آدمی کو بھی کیا آئینہ دکھانا تھا
Us aadamee ko bhi kya aa-ina dekhaana tha

بھٹک رہا تھا میں تعبیر کے لئے در در
Bhatak raha th(a) mai(n) taabeer key liyey dar dar
مری نظر میں تو خوابوں کا اک خزانا تھا
Meri nazar mein to khwaabo(n) k(a) ek khazaana tha

چمک رہا تھا بہت ایک اک ہتھیلی پر
Chamak raha th(a) bahut eyk ek hathailee par
وہ کھوٹہ سکّہ جسے شہر میں چلانا تھا
Wo khota sikk(a) jisey shahr mein chalaana tha

بدل کے بھیس کہاں وہ چھپا سکا خود کو
Badal ke bheys kahaa(n) woh chupa saka khud ko
نئے لباس میں چہرہ وہی پرانا تھا
Nayey lebaas mein chehra wohee puraana tha

ڈبونے والو! اجالوں میں شاہراہوں کو
Dubone waalo! Ujaalo(n) mein shaah-raaho(n) ko
گلی میں شوقؔ کی کوئی دیا جلانا تھا
Galee mein Shauq ki koyee diya jalaana tha

زمانہ لاکھ محبت دکھانے آئے گا
Zamaan(a) laakh mohabbat dekhaane aayeyga
مرے خلوص سا جذبہ کہاں سے لائے گا
Merey kholoos s(a) jazba kahaa(n) se laayeyga

چلا کے تیر تماشہ وہ کیا دکھائے گا
Chala ke teer tamaasha wo kya dekhaayeyga
ہنر کی آڑ میں میرا لہو بہائے گا
Hunar ki aad mein meyra lahoo bahaayeyga

ابھی نہیں تو کسی روز گُل کھلائے گا
Abhee nahee(n) to kisee roz gul khilaayeyga
زمیں پہ خون جو ٹپکے گا رنگ لائے گا
Zamee(n) pe khoon j(o) tapkeyga rang laayeyga

فضول جھانک رہے ہو یہ قبرِ ماضی کو
Fozool jhaa(n)k rahey ho ye qabr-e-maazee ko
یہاں سے کوئی جنازہ نہ اُٹھ کے آئے گا
Yahaa(n) se koyee janaaza n(a) uth ke aayeyga

یہ مرحلہ بھی جدائی کے ساتھ ختم ہوا
Ye marhala bhi judaayee ke saath khatm hua
نہ کوئی روٹھے گا ہم سے نہ اب منائے گا
N(a) koyee rooth(e)ga hum se n(a) ab manaayeyga

کسی سے بھول کے بھی داستانِ غم نہ کہو
Kisee se bhool ke bhi daastaan-e-gham n(a) kaho
زمانہ سُن کے تمہاری ہنسی اڑائے گا
Zamaan(a) sun ke tumhaaree ha(n)see udaayeyga

مرے خدا مجھے اپنی پناہ میں رکھ لے
Merey Khoda mujhey apnee panaah mein rakh ley
زمانہ دیکھ کے تنہا مجھے ستائے گا
Zamaana dekh ke tanha mujhey sataayeyga

بدل رہا ہے نشیمن جو طائروں کی طرح
Badal raha hai nasheyman jo taaero(n) ki tarah
وہ اپنا گھر ہی کس روز بھول جائے گا
Wo apn(a) ghar hi kisee roz bhool jaayeyga

بڑھا ہوا ہے بہت شوقؔ حوصلہ دل کا
Badha hua hai bahut Shauq hausala dil ka
ستم وہ آج کرے گا تو منہ کی کھائے گا
Sitam wo aaj kareyga to mu(n)h ki khaayeyga

کُریدتے ہو جو تم خاک کیا بچا ہو گا
Kureydtey ho jo tum khaak kya bacha hoga
یہ دل بھی آتشِ فرقت میں جل گیا ہو گا
Ye dil bhi aatish-e-furqat mein jal gaya hoga

لباسِ خاک میں منصوّر کیا خدا ہو گا؟
Lebaas-e-khaak mein Mansoor kya Khoda hoga
جنونِ عشق ہی حد سے گزر گیا ہو گا
Jonoon-e-ishq hi had sey guzar gaya hoga

غموں کو کس نے ٹھکانا بھلا دیا ہو گا
Ghamo(n) ko kis ney thekaana bhala diya hoga
مرے پتے کا ہی بس اُن کو آسرا ہو گا
Merey patey k(a) hi bas unko aasara hoga

فلک سے پھینکے گئے اِس زمین پر آدمؑ
Falak se phey(n)ke gayey is zameen par Aadam
اب اس سے بڑھ کے کہاں کوئی حادثا ہو گا
Ab is se badh ke kahaan koyee haadesa hoga

سوال کرتی ہے دنیا ہر اک مسافر سے
Sawaal karti hai dunya har ek musaafir sey
بتا ، سفر کا ترے کچھ تو مُدّعا ہو گا
Bata, safar k(a) terey kuch to mudda-aa hoga

قدم بڑھائے چلیں ہم اسی یقین کے ساتھ
Qadam badhaayey chaley(n) hum isee yaqeen ke saath
کہ اگلے موڑ پہ وہ راہ دیکھتا ہوگا
Ke agle mod pe wo raah deykhata hoga

چمن میں جاکے فسردہ گلوں کو کیا دیکھیں
Chaman mein jaake fasurda gulo(n) ko kya deykhey(n)
بہار کا تو زمانہ گزر گیا ہوگا
Bahaar ka to zamaana guzar gaya hoga

جو قرض ہم نے لیا تھا کبھی بنامِ حیات
Jo qarz hum ne liya tha kabhee banaam-e-hayaat
قضا یہ پوچھ رہی ہے کہ کب ادا ہوگا
Qaza ye pooch rahee hai ke kab ada hoga

اُداسیوں کی فضا سازگار کرنے کو
Udaasio(n) ki faza saaz gaar karney ko
تمہارا شوقِ فسردہ بھی ہنس رہا ہوگا
Tumhaara Shauq-e-fasurda bhi ha(n)s raha hoga

یہ مانا کہ شیشہ ہوں میں توڑ دے گا
Ye maana ke sheesha hoon mai(n) tod deyga
میں لوہا نہیں ہوں کہ وہ موڑ دے گا
Mai(n) loha nahee(n) hoon ke wo mod deyga

سخن ور سخن کو نیا موڑ دے گا
Sokhanwar sokhan ko naya mod deyga
وہ خفتہ زمانے کو جھنجھوڑ دے گا
Wo khufta zamaaney ko jhin-jhor deyga

اگر مست آنکھوں سے ساقی پلا دے
Agar mast aankho(n) se saaqee pila dey
تو میکش یہ جام و سُبو پھوڑ دے گا
To maikash ye jaam-o-sobu phod deyga

اگر چھوڑ دیں گے رُلانا وہ اِس کو
Agar chod dey(n)gey rolaana wo isko
قسم ہے کہ ہنسنا بھی دل چھوڑ دے گا
Qasam hai ke ha(n)sna bhi dil chod deyga

کھلونا ہے دل میرا اس خوبرد کا
Khelauna hai dil meyra us khoob-roo ka
خدا جانے کب روٹھ کر توڑ دے گا
Khoda jaaney kab rooth kar tod deyga

وفا میرا ایماں ، ستم اس کا شیوہ

Wafa meyra eemaa(n), sitam uska sheywa

نہ ہم چھوڑ دیں گے نہ وہ چھوڑ دے گا

N(a) hum chod dey(n)gey n(a) woh chod deyga

طلب کر رہی ہے قضا زندگی سے

Talab kar rahee hai qaza zindagee sey

کوئی قرض کو اپنے کیوں چھوڑ دے گا

Koi qarz ko apney kyo(n) chod deyga

چلو شوقؔ دل ہے جو شیشہ تو کیا ہے

Chalo Shauq dil hai jo sheesha to kya hai

اسے جس نے توڑا ہے وہ جوڑ دے گا

Isey jis ney toda hai wo jod deyga

مرے لہو سے ہی تو یار سُرخ رو ہو گا

Merey lahoo se hi too yaar surkh-roo hoga

کسی کے جسم میں ایسا کہاں لہو ہو گا

Kisee ke jism mein aisa kahaa(n) lahoo hoga

دلِ بشر ہی جو بے شوق و آرزو ہو گا

Dil-e-bashar hi jo bey-shauq-o-aarazoo hoga

ہرا بھرا نہ یہ میدانِ جستجو ہو گا

Hara bhara n(a) ye maidaan-e-justajoo hoga

فرشتے پا نہ سکیں گے مقام انساں کا

Farishtey pa n(a) sakey(n) gey moqaam insaa(n) ka

رگوں میں ان کی کہاں دوڑتا لہو ہو گا

Rago(n) mein unki kahaa(n) daudata lahoo hoga

چمن کو ناز ہے کھلتے گلاب پر لیکن

Chaman ko naaz hai khiltey gulaab par leykin

ہمارے دل کی طرح کب لہو لہو ہو گا

Hamaarey dil ki tarah kab lahoo lahoo hoga

تو اپنا آئینہ رکھ میرے آئینے کے قریب

Tu apn(a) aa-ina rakh meyrey aa-iney ke qareeb

میں تیرے سامنے تو میرے رو برو ہو گا

Mai(n) teyrey saamney too meyrey roo-ba-roo hoga

ترے لئے ہی زمانے سے دشمنی لے لی

Terey liyey hi zamaaney se dushmanee ley lee

خبر نہیں تھی کبھی مہرباں نہ تو ہو گا

Khabar nahee(n) thi kabhi mehrabaa(n) n(a) too hoga

بلانا اُن کا خوشی کی ہے بات شوقؔ مگر

Bolaana unk(a) khushee kee hai baat Shauq magar

نہ جانے کون سا عنوانِ گفتگو ہو گا

N(a) jaane kaun s(a) unwaan-e-guftagoo hoga

دیا جو تیز ہواؤں سے لڑ رہا ہوگا

Diya jo teyz hawaao(n) se lad raha hoga

ہمارے عشق سے ہی حوصلہ لیا ہوگا

Hamaarey ishq se hee hausala liya hoga

جو ہم خیال نہیں ، ہم سفر وہ کیا ہوگا

Jo hum-khayaal nahee(n), humsafar wo kya hoga

سفر میں دونوں کا رستہ جُدا جُدا ہوگا

Safar mein dono(n) k(a) rasta juda juda hoga

اُٹھانے سے بھی کسی کے وہ اُٹھ نہیں سکتا

Uthaney sey bhi kisi key wo uth nahee(n) sakta

نگاہ سے جو خود اپنی ہی گِر گیا ہوگا

Nigaah sey j(o) khud apnee hi gir gaya hoga

رہے گی جنگ زمانے میں حقّ و باطل کی

Raheygi jang zamaaney mein haqq-o-baatil kee

نہ دور ذہنوں سے میدانِ کربلا ہوگا

N(a) door zehno(n) se maidaan-e-Karbala hoga

بیانِ شوقؔ کو سُن لو نکال کر موقع

Bayaan-e-Shauq ko sun lo nikaal kar mauqa

نہ جانے ساز یہ کس وقت بے صدا ہوگا

N(a) jaane saaz ye kis waqt bey-sada hoga

یہ مسئلہٗ زلفِ صنم اور بڑھے گا

Yeh mas-ala-e-zulf-e-sanam aur badheyga

جتنا اسے سُلجھاؤ گے خَم اور بڑھے گا

Jetna ise suljhaaoge kham aur badheyga

غمگین رہو گے تو یہ غم اور بڑھے گا

Ghamgeen rahogey to ye gham aur badheyga

بے کار پپوٹوں کا ورم اور بڑھے گا

Bekaar papooto(n) k(a) waram aur badheyga

ممنونِ سیاست ہیں ابھی شیخ و برہمن

Mamnoon-e-seyaasat hain abhee sheykh-o-barahman

یہ معرکہٗ دیر و حرم اور بڑھے گا

Yeh maar-kayey dair-o-haram aur badheyga

ممکن ہے تڑپتی ہو مرے واسطے منزل

Mumkin hai tadaptee ho mere waaste manzil

یہ سوچ کے چلئے تو قدم اور بڑھے گا

Yeh soch ke chalyey to qadam aur badheyga

رُو رُو کے نہ اشکوں کی رفاقت کو گنواؤ

Ro ro ke n(a) ashko(n) ki rafaaqat ko ga(n)waao

پھر کس کو پکاروگے جو غم اور بڑھے گا

Phir kisko pukaaroge j(o) gham aur badheyga

پچھتائے گا غم دے کے ہمیں اور زمانہ
Pachtaaega gham dey ke humey(n) aur zamaana
فنکار ہیں ہم زورِ قلم اور بڑھے گا
Fankaar hain ham zor-e-qalam aur badheyga

تم شوق دکھادو بھی ذرا کھول کے مُٹھی
Tum Shauq dekha do bhi zara khol ke muth-thee
رکھوگے اگر بند بھرم اور بڑھے گا
Rakh-khoge agar band bharam aur badheyga

محفلِ شوق میں کیا اور تماشا ہو گا
Mahfil-e-shauq mein kya aur tamaasha hoga
خونِ دل ہو گا کبھی خونِ تمنّا ہو گا
Khoon-e-dil hoga kabhee khoon-e-tamanna hoga

بزمِ ہستی میں مرا کوئی تو اپنا ہو گا
Bazm-e-hastee mein mera koyee to apna hoga
کیا پتہ تھا مری آنکھوں کا یہ سپنا ہو گا
Kya pata tha meri aankho(n) k(a) ye sapna hoga

وقت کے ساتھ بدل جائے گا انساں کا مزاج
Waqt key saath badal jaa-eg(a) insaa(n) k(a) mizaaj
کیا خبر تھی کہ کبھی ایسا زمانا ہو گا
Kya khabar thee ke kabhee ais(a) zamaana hoga

دُکھ ملیں گے تو انہیں جھیلنا ہو گا خود ہی
Dukh miley(n)gey to unhey(n) jheylana hoga khud hee
غیر ممکن ہے کسی اور کا ساجھا ہو گا
Ghair-mumkin hai kisee aur ka saajha hoga

خوش ہے جو اوروں کو آئینہ دکھانے والا
Khush hai jo auro(n) ko aa-eena dekhaaney wala
اپنے چہرے کو کبھی اس نے نہ دیکھا ہو گا
Apne chehrey ko kabhee usne n(a) deykha hoga

راہِ مقصد میں چلیں دھوپ کی چادر اوڑھے

Raah-e-maqsad mein chaley(n) dhoop ki chaadar odhey

کٹ گئے پیڑ ، کہاں اب کوئی سایا ہو گا

Kat gayey peyd, kahaa(n) ab koi saaya hoga

کون اس رات میں آئے گا وفا کا بندہ

Kaun is raat mein aayeyg(a) wafa ka banda

شوقؔ سو جاؤ ہوا کا کوئی جھونکا ہو گا

Shauq so jaao hawa ka koi jho(n)ka hoga

اک نظر میں خوبصورت حادثا ہو جائے گا
Ek nazar mein khoob-soorat haadesa ho jaaega
دیکھ لے جو آپ کو وہ آپ کا ہو جائے گا
Dekh ley jo aap ko wo aap ka ho jaaega

ہجر کے باعث ہی دل میں ہے ہجومِ آرزو
Hijr key baa-es hi dil mein hai hojoom-e-aarazoo
وصل کی صورت میں پیدا اک خلا ہو جائے گا
Wasl kee soorat mein paida ek khala ho jaaega

ہاتھ میں اس کے اگر اخلاص کا پرچم رہا
Haath mein us ke agar ekhlaas ka parcham raha
ایک دن تنہا مسافر قافلا ہو جائے گا
Eyk din tanha musaafir qaafela ho jaaega

ٹھوکروں کے خوف سے اکتا نہ جانا رہروو
Thokaro(n) key khauf sey ukta n(a) jaana rah-rawo(n)
چلتے چلتے پتّھروں پر راستا ہو جائے گا
Chalte chalte pat-tharo(n) par raasata ho jaaega

چشمِ بینا ہو اگر حاصل تو کچھ مشکل نہیں
Chashm-e-beena ho agar haasil to kuch mushkil nahee(n)
راز اس چہرے کا خود ہی آئنا ہو جائے گا
Raaz us chehrey k(a) khud hee aa-ina ho jaaega

چل کے دیکھیں زندگی کے اس بھرے بازار میں

Chal ke deykhey(n) zindagee key is bharey bazaar mein

اپنی کیا قیمت ہے خود ہی فیصلا ہو جائے گا

Apni kya qeemat hai khud hee faisala ho jaaega

شوقؔ سے کہنے کو کہہ دوں اپنا حالِ دل مگر

Shauq sey kahney ko kah doo(n) apna haal-e-dil magar

سوچتا ہوں زخم اس کا بھی ہرا ہو جائے گا

Sochata hoon zakhm uska bhee hara ho jaaega

لبِ نازک سے قاتل کے اگر خود ہی ادا ہو گا
Lab-e-naazuk sey qaatil key agar khud hee ada hoga
فسانہ ظلم کا کچھ اور دلکش جانفزا ہو گا
Fasaana zulm ka kuch aur dilkash jaa(n)-faza hoga

جسے آباد کرنے کو مرے دل نے چُنا ہو گا
Jisey aabaad karney ko merey dil ney chuna hoga
خودی کا گاؤں ہو گا یا کوئی شہرِ اَنا ہو گا
Khudee ka gaao(n) hoga ya koi shahr-e-ana hoga

عطا کرتے ہیں وہ لیکن اَنا کا امتحاں لے کر
Ata kartey hain wo leykin ana ka imtehaa(n) leykar
اُٹھا کر دونوں ہاتھوں کو ادب سے مانگنا ہو گا
Utha kar dono haatho(n) ko adab sey maangana hoga

ہر اک شئے میں وہ پنہاں ہے، ہر اک شئے سے وہ ظاہر بھی
Har ek shai mein wo pinha hai, har ek shai sey wo zaahir bhee
یقیناً یہ جہاں پردہ نشیں کا آئنا ہو گا
Yaqeenan yeh jahaa(n) parda-nashee(n) ka aa-ina hoga

نمائش کے لئے محلوں میں رکھنے سے ہے کیا حاصل
Nomaaesh key liyey mahlo(n) mein rakhney sey hai kya haasil
اجالوں کو تو کالی بستیوں میں بانٹنا ہو گا
Ujaalo(n) ko to kaali bastiyo(n) mein baa(n)tana hoga

چلو ہمراہ چلتے ہیں مگر معلوم ہے ہم کو
Chalo hamraah chaltey hain, magar maaloom hai ham ko
رہِ دشوار آئے گی تو رستہ بھی جدا ہوگا
Rah-e-dushwaar aayeygee to rasta bhee juda hoga

حیات و موت کی یکجا جہاں پر کشمکش ہوگی
Hyaat-o-maut kee ekja jahaa(n) par kash-m(a)-kash hogee
سمجھ جاؤ وہی اصلی ٹھکانا شوقؔ کا ہوگا
Samajh jaao wohee aslee thekaana Shauq ka hoga

بزم میں آج فقط ہنسنا ہنسانا ہوگا

Bazm mein aaj faqat ha(n)sn(a) ha(n)saana hoga

ان کی خاطر مجھے غم اپنا چھپانا ہوگا

Unki khaatir mujhey gham apn(a) chupaana hoga

اس قدر بوجھ ، خبر کیا تھی ، اٹھانا ہوگا

Is qadar bojh, khabar kya thi, uthaana hoga

زخمی زخمی مرے احساس کا شانا ہوگا

Zakhmi zakhmi merey ehsaas k(a) shaana hoga

اپنی نظروں سے ملانی ہیں نگاہیں مجھ کو

Apni nazro(n) se milaanee hai nigaahey(n) mujh ko

گھر کی دیوار سے آئینہ ہٹانا ہوگا

Ghar ki deewaar se aa-eena hataana hoga

غم کے شعلوں میں ہی تپ تپ کے نکھرتی ہے حیات

Gham ke sholo(n) mein hi tap tap ke nikhartee hai hayaat

زندگی ! تجھ کو یہ انداز سکھانا ہوگا

Zindagee! Tujhk(o) ye andaaz sikhaana hoga

ہیں جو جدّت کے پرستار ، بتا دو ان کو

Hain jo jiddat ke parastaar, bata do un ko

جو نیا آج ہے وہ کل ہی پرانا ہوگا

Jo naya aaj hai, wo kal hi puraana hoga

دل کے دروازے پہ اب کون صدا دیتا ہے

Dil ke darwaaze pe ab kaun sada deyta hai

بھولا بھٹکا ہوا غم کوئی پرانا ہوگا

Bhoola bhatk(a) hua gham koyee puraana hoga

گرمیٔ عشق سے چمکے گا یہ کندن کی طرح

Garmi-e-ishq se chamkeyga ye kundan ki tarah

جب مرا شوق ذرا اور سیانا ہوگا

Jab mera Shauq zara aur sayaana hoga

کس نے بے موسم یہاں جشنِ بہاراں کر دیا
Kisne bey-mausim yahaan jashn-e-bahaaraa(n) kar diya
اپنے زخموں کے چراغوں کو فروزاں کر دیا
Apne zakhmo(n) key charaagho(n) ko farozaa(n) kar diya

دل کی خلوت میں تھے ، پلکوں پر نمایاں کر دیا
Dil ki khilwat mein the palko(n) par numaaya(n) kar diya
چشم نے اشکِ گراں مایہ کو ارزاں کر دیا
Chashm ney ashk-e-giraa(n) maay(a) ko arzaa(n) kar diya

دشمنِ جاں جو کہیں ہم نے یہ احساں کر دیا
Dushman-e-jaa(n) jo kahey(n) ham ney ye ehsaa(n) kar diya
خشک مٹی کو لہو دے کر گلستاں کر دیا
Khushk mittee ko lahoo deykar gulistaa(n) kar diya

ہر گلی ، ہر موڑ پر دشواریوں کی بھیڑ نے
Har galee, har mod par, dushwaario(n) kee bheed ney
منزلِ راہِ طلب کو اور آساں کر دیا
Manzil-e-raah-e-talab ko aur aasaa(n) kar diya

ہو گیا سب رائیگاں خونِ دلِ اہلِ جنوں
Ho gaya sab raaegaa(n) khoon-e-dil-e-ahl-e-jonoo(n)
عقل نے پھولی پھلی بستی کو ویراں کر دیا
Aql ney phoolee phalee bastee ko weera(n) kar diya

اپنے جلووں کی ضیا اس انجمن کو بخش کر
Apney jalwo(n) kee zaya is anjuman ko bakhsh kar
آپ کے چہرے نے ہر درپن کو حیراں کر دیا
Aap key chehrey ne har darpan ko hairaa(n) kar diya

تھی عذابوں کے سفر کے بعد منزل شوق کی
Thee azaabo(n) key safar key baad manzil Shauq kee
ہم ہی خود گھبرا گئے ترکِ بیاباں کر دیا
Ham hi khud ghabra gayey tark-e-bayaabaa(n) kar diya

اس نے جب موجوں کو ہی اپنا نگہباں کر دیا
Us ne jab maujo(n) ko hee apna nigahbaa(n) kar diya
اہلِ ساحل کو مری کشتی نے حیراں کر دیا
Ahl-e-saahil ko meree kashtee ne hairaa(n) kar diya

ہم نے اپنے دل میں روشن داغِ ہجراں کر دیا
Ham ne apney dil me(n) raushan daagh-e-hijraa(n) kar diya
خانۂ تاریک میں بزمِ چراغاں کر دیا
Khaana-e-taareek mein bazm-e-charaaghaa(n) kar diya

ماننا ہوگا کہ حیوانوں سے بازی مار لی
Maan-na hoga ke haiwaano(n) se baazee maar lee
دستِ انساں نے ہی بڑھ کر خونِ انساں کر دیا
Dast-e-insaa(n) ney hi badh kar khoon-e-insaa(n) kar diya

مُسکرانے کی فضائے غم میں عادت ڈال لی
Muskuraaney kee faza-e-gham mein aadat daal lee
ہم نے مشکل کو بڑی خوبی سے آساں کر دیا
Ham ney mushkil ko badee khoobee se aasaa(n) kar diya

جب چلا ان کو سنانے دردِ دل کی داستاں
Jab chala un ko sunaaney dard-e-dil kee daasataa(n)
آہ کو ہی اپنے افسانے کا عنواں کر دیا
Aah ko hee apne afsaaney k(a) unwaa(n) kar diya

میرے دامن میں گہر اشکوں کے ٹانکے بے شمار

Meyrey daaman mein gohar ashko(n) ke taa(n)key bey-shumaar

جاتے جاتے اس نے مجھ پر ایک احساں کر دیا

Jaatey jaatey us ne mujh par eyk ehsaa(n) kar diya

شوقؔ نے، لکھتا تھا جو مشکل ہی سے کوئی غزل

Shauq ney, likhta th(a) jo mushkil hi sey koyee ghazal

جانے کس کے واسطے تیار دیواں کر دیا

Jaaney kis key waastey tayiyaar deewaa(n) kar diya

خو برو کا یہی اک پتا رہ گیا
Khoob-roo ka yahee ek pata rah gaya
جس نے دیکھا اسے دیکھتا رہ گیا
Jis ne deykha usey dekhata rah gaya

دل شکستہ کوئی حق نما رہ گیا
Dil shikasta koyee haq-numa rah gaya
ایک ٹوٹا ہوا آئنا رہ گیا
Eyk toota hua aa-ina rah gaya

حالِ دل مجھ سے خود پوچھتا تھا کوئی
Haal-e-dil mujh se khud poochata tha koee
جانے کیا کہہ دیا کیا بچا رہ گیا
Jaaney kya kah diya kya bacha rah gaya

منھ پہ جو بات سچّی تھی کہہ دی اسے
Mu(n)h pe jo baat sach-chee thi kah dee usey
میرا دشمن بھی منھ دیکھتا رہ گیا
Meyr(a) dushman bhi mu(n)h deykhata rah gaya

چلنے والے تو خنجر پہ بھی چل دیئے
Chalney waaley to khanjar pe bhee chal diyey
کیسے چلنا ہے میں سوچتا رہ گیا
Kaisey chalna hai, mai(n) sochata rah gaya

جانے طائر کہاں چھوڑ کر اُڑ گئے
Jaaney taaer kahaa(n) chod kar ud gayey
صرف اُجڑا ہوا گھونسلا رہ گیا
Sirf ujda hua gho(n)sala rah gaya

زخم خنجر کے جتنے تھے سب بھر گئے
Zakhm khanjar ke jetney the sab bhar gayey
جو زباں نے دیا تھا ہرا رہ گیا
Jo zabaa(n) ney diya tha hara rah gaya

جو دوائیں تھیں سب بے اثر ہو گئیں
Jo dawaaey(n) thi(n) sab bey-asar ho gayee(n)
اب دعاؤں کا بس آسرا رہ گیا
Ab doaao(n) ka bas aasara rah gaya

نقش جتنے تھے راہوں میں پھینکے ہوئے
Naqsh jetney they raaho(n) mein phai(n)key huyey
جگمگاتا ترا نقشِ پا رہ گیا
Jagmagaata tera naqsh-e-pa rah gaya

کون لکھ کر گیا یاد بھی اب نہیں
Kaun likh kar gaya yaad bhi ab nahee(n)
نام دل پر مرے اک لکھا رہ گیا
Naam dil par mere ek likha rah gaya

شوقؔ کے بعد محفل میں کچھ بھی نہ تھا
Shauq key baad, mahfil, mein kuch bhee n(a) tha
روشنی گم ہوئی بس دیا رہ گیا
Raushanee, gum huyee, bas diya rah gaya

مرحلہ عشق کا سر آپ نے کرنے نہ دیا
Marhala ishq k(a) sar aap ne karney n(a) diya
گہرے پانی میں اُترنا تھا اُترنے نہ دیا
Gahre paanee mein utarna tha, utarney n(a) diya

موجِ دریا سے نکل آئی تھی کشتی میری
Mauj-e-darya se nikal aayi thi kashtee meyri
جانے کس سوچ نے ساحل پہ اترنے نہ دیا
Jaane kis soch ne saahil pe utarney n(a) diya

ہے یہ انجامِ سفر تھک گئے چلتے چلتے
Hai ye anjaam-e-safar, thak gaye chaltey chaltey
آرزوؤں کے سوا کچھ بھی سفر نے نہ دیا
Aarazoo-o(n) ke sewa kuch bhi safar ney n(a) diya

لے لیا ہم نے غمِ یار کو تحفے کی طرح
Ley liya ham ney gham-e-yaar ko tohfey ki tarah
اس کے اخلاص نے انکار ہی کرنے نہ دیا
Us ke ekhlaas ne inkaar hi karney n(a) diya

جو بھی آیا اسے سینے سے لگایا ہم نے
Jo bhi aaya use seeney sey lagaaya ham ney
غم کو مایوس کبھی در سے گزرنے نہ دیا
Gham ko maaiyoos kabhee dar se guzarney n(a) diya

مندمل ہونے پہ آئے تو لگا دی پھر ٹھیس

Mundamil hone pe aaya to laga dee phir theys

دل کے زخموں کو تری یاد نے بھرنے نہ دیا

Dil key zakhmo(n) ko teree yaad ney bharney n(a) diya

میرے تلوؤں کے لہو کو بھی ہے عزت بخشی

Meyrey talwo(n) ke lahoo ko bhi hai izzat bakhshee

وہ دیا ہے مجھے صحرا نے جو گھر نے نہ دیا

Wo diya hai mujhe sahra ne jo ghar ney n(a) diya

اس نے آئینہ مرا توڑ دیا، کس کو خبر

Us ne aa-eena mera tod diya kis ko khabar

اور الزام ہے مجھ پر کہ سنورنے نہ دیا

Aur elzaam hai mujh par key sa(n)warney n(a) diya

شوق پتھر کو بھی آئینہ بنا سکتا تھا

Shauq pat-thar ko bhi aa-eena bana sakta tha

اس کو موقع ہی مگر دستِ ہنر نے نہ دیا

Us ko mauqa hi magar dast-e-hunar ney n(a) diya

رعنائیوں کا قصّہ ، زندہ دلی کا چرچا
Raanaaio(n) ka qissa zinda dilee ka charcha
پھولوں کی ہے زباں پر ان کی ہنسی کا چرچا
Phoolo(n) ki hai zabaa(n) par unkee ha(n)see k(a) charcha

ہر لمحہ بکھرے گُل کا مسلی کلی کا چرچا
Har lamh(a) bikhre gul ka, maslee kalee k(a) charcha
گلشن میں چار سو ہے ویرانگی کا چرچا
Gulshan mein chaar soo hai weeraanagee k(a) charcha

دامن تو کیا ہماری آنکھیں بھی نم نہیں ہیں
Daaman to kya hamaari, aankhey(n) bhi nam nahee(n) hain
کیوں ہو رہا ہے اپنی افسردگی کا چرچا
Kyo(n) ho raha hai apnee afsurdagee k(a) charcha

لہریں کبھی اٹھی تھیں، ڈوبا تھا اک سفینہ
Lahrey(n) kabhee uthee thee(n), dooba tha ek safeena
ساحل پہ ہو رہا ہے اب بھی اسی کا چرچا
Saahil pe ho raha hai, ab bhee usee k(a) charcha

جس سمت سُن رہا ہوں مقتول کی ہیں باتیں
Jis simt sun raha hoon maqtool kee hain baatey(n)
قاتل کا ہے نہ کوئی اس کی چھُری کا چرچا
Qaatil k(a) hai na koyee us kee churee k(a) charcha

ہیں اہلِ ظرف بیٹھے کم ظرف کی ہے شہرت

Hain ahl-e-zarf baithey kam zarf kee hai shohrat

آگے سمندروں کے جیسے ندی کا چرچا

Aagey samundaro(n) key, jaisey nadee k(a) charcha

کیا جانے شوقؔ کیا کیا وحشت میں لکھ گیا ہے

Kya jaaney Shauq kya kya wahshat mein likh gaya hai

بعدِ قضا بہت ہے اک ڈائری کا چرچا

Baad-e-qaza bahut hai ek daaeree k(a) charcha

تھا ڈٹا رن میں بے خطر تنہا

Tha data ran mein bey-khatar tanha

قتل ہونے کو تھا جو سر تنہا

Qatl honey ko tha jo sar tanha

آتا جاتا ہے ہر بشر تنہا

Aata jaata hai har bashar tanha

زندگی کرتی ہے سفر تنہا

Zindagee karti hai safar tanha

میرے لُٹنے کا تھا پتہ سب کو

Meyrey lutney k(a) tha pata sab ko

ایک میں ہی تھا بے خبر تنہا

Eyk mai(n) hee th(a) bey-khabar tanha

تھے خوشی میں تو سینکڑوں ساتھی

They khushi mein to sai(n)kado(n) saathee

غم اٹھانا پڑا مگر تنہا

Gham uthaana pada magar tanha

جس نے پہنا ہے کاغذی ملبوس

Jis ne pahna hai kaaghazee malboos

بھیگنے کا اسے ہے ڈر تنہا

Bheegney ka usey hai dar tanha

داد دو اُس دیئے کی ، لڑتا رہا
Daad do us diyey ki, ladt(a) raha
جو اندھیروں سے رات بھر تنہا
Jo andheyro(n) se raat bhar tanha

جنگلوں کے بھی دور میں نہ رہے
Jangalo(n) key bhi daur mein n(a) rahey
آج ہم سب ہیں جس قدر تنہا
Aaj ham sab hain jis qadar tanha

گھورتی ہیں عقاب کی نظریں
Ghoortee hain oqaab kee nazrey(n)
اک پرندہ ہے شاخ پر تنہا
Ek parinda hai shaakh par tanha

کوئی رستہ بتائے کیا اس کو
Koyi rasta bataey kya usko
شوق اپنا ہے راہ بر تنہا
Shauq apna hai raahabar tanha

ہر سازِ زندگی پہ جو رقصاں نہیں رہا
Har saaz-e-zindagee pe jo raqsaa(n) nahee(n) raha
وہ قصہٗ حیات کا عنواں نہیں رہا
Wo qissa-e-hayaat ka unwaa(n) nahee(n) raha

یہ کس کی سازشیں تھیں کہ سیرت بدل گئی
Yeh kis ki saazishey(n) thi(n) ke seerat badal gayee
کیا ہو گیا کہ پہلا سا انساں نہیں رہا
Kya ho gaya ke pahl(a) s(a) insaa(n) nahee(n) raha

ہم بلبلِ غریب کی قسمت تو دیکھئے
Ham bulbul-e-ghareeb ki qismat to deykhiyey
چھوٹے قفس سے جب تو گلستاں نہیں رہا
Chootey qafas sey jab to gulistaa(n) nahee(n) raha

اے زندگی فضول ہے تعبیر کی تلاش
Aey zindagee fozool hai taabeer kee talaash
وہ خواب کیا جو خوابِ پریشاں نہیں رہا
Wo khwaab kya jo khwaab-e-pareesha(n) nahee(n) raha

آساں کبھی تھا اب تو یہ جینے کا مسئلہ
Aasaa(n) kabhee th(a) ab to ye jeeney ka mas-ala
ہر شخص کہہ رہا ہے کہ آساں نہیں رہا
Har shakhs kah raha hai ke aasaa(n) nahee(n) raha

شامِ خزاں نے پھول کھلائے وہ باغ میں
Shaam-e-kheza(n) ne phool khilaayey wo baagh mein
اب انتظارِ صبحِ بہاراں نہیں رہا
Ab intezaar-e-subh-e-bahaara(n) nahee(n) raha

دریا کی سازشوں پہ نظر سب کی تھی مگر
Darya ki saazisho(n) pe nazar sab ki thee magar
کچھ بھی خیالِ فتنۂ طوفاں نہیں رہا
Kuch bhee khayaal-e-fitna-e-toofaa(n) nahee(n) raha

تازہ لہو پھر آج زمانے کو چاہیئے
Taaza lahoo phir aaj zamaaney ko chahiyey
روشن چراغِ خونِ شہیداں نہیں رہا
Raushan charaagh-e-khoon-e-shaheedaa(n) nahee(n) raha

زندہ ہے اپنا شوقؔ تو ہم کیسے یہ کہیں
Zinda hai apna Shauq to ham kaisey yeh kahey(n)
ہنگامۂ حیات کا ساماں نہیں رہا
Ha(n)gaama-e-hayaat ka saama(n) nahee(n) raha

رنج و غم کا میں نے خود سودا کیا

Ranj-o-gham ka mai(n) ne khud sauda kiya

اس قدر کیوں زیست کو چاہا کیا

Is qadar kyo(n) zeest ko chaaha kiya

سوچتا ہوں میں نے آخر کیا کیا

Sochata hoon maine aakhir kya kiya

آپ نے تو خود ہی جو چاہا کیا

Aap ney to khud hi jo chaaha kiya

کیا کہیں ہم قصۂ شامِ فراق

Kya kahey(n) ham qissa-e-shaam-e-feraaq

جی نہ بہلا، لاکھ بہلایا کیا

Jee na bahla, laakh bahlaaya kiya

اک جنونِ عشق میں انسان نے

Ek jonoon-e-ishq mein insaan ney

اپنی ہی تخلیق کو پوجا کیا

Apni hi takhleeq ko pooja kiya

غم چھپانے کو ہی میں نے شوق سے

Gham chupaaney ko hi mainey Shauq sey

مسکرانے کا ہنر سیکھا کیا

Muskuraaney ka hunar seekha kiya

اب ضعیفی میں ہے کیا ایسے سوالوں کے سوا

Ab zaeefee mein hai kya aise sawalo(n) ke sewa

کون پالے گا مجھے گود کے پالوں کے سوا

Kaun paaleyga mujhey god ke paalo(n) ke sewa

اک تمنّا ہی مچلتی رہی میرے دل میں

Ek tamanna hi machaltee rahi meyrey dil mein

کوئی آیا نہ کبھی صرف خیالوں کے سوا

Koyee aaya n(a) kabhee sirf khayaalo(n) ke sewa

بند آنکھوں سے بھی ہم دیکھ ہی لیں گے اُن کو

Band aan(n)kho(n) se bhi ham deykh hi leyngey unko

روشنی دل میں ہے محفل کے اُجالوں کے سوا

Raushanee dil mein hai mahfil ke ujaalo(n) ke sewa

حُسن کی جلوہ گری ہے کہ کوئی جادو گری

Husn ki jalw(a)gari hai ke koi jaad(u)gari

کوئی آواز نہیں بزم میں نالوں کے سوا

Koyi aawaz nahee(n) bazm mein naalo(n) ke sewa

جل گیا گھر تو نہ تھا کوئی بھی سچّا ہمدرد

Jal gaya ghar to n(a) tha, koyee bhi sach-cha hamdard

دور سے آکے اِسے دیکھنے والوں کے سوا

Door sey aakey isey deykhney walo(n) ke sewa

عمر بھر وقفِ مشقّت رہے مزدور مگر

Umr bhar, waqf-e-moshaqqat, rahe mazdoor, magar

ان کو کچھ بھی نہ ملا خشک نوالوں کے سوا

Unko kuch bhee n(a) mila khushk newaalo(n) ke sewa

شوقؔ کو شوقِ ادب نے ہی بنایا مفلس

Shauq ko shauq-e-adab ney hi banaaya muflis

گھر میں کچھ بھی نہیں بوسیدہ رسالوں کے سوا

Ghar mein kuch bhee nahi(n) boseeda resaalo(n) ke sewa

ٹوٹتے رشتوں کو میں نے آج تک جوڑا کیا
Tootatey rishto(n) ko maine aaj tak joda kiya
گھر کے ہر جھگڑے کو اس کی حد میں ہی رکھا کیا
Ghar ke har jhagde ko uskee had mein hee rakh-kha kiya

بے حسی نے جاگ کر طوفاں عجب برپا کیا
Bey-hisi ney jaag kar toofaa(n) ajab barpa kiya
اولے بن بن کر سمندر بھی کبھی برسا کیا
Oley ban ban kar samundar bhee kabhee barsa kiya

زندگی اپنی کفن پہنے ہوئے لیٹی رہی
Zindagee apnee kafan pahney huyey leytee rahee
اپنے شانوں پر وہی تابوت میں ڈھویا کیا
Apney shaano(n) par wohi taaboot mai(n) dhoya kiya

حال نے آسیب کی صورت ڈرایا ہے مجھے
Haal ney aaseyb kee soorat daraaya hai mujhey
اپنے ماضی کے محل میں جب کبھی جھانکا کیا
Apne maazee key mahal mein jab kabhee jhaanka kiya

گھر سے وہ نکلا تھا کہہ کر اب نہ لوٹے گا کبھی
Ghar se wo nikla th(a) kah kar, ab n(a) lauteyga kabhee
جانے کیوں مڑ مڑ کے اس نے دیر تک دیکھا کیا
Jaane kyo(n) mud mud ke us ney deyr tak deykha kiya

اس سے بڑھ کر وقت میرا امتحاں لیتا بھی کیا

Is se badhkar waqt meyra imtehaa(n) leyta bhi kya

اپنے خونِ دل سے اپنی داستاں لکھا کیا

Apne khoon-e-dil se apnee daastaa(n) likh-kha kiya

زندگی نے بھی اُسی انساں کو تڑپایا کیا

Zindagee ney bhee usee insaa(n) ko tadpaaya kiya

موت سے جو عمر بھر دنیا میں گھبرایا کیا

Maut sey jo umr bhar dunya mein ghabraaya kiya

مشغلہ اپنا کسی کے ہجر میں بس یہ رہا

Mashghala apna kisee key hijr mein bas yeh raha

ہر پرانی داستاں کو پھر سے دہرایا کیا

Har puraanee daastaa(n) ko phir se dohraaya kiya

حال سے بیزار ہو کر ہر کوئی اس دہر میں

Haal sey beyzaar hokar har koi is dahr mein

دورِ مستقبل کے آگے ہاتھ پھیلایا کیا

Daur-e-mustaqbil ke aagey haath phailaaya kiya

دھوپ سے بچنے کی صورت ڈھونڈنی تھی خود مجھے

Dhoop sey bachney ki soorat dhoondanee thee khud mujhey

آسماں نے سر پہ گر سایہ کیا تو کیا کیا

Aasmaa(n) ney sar pe gar saaya kiya to kya kiya

پارسائی بکتی ہے اے شوقؔ کیا بازار میں

Paarasaayee bikti hai ayey Shauq kya baazaar mein

تختیاں مذہب کی اس نے مجھ کو دکھلایا کیا

Takhtiyaa(n) mazhab ki us ney mujh ko dekhlaaya kiya

یہ اور بات ہے کہ مجھے چھوڑ کر گیا
Yeh aur baat hai ke mujhey chod kar gaya
تحفے میں دے کے مجھ کو کوئی چشمِ تر گیا
Tohfey mein dey ke mujh k(o) koi chashm-e-tar gaya

آئینۂ حیات کی خوبی نہ پوچھیے
Aa-eena-e-hayaat ki khoobee n(a) poochiyey
کوئی بگڑ گیا ، کوئی اِس میں سنور گیا
Koyee bigad gaya koi is mein sa(n)war gaya

اُس کے ہی نقشِ پا کی جہاں کو تلاش ہے
Uskey hi naqsh-e-pa ki jahaa(n) ko talaash hai
جو منزلِ حیات یہاں ڈھونڈ کر گیا
Jo manzil-e-hayaat yahaa(n) dhoond kar gaya

واقف ہو کیسے دھوپ کی گرمی سے وہ کبھی
Waaqif ho kaise dhoop ki garmee se wo kabhee
آیا جو بعدِ شام تو قبلِ سحر گیا
Aayaa jo baad-e-shaam to qabl-e-sahar gaya

مفلس نے آج پا ہی لیا ساحلِ حیات
Muflis ne aaj pa hi liya saahil-e-hayaat
کشتیٔ جاں سے ہم نے سُنا ہے اُتر گیا
Kashtee-e-jaa(n) se ham ne suna hai utar gaya

پھرتا رہا جو راہِ ہوس میں تمام دن
Phirta raha jo raah-e-hawas mein tamaam din
آئی جو شام لوٹ کے اپنے ہی گھر گیا
Aayee jo shaam laut ke apney hi ghar gaya

کس نے یہ خارزار میں راہیں نکال دیں
Kisney ye khaarzaar mein raahey(n) nikaal dee(n)
یہ کس کا شوقؔ آج اِدھر سے گزر گیا
Yeh kisk(a) Shauq aaj idhar sey guzar gaya

آپ کے جاتے ہی گھر میں ایک سنّاٹا ہوا
Aap key jaatey hi ghar mein eyk sannaata hua
''پھر نہ جی بہلا کسی سے اس طرح تنہا ہوا''
Phir n(a) jee bahla kisi sey, is tarah tanha hua

ناشناسا ہو گیا سمجھا ہوا ، پرکھا ہوا
Naa-shanaasa ho gaya samjha hua parkha hua
سب کے دل پتّھر ہوئے یہ حادثہ کیسا ہوا
Sab ke dil path-thar huyey yeh haadesa kaisa hua

زندگی سُلجھائے اپنی زلفِ پُرخم کس طرح
Zindagee suljhaae apnee zulf-e-purkham kis tarah
آئینہ خانے میں ہے ہر آئینہ ٹوٹا ہوا
Aa-ina khaaney mein hai har aa-ina toota hua

اس کھنڈر کی داستاں کڑوی زمانے کو لگی
Us kha(n)dar kee daasataa(n) kadwee zamaaney ko lagee
جس کی دیواروں پہ میرا نام تھا لکھّا ہوا
Jis ki deewaro(n) pe meyra naam tha likh-kha hua

سچّے جذبوں کا لگاتا کون اس دنیا میں مول
Sach-che jazbo(n) ka lagaata kaun is dunya mein mol
جھوٹ کے بازار میں اک جُرم یہ سودا ہوا
Jhoot key baazaar mein ek jurm yeh sauda hua

دل کے گلشن میں لگاؤ تو سہی پھولوں کے پیڑ
Dil ke gulshan mein lagaao to sahi phoolo(n) ke peyd
تتلیوں کا قافلہ آئے گا خود اُڑتا ہوا
Titliyo(n) ka qaafela aayeyg(a) khud udta hua

اس کی عظمت کا تو چرچا تھا زمانے میں بہت
Us ki azmat ka to charcha tha zamaaney mein bahut
اپنے ہی گھر میں وہ بے چارہ مگر رسوا ہوا
Apne hee ghar mein wo beychaara magar ruswa hua

کیسے دل مفلس کے بچّوں کے نہ ہوں ٹوٹے ہوئے
Kaise dil muflis ke bachcho(n) key n(a) ho(n) tootey huyey
ان کے حصّے میں کھلونا بھی نہیں ٹوٹا ہوا
Un ke hissey mein khelauna bhee nahee(n) toota hua

ریت کے صحرا کو وہ سمجھے کہ دریا ہے کوئی
Reyt key sahra ko wo samjhey ke darya hai koee
تشنگانِ شوق کو اے شوقؔ یہ دھوکا ہوا
Tishnagaan-e-shauq ko aey Shauq yeh dhoka hua

میں نے پودے کو اگر ٹھیک سے سینچا ہوتا

Maine paudey ko agar theek se see(n)cha hota

میرے آنگن میں گھنا اور بھی سایا ہوتا

Meyrey aa(n)gan mein ghana aur bhi saaya hota

وہ دکھانے کو سہی ساتھ جو رویا ہوتا

Wo dekhaney ko sahi, saath jo roya hota

کم سے کم بوجھ مرے دل کا تو ہلکا ہوتا

Kam se kam bojh merey dil k(a) to halka hota

میری آنکھوں میں کہاں اور تھا کوئی چہرہ

Meyri aa(n)kho(n) mein kahaa(n) aur tha koyee chehra

آپ نے کاش کبھی جھانک کے دیکھا ہوتا

Aap ney kaash kabhee jhaa(n)k ke deykha hota

آپ سے حالِ پریشاں نہ کہا ، خیر ہوئی

Aap sey haal-e-pareyshaa(n) n(a) kaha, khair huyee

میں زباں کھول کے کیوں بزم میں رُسوا ہوتا

Mai(n) zabaa(n) khol ke kyon bazm mein ruswa hota

خونِ ناحق پہ خموشی ہے سبھوں کی کیسی

Khoon-e-naa-haq pe khamoshee hai sabho(n) kee kaisee

بات حق کی تھی کوئی شخص تو بولا ہوتا

Baat haq kee thi koi shakhs to bola hota

هم اگر اس کی حفاظت سے نہ غافل ہوتے

Ham agar uski hefaazat se na ghaafil hotey

مسجدوں پر نہ کبھی غیر کا قبضا ہوتا

Masjido(n) par n(a) kabhee ghair k(a) qabza hota

شوقؔ آنسو کو جو پلکوں پہ سجایا ہم نے

Shauq aa(n)soo ko jo palko(n) pe sajaaya ham ney

ان کے دامن پہ ٹپکتا تو ستارا ہوتا

Unke daaman pe tapakta to sitaara hota

حقیقت میں یہ دور ہے تیرگی کا

Haqeeqat mein yeh daur hai teeragee ka

بتائے کوئی کیا پتہ روشنی کا

Bataayey pata kya koi raushanee ka

عجب حال ہے آج کل زندگی کا

Ajab haal hai aaj kal zindagee ka

خوشی روشنی کی ، نہ غم تیرگی کا

Khushee raushanee kee n(a) gham teeragee ka

یقیناً ہے درپن میں چہرہ اُسی کا

Yaqeenan h(ai) darpan mein chehra usee ka

تصوّر میں کیوں عکس ہے چاندنی کا

Tasawwur mein kyo(n) aks hai chaandanee ka

کہاں آشنا ہے کوئی دردِ دل سے

Kahaa(n) aashana hai koi dard-e-dil sey

بہت نام سنتے تھے ہم آدمی کا

Bahut naam suntey the ham aadamee ka

تمنّائیں دل میں ، زباں پر ہیں تالے

Tamannaye(n) dil mein, zabaa(n) par hain taaley

یہ عالم محبت کی ہے بے بسی کا

Ye aalam mohabbat ki hai bey-basee ka

لفافوں میں ماضی کے ہے بند اب بھی

Lifaafo(n) mein maazee ke hai band ab bhee

محبت بھرا خط تری دوستی کا

Mohabbat bhara khat teree dosatee ka

محبت میں حاجت نہیں ہے خودی کی

Mohabbat mein haajat nahee(n) hai khudee kee

یہاں کام ہے ، اصل میں ، بے خودی کا

Yahaan kaam hai, asl mein bey-khudee ka

یہی سوچ کر ہم نے کشتی جلا دی

Yahee soch kar ham ne kashtee jala dee

خیال آ نہ جائے کہیں واپسی کا

Khayaal aa n(a) jaayey kahee(n) waapasee ka

یہ ہے شوقؔ کی بے بسی کا تمسخر

Ye hai Shauq kee bey-basee ka tamaskhur

سمجھتا ہوں مفہوم ان کی ہنسی کا

Samjhta hoon mafhoom unkee ha(n)see ka

✦

88

ان کا حق ہے بھلا بُرا کہنا

Un k(a) haq hai bhala bura kahna

میری جانب سے شکریا کہنا

Meyri jaanib se shukriya kahna

جب بھی فرقت کا واقعا کہنا

Jab bhi furqat k(a) waaqyeya kahna

ان سے سب کچھ ذرا ذرا کہنا

Un se sab kuch zara zara kahna

یہ محبت تو اک عبادت ہے

Yeh mohabbat to ek ebaadat hai

زیب دیتا نہیں خطا کہنا

Zeyb deyta nahee(n) khata kahna

اُف ری مجبوریاں محبت کی

Uff ri majbooriyaa(n) mohabbat kee

بے وفاؤں کو با وفا کہنا

Bey-wafaao(n) ko baa-wafa kahna

پوچھتے ہیں وہ مجھ سے کیسے ہو

Poochatey hain wo mujh se kaisey ho

ان کی معصومیت کا کیا کہنا

Un ki maasoomiat k(a) kya kahna

89

شاعروں نے کہاں سے سیکھ لیا

Shaayero(n) ney kahaa(n) se seekh liya

درد کو درد کی دوا کہنا

Dard ko dard kee dawa kahna

یہ جو مر مر کے لوگ زندہ ہیں

Yeh jo mar mar ke log zinda hain

دورِ حاضر کا معجزا کہنا

Daur-e-haazir k(a) mojaza kahna

تو ہی سب کچھ ہے ، کیا غلط تجھ کو

Too hi sab kuch hai, kya ghalat tujh ko

ابتدا کہنا ، انتہا کہنا

Ibteda kahn(a), inteha kahna

شوقؔ اپنی غزل سے تم پہلے

Shauq apnee ghazal se tum pahley

اس زمانے کا مرثیا کہنا

Is zamaaney k(a) marsiya kahna

✦

90

آوارگی نے مجھ کو بڑا حوصلا دیا

Aawaaragee ne mujh ko bada hausala diya

خود زندگی کو راہ میں اُس کی لگا دیا

Khud zindagee ko raah mein us kee laga diya

زخموں کو رنگ، غم نے بڑا خوشنما دیا

Zakhmo(n) ko rang, gham ne bada khushnuma diya

دل نے مجھے وفا کا نتیجہ دکھا دیا

Dil ney mujhey wafa k(a) nateeja dekha diya

بازو کی قوّتوں کا کرشما دکھا دیا

Baazoo ki quwwato(n) k(a) karishma dekha diya

محنت کشوں نے کھیت میں سونا اُگا دیا

Mehnat kasho(n) ne kheyt mein sona uga diya

یہ قرض زندگی کا تھا ہم پر چکا دیا

Yeh qarz zindagee k(a) th(a) ham par chuka diya

شکرِ خدا کہ بچّوں کو ہم نے پڑھا دیا

Shukr-e-Khoda ke bachcho(n) ko ham ney padha diya

آنکھیں کھلی ہوئی ہیں مگر سو رہے ہیں لوگ

Aankhey(n) khulee huyee hain magar so rahey hain log

واعظ سمجھ رہا ہے کہ سب کو جگا دیا

Waaeyz samajh raha hai sabhee ko jaga diya

لفظوں کے کچھ گہر ہی بڑھائے ہمارے بعد
Lafzo(n) ke kuch g(o)har hi badhaayey hamaare baad
قاتل نے وارثوں کو یہی خوں بہا دیا
Qaatil ney waariso(n) ko yehi khoo(n) baha diya

جو بات سچ تھی شوقؔ کہی ان کے روبرو
Jo baat sach thi shauq kahee un ke roo-ba-roo
یوں ہم نے دوستوں کو بھی دشمن بنا دیا
Yoo(n) ham ne dosato(n) ko bhi dushman bana diya

ان کے آنگن میں قصّے وفا کے چھڑے ، مجھ کو اپنی وفا پر غرور آ گیا

Un ke aa(n)gan mein qissey wafa key chidey, mujh ko apnee wafa par ghoroor aa gaya

چشمِ ساقی کے جیسے تصوّر سے ہی ایک میکش کو لطف و سرور آ گیا

Chashm-e-saaqee ke jaisey tasawwur se hee eyk maikash ko lutf-o-soroor aa gaya

ہم مرادِ دلی اپنی یوں پا گئے ، رات تاریک تھی ان سے ٹکرا گئے

Ham muraad-e-dilee apni yu(n) pa gayey, raat taareek thee un se takra gayee

ہم بھی گھبرا گئے وہ بھی شرما گئے ، بے پیئے ایک کیف و سرور آ گیا

Ham bhi ghabra gayey wo bhi sharma gayey, bey-piyey eyk kaif-o-soroor aa gaya

ریگزاروں میں کیسے ہیں یہ نقشِ پا ، کون گذرا اِدھر سے ہمارے سوا

Reygazaaro(n) mein kaisey hain yeh naqsh-e-pa, kaun guzra idhar sey hamaarey sewa

جستجو میں ہماری چمن چھوڑ کر لگ رہا ہے کہ وہ بھی ضرور آ گیا

Justajoo mein hamaree chaman chod kar lag raha hai ke wo bhee zaroor aa gayey

وقت کی دھوپ آنکھیں دکھاتی رہی ، دشت و صحرا کی آندھی ڈراتی رہی

Waqt kee dhoop aa(n)khey(n) dekhaatee rahee, dasht-o-sahra ki aandhee daraatee rahee

اور کیا چاہتے ہیں وفا کی سند ، آپ نے جب بلایا حضور آ گیا

Aur kya chaahtey hain wafa kee sanad, aap ney jab bolaaya hozoor aa gaya

اُٹھ رہی ہیں جدھر بھی نگاہیں مری ایک ہی عکس ہر سو ہے جلوہ نما

Uth rahee hain jidhar bhee nigaahey(n) meree eyk hee aks har soo hai jalwaanuma

کیا محبت کا مجھ کو صلہ مل گیا میری آنکھوں میں کیسا یہ نور آ گیا

Kya mohabbat k(a) mujhko sila mil gaya meyri aankho(n) mein kaisa ye noor aa gaya

پیار کی وادیوں کا سہانا سفر ساتھ تم ہو تو ہے خوب سے خوب تر

Pyaar kee waadio(n) ka sohaana safar, saath tum ho to hai khoob sey khoob tar

اے مرے ہمقدم اے مرے ہمسفر ، رہروی کا مجھے تو شعور آگیا

Aye merey hamqadam aye merey hamsafar, rahrawee ka mujhey to shaoor aa gaya

شوق جینے سے ہی اپنا جی پھر گیا ، دیکھی میں نے جو انساں کی بے چارگی

Shauq jeeney se hee apn(a) jee phir gaya, deykhi maine jo insaa(n) ki beychaaragee

ڈھونڈنے زندگی کو چلا تھا مگر ، راہ میں شہرِ اہلِ قبور آگیا

Dhoondaney zindagee ko chala tha magar, raah mein shahr-e-ahl-e-qoboor aa gaya

آپ نے رازِ محبت مفت اِفشاء کر دیا

Aap ney raaz-e-mohabbat muft ifsha kar diya

بخش کر عزّت مجھے کچھ اور رسوا کر دیا

Bakhsh kar izzat mujhey kuch aur ruswa kar diya

تلخ اس کی گفتگو اتنی کبھی پہلے نہ تھی

Talkh us kee guftagoo itnee kabhee pahley n(a) thee

کیا خدا جانے ہوا، تبدیل لہجا کر دیا

Kya Khoda jaaney hua, tabdeel lahja kar diya

زندگی! دیکھی نہیں جاتیں تری رسوائیاں

Zindagee! Deykhee nahee(n) jaatee(n) teree ruswaa-iyaa(n)

انقلابِ وقت نے تجھ کو تماشا کر دیا

Inqelaab-e-waqt ney tujh ko tamaasha kar diya

شہر کی بگڑی فضا سے آشنا سب لوگ تھے

Shahr kee bigdee faza sey aashana sab log they

امن ہے، جھوٹا کسی ظالم نے چرچا کر دیا

Amn hai, jhoota kisee zaalim ne charcha kar diya

ہم سے لے لے آکے کوئی جذبۂ حبِّ وطن

Ham se ley ley aa ke koyee jazba-e-hubb-e-watan

یہ ورق سادہ تھا ہم نے ہی سنہرا کر دیا

Yeh waraq saada th(a) hamney hee sonahra kar diya

میں پجاری امن کا تھا ظالموں کے شہر میں

Mai(n) pujaaree amn ka tha zaalimo(n) key shahr mein

نفرتوں کی بھیڑ نے مجھ کو اکیلا کر دیا

Nafrato(n) kee bheed ney mujh ko akeyla kar diya

میں یہ کہتا تھا محبت سب کو راس آتی نہیں

Mai(n) ye kahta tha mohabbat sab ko raas aatee nahee(n)

شوقؔ تیرے شوق نے یہ حال تیرا کر دیا

Shauq teyrey shauq ney yeh haal teyra kar diya

دل مرا جب تک کسی کے واسطے دھڑکا نہ تھا
Dil mera jab tak kisee key waastey dhadka n(a) tha
اپنے ہونے کا مجھے کوئی بھی اندازا نہ تھا
Apne honey ka mujhey koyee bhi andaaza n(a) tha

سب نشے میں چور تھے، مدہوش تھے اپنی جگہ
Sab nashey mein choor they, mad-hosh they apnee jagah
بزم میں اک چشمِ دلکش ہی تھی میخانا نہ تھا
Bazm mein ek chashm-e-dilkash hee thi maikhaana n(a) tha

تشنگی اپنی بجھانے کی کوئی صورت نہ تھی
Tishnagee apnee bujhaaney kee koi surat n(a) thee
دور تک صحرا ہی صحرا تھا کہیں دریا نہ تھا
Door tak sahra hi sahra tha kahee(n) darya n(a) tha

میری حق گوئی پہ جانے کیا سزا دیتا مگر
Meyri haq goyee pe jaaney kya saza deyta magar
وہ بھی شاید یہ سمجھ بیٹھا کہ میں دیوانہ تھا
Wo bhi shaayad yeh samajh baitha ke mai(n) deewaan(a) tha

چلچلاتی دھوپ میں گذرا میں ایسی راہ سے
Chilchilaatee dhoop mein guzra mai(n) aisee raah sey
پیڑ جس میں تھے بہت لیکن کوئی سایا نہ تھا
Peyd jismey they bahut leykin koyee saaya n(a) tha

لٹتے لٹتے اب یہ عالم تھا کہ سب تھے مطمئن

Lut-te lut-tey ab ye aalam tha ke sab they mutma-in

بے حسی کے شہر میں کوئی بھی ہنگاما نہ تھا

Beyhisee key shahr mein koyee bhi hangaama n(a) tha

شوق میں پرواز کا طائر بھی دھوکا کھا گیا

Shauq mein parwaaz ka taaer bhi dhoka kha gaya

غالباً اس نے پرِ پرواز کو تولا نہ تھا

Ghaaleban us ney par-e-parwaaz ko taula n(a) tha

ایسے قاتل کو بھلا قاتل کہے کیسے کوئی

Aisey qaatil ko bhala qaatil kahey kaisey koyee

آستیں پر جس کی کوئی خون کا چھینٹا نہ تھا

Aastee(n) par jis ki koee khoon ka chee(n)ta n(a) tha

شوق نے خونِ جگر سے اِس کو گلشن کر دیا

Shauq ney khoon-e-jigar sey is ko gulshan kar diya

اِس سے پہلے یہ جہانِ رنگ و بو ویرانہ تھا

Is se pahley yeh jahaan-e-rang-o-boo weeraan(a) tha

وہ جو اپنی زندگی سے ڈر گیا
Wo jo apnee zindagee sey dar gaya
عظمتِ ہستی کو رسوا کر گیا
Azmat-e-hastee ko ruswa kar gaya

مرنے والے کو نہ کہیئے مر گیا
Marney waaley ko n(a) kahiyey mar gaya
لوٹ کر اپنے سفر سے گھر گیا
Laut kar apney safar sey ghar gaya

خود کو پہچانے بھی کیسے آدمی
Khud ko pahchaaney bhi kaisey aadamee
کب حصارِ ذات سے باہر گیا
Kab hesaar-e-zaat sey baahar gaya

جو نہ کر سکتا تھا حق کا سامنا
Jo n(a) kar sakta th(a) haq ka saamana
آئینے کے سامنے کیوں کر گیا
Aa-iney key saamaney kyo(n) kar gaya

عکسِ رنگیں نے دیا سب کو فریب
Aks-e-rangee(n) ney diya sab ko fareyb
دورِ نو کا آئینہ گھر گھر گیا
Dard-e-nau ka aa-ina ghar ghar gaya

حوصلہ ہی رہ گیا پرواز کا

Hausala hee rah gaya parwaaz ka

قوّتِ پرواز لے کر پر گیا

Quwwat-e-parwaaz leykar par gaya

انقلابِ وقت کا قائل تھا وہ

Inqelaab-e-waqt ka qaa-el th(a) woh

گھر بنا کر ایک کاغذ پر گیا

Ghar banaakar eyk kaaghaz par gaya

غم کا ہو کُہرہ کہ مستی کی گھٹا

Gham k(a) ho kohra ke mastee kee ghata

وقت کے ہمراہ ہر منظر گیا

Waqt key hamraah har manzar gaya

دل پہ جو نشتر لگا تھا شوقؔ کا

Dil pe jo nashtar laga tha Shauq ka

دھیرے دھیرے روح کے اندر گیا

Dheere dheerey rooh key andar gaya

شاخ پر جب بھی کوئی غنچہ شگفتا ہو گیا

Shaakh par jab bhee koee ghunch(a) shagufta ho gaya

سامنے میری نگاہوں کے وہ چہرا ہو گیا

Saamaney meyri nigaaho(n) key wo chehra ho gaya

یا خدا یہ کیا ہوا ، رشتہ یہ کیسا ہو گیا

Ya Khoda yeh kya hua, rishta ye kaisa ho gaya

ہر ستم اس کے لئے مجھ کو گوارا ہو گیا

Har sitam us key liyey mujh ko gawaara ho gaya

آپ کا تحفہ جو تھا وہ سب کا پیارا ہو گیا

Aap ka tohfa jo tha wo sab k(a) pyaara ho gaya

درد میرا ہر نظر میں اک تماشا ہو گیا

Dard meyra har nazar mein ek tamaasha ho gaya

گھپ اندھیرے میں سفر پر چل پڑے تھے ہم مگر

Ghup andheyrey mein safar par chal padey they ham magar

راستے میں تیری یادوں کا اُجالا ہو گیا

Raasatey mein teyri yaado(n) ka ujaala ho gaya

حسن کے جلوے نظر آتے رہے ہر روپ میں

Husn key jalwey nazar aatey rahey har roop mein

جس کے دل نے جس کو چاہا اس پہ شیدا ہو گیا

Jis ke dil ney jis ko chaaha us pe shaida ho gaya

کیا بھٹک کر آ گئے ہو تم کسی کی کھوج میں

Kya bhatak kar aa gayey ho tum kisee kee khoj mein

آج میرے گھر کا رستہ کیسے دیکھا ہو گیا

Aaj meyrey ghar k(a) rasta kaise deykha ho gaya

آرزوؤں کا وہ جگنو تھا مرے سر کے قریب

Aarazoo-o(n) ka wo jugnoo tha merey sar key qareeb

جب ذرا چاہا اسے چھونا تو اونچا ہو گیا

Jab zara chaaha usey choona to oo(n)cha ho gaya

کوششِ پیہم بدل دیتی ہے سختی کا مزاج

Koshish-e-paiham badal deytee hai sakhtee ka mizaaj

پتھروں پر چلتے چلتے ہی تو رستا ہو گیا

Pat-tharo(n) par chaltey chaltey hi to rasta ho gaya

اپنی ناکامی پہ ہو کیوں غیر کا شکوہ کبھی

Apni naa-kaamee pe ho kyo(n) ghair ka shikwa kabhee

شوق سے کہنا پڑا قسمت کا لکھّا ہو گیا

Shauq sey kahna pada qismat ka likh-kha ho gaya

کوئی ضرور اور ہے مجھ میں چھپا ہوا
Koyee zaroor aur hai mujh mein chupa hua
میرے تخیلات کا جو پیشوا ہوا
Meyrey takhai-ulaat k(a) jo peyshawa hua

تیری جفا کی دھوپ سے نقصان کیا ہوا
Teyree jafa ki dhoop se noqsaan kya hua
کچھ اور رنگِ زخمِ جگر خوشنما ہوا
Kuch aur rang-e-zakhm-e-jigar khushnuma hua

بربادیٔ چمن میں خطا باغباں کی تھی
Barbaadi-e-chaman mein khata baaghabaa(n) ki thee
لیکن اُسے بھی شکوۂ آب و ہوا ہوا
Leykin usey bhi shikwa-e-aab-o-hawa hua

کیا آسکے گی یادوں کی شبنم سے تازگی
Kya aa sakeygi yaad(o)(n)ki shabnam se taazagee
یہ پھول اب ہے آتشِ غم سے جلا ہوا
Yeh phool ab hai aatish-e-gham sey jala hua

کچھ اب حقیقتوں کی کہانی سنایئے
Kuch ab haqeeqato(n) ki kahaanee sunaa-iyey
افسانۂ وفا کا بہت تذکرا ہوا
Afsaana-e-wafa k(a) bahut tazkera hua

آنسو بہا رہے ہو ہماری قضا کے بعد

Aa(n)soo baha rahey ho hamaaree qaza ke baad

ہم تو ہوئے شہیدِ وفا تم کو کیا ہوا

Ham to huyey shaheed-e-wafa tum ko kya hua

مت پوچھ مجھ سے چشمِ تمنّا کی بے بسی

Mat pooch mujh se chashm-e-tamanna ki bey-basee

جب یہ اٹھی تو بند دریچہ ترا ہوا

Jab yeh uthee to band dareecha tera hua

سورج وہ جس پہ دن کے اُجالوں کو ناز تھا

Sooraj wo jis pe din ke ujaalo(n) ko naaz tha

ہے مصلحت کے ابر میں وہ بھی چھپا ہوا

Hai maslehat ke abr mein wo bhee chupa hua

کیا شوق سے حسابِ وفا مانگتے ہو تم

Kya Shauq sey hesaab-e-wafa maa(n)gatey ho tum

جانِ وفا یہ قرض تو کب کا ادا ہوا

Jaan-e-wafa ye qarz to kab ka ada hua

✦

اک مرحلہ حیات کا آساں نہ ہو سکا
Ek marhala hayaat k(a) aasaa(n) n(a) ho saka
افسوس ہے کہ آدمی انساں نہ ہو سکا
Afsos hai ke aadmi insaa(n) n(a) ho saka

خونِ جگر سے جشنِ چراغاں نہ ہو سکا
Khoon-e-jigar se jashn-e-charaagaa(n) n(a) ho saka
کچھ اہتمامِ فصلِ بہاراں نہ ہو سکا
Kuch ehtemaam-e-fasl-e-bahaaraa(n) n(a) ho saka

لذت ملی نہ فتح کو اُس راہ میں کبھی
Lazzat milee n(a) fath(a) ko us raah mein kabhee
جس راہ میں شکست کا امکاں نہ ہو سکا
Jis raah mein shikast k(a) imkaa(n) n(a) ho saka

کیا کچھ ملے نہ دہر سے بزمِ حیات کو
Kya kuch miley n(a) dahr se bazm-e-hayaat ko
لیکن مرے سکون کا ساماں نہ ہو سکا
Leykin merey sakoon k(a) saamaa(n) n(a) ho saka

کام آیا اپنا علمِ ریاضی نہ عشق میں
Kaam aaya apn(a) ilm-e-reyaazee n(a) ishq mein
مجھ سے حسابِ نفع و نقصاں نہ ہو سکا
Mujh sey hesaab-e-naff(a)-o-noqsaa(n) n(a) ho saka

رقصِ حیات اور یہ زنجیرِ پا مری

Raqs-e-hayaat aur ye zanjeer-e-pa meree

گلشن میں اپنے شورِ بہاراں نہ ہو سکا

Gulshan mein apne shor-e-baharaa(n) n(a) ho saka

یہ آرزوئے شوق رہی عمر بھر مگر

Yeh aarazoo-e-Shauq rahee umr bhar magar

افسانۂ حیات کا عنواں نہ ہو سکا

Afsaana-e-hayaat k(a) unwaa(n) n(a) ho saka

✦

106

یہ سمجھتا ہی نہیں پینے پلانے والا
Yeh samajhta hi nahi(n) peeney pilaaney waala
کوئی بادہ نہیں ہر غم کو بھلانے والا
Koyee baada nahi(n) har gham ko bhulaaney waala

اپنا اندازِ سفر سب کو سکھانے والا
Apn(a) andaaz-e-safar sab ko sikhaaney waala
زندہ رہتا ہے نشاں چھوڑ کے جانے والا
Zind(a) rahta hai nishaa(n) chod ke jaaney waala

بند دروازے ہیں سب لوگ ہیں سہمے سہمے
Band darwaaze hain sab log hain sahmey sahmey
شہر میں پھر کوئی طوفان ہے آنے والا
Shahr mein phir koi toofaan hai aaney waala

اپنی ضد پر جو اڑا ہے تو اڑا رہ دریا
Apni zid par jo ada hai to ada rah darya
میں وہ پیاسا ہوں کہ چل کر نہیں آنے والا
Mai(n) wo pyaasa hoon ke chal kar nahi(n) aaney wala

ڈھنگ جینے کا زمانے کو سکھا دیتا ہے
Dhang jeeney k(a) zamaaney ko sikha deyta hai
دھوپ میں سائے کی دیوار اٹھانے والا
Dhoop mein saaye ki deewaar uthaaney waala

میرا کشکولِ تمنّا ہے کوئی کھیل نہیں
Meyr(a) kashkol-e-tamanna hai koee kheyl nahee(n)
اتنی آسانی سے یہ بھر نہیں جانے والا
Itni aasaani se yeh ghar nahi(n) jaaney waala

مصلحت ہے کہ اِسی بھاؤ میں بِک جائے شوقؔ
Maslehat hai ke isi bhaao mein bik jaa ayey Shauq
اب ترا نرخ تو اوپر نہیں جانے والا
Ab tera narkh to oopar nahi(n) jaaney waala

ہر ایک روز ہے روزِ حساب کی صورت
Har eyk roz hai roz-e-hesaab kee soorat
گزر رہی ہے یہ ہستی عذاب کی صورت
Guzar rahee hai ye hastee azaab kee soorat

چھپا سکو گے نہ اپنے شباب کی صورت
Chupa sakoge n(a) apney shabaab kee soorat
مہک اٹھے گی جوانی گلاب کی صورت
Mahak utheygi jawaanee gulaab kee soorat

ریاضِ حسن میں تیرا حسین چہرہ بھی
Reyaaz-e-husn mein teyra haseen chehra bhee
کِھلا ہے شاخِ بدن پر گلاب کی صورت
Khila hai shaakh-e-badan par gulaab kee soorat

تمام لوگ ہی آئینہ لے کے بیٹھے ہیں
Tamaam log hi aa-een(a) leyke baithey hain
نہ جانے کس کو نوازے جناب کی صورت
Na jaaney kis ko nawaazey janaab kee soorat

گڑھے تھے ہم نے سہولت کے واسطے جن کو
Gardhey the ham ney sahoolat ke waastey jin ko
وہی اصول ہیں سر پر عذاب کی صورت
Wohi osool hain sar par azaab kee soorat

کسی کے پیار میں دنیا سے توڑ کر رشتہ
Kisee ke pyaar mein dunya se tod kar rishta
عذاب مول لئے ہیں ثواب کی صورت
Azaab mol liyey hain sawaab kee soorat

بدل رہا ہوں زمانے کی ہر روایت کو
Badal raha hoon zamaaney ki har rewaayat ko
جہاں میں آتے ہوئے انقلاب کی صورت
Jahaa(n) mein aate huyey inqelaab kee soorat

نگاہِ شوقؔ حقیقت شناس تو ہولے
Nigaah-e-Shauq haqeeqat shanaas to ho ley
دکھائی خار بھی دیں گے گلاب کی صورت
Dekhaai khaar bhi dey(n)gey gulaab kee soorat

بد نام ہوا جب سے یہ بازارِ محبت
Badnaam hua jab se ye baazaar-e-mohabbat
آتے ہیں یہاں چھپ کے خریدارِ محبت
Aatey hain yahaa(n) chup ke khareedaar-e-mohabbat

وہ لوگ جو کل تک تھے پرستارِ محبت
Wo log jo kal tak they parastaar-e-mohabbat
اب وہ بھی نظر آتے ہیں بیزارِ محبت
Ab wo bhi nazar aatey hain beyzaar-e-mohabbat

آسان سمجھنا نہیں اسرارِ محبت
Aasaan samajhna nahi(n) israar-e-mohabbat
شعلہ بھی ہے، شبنم بھی ہے کردارِ محبت
Shola bhi hai, shabnam bhi hai kirdaar-e-mohabbat

اس قید سے ممکن نہیں تا عمر رہائی
Is qaid se mumkin nahi(n) taa-umr rehaayee
ہو جائے اگر دل یہ گرفتارِ محبت
Ho jaayey agar dil ye giraftaar-e-mohabbat

وعدہ وہ نبھا دیں تو ہے سونے پہ سُہاگہ
Waada wo nibha dey(n) to hai soney pe sohaaga
میرے لئے کافی ہے یہ اقرارِ محبت
Meyrey liye kaafee hai ye eqraar-e-mohabbat

اب پیار کے جملے نہ تسلی نہ سہارا

Ab pyaar ke jumley n(a) tasallee n(a) sahaara

ناپید ہوئے جاتے ہیں آثارِ محبت

Napaid huye jaate hain aasaar-e-mohabbat

جیتا ہے وہ دنیا میں اسی روگ کی خاطر

Jeeta hai wo dunya mein isee rog ki khaatir

درماں کو ترستا نہیں بیمارِ محبت

Darmaa(n) ko tarasta nahi(n) beemaar-e-mohabbat

سر کر دیا مقتول نے خود اس کے حوالے

Sar kar di(a) maqtool ne khud us ke hawaaley

شیریں لگی قاتل کی جو گفتارِ محبت

Sheeree(n) lagi qaatil ki jo guftaar-e-mohabbat

نفرت کے ہی نغموں کی یہ دنیا ہوئی عادی

Nafrat ke hi naghmo(n) ki ye dunya huyi aadee

اب کون سنے شوقؔ سے اشعارِ محبت

Ab kaun suney Shauq se ashaar-e-mohabbat

نصیب میں ہے کہاں کوئی اعتبار کی رات

Naseeb mein hai kahaa(n) koi aitabaar ki raat

ہر ایک رات ہے اپنی بس انتظار کی رات

Har eyk raat hai apnee bas intezaar ki raat

اندھیری رات میں کچھ سازشیں چمکتی ہیں

Andheyri raat mein kuch saazishey(n) chamaktee hain

یہ رات فکر کی ہے ، سوچ کی ، وچار کی رات

Ye raat fikr ki hai, soch ki, vichaar ki raat

رہے گا غم کا اندھیرا ہی ہر شکست کے بعد

Raheyga gham k(a) andeyra hi har shikast ke baad

خوشی کی صبح نہ دے گی کوئی بھی ہار کی رات

Khushee ki subh n(a) deygee koyee bhi haar ki raat

عجب نہیں کہ بدل جائے پارسا کا مزاج

Ajab nahee(n) ke badal jaaye paarsa k(a) mizaaj

کبھی جو دیکھ لے آ کر گناہگار کی رات

Kabhee jo deykh le aa kar gunaahagaar ki raat

عذاب تو نہیں لیکن عذاب جیسی ہے

Azaab to nahi(n) leykin azaab jaisee hai

تھکی تھکی سی سحر اور انتظار کی رات

Thakee thakee si sahar aur intezaar ki raat

113

اسیر گردشِ دوراں ہوں ، اس کے تابع ہوں
Aseer-e-gardish-e-dauraa(n) hoon, is ke taabey hoon
نہ اختیار کا دن ہے ، نہ اختیار کی رات
N(a) ekhteyaar k(a) din hai, na ekhteyaar ki raat

جو لوگ سوئے تھے وہ سب کے سب شہید ہوئے
Jo log soye they wo sab ke sab shaheed huyey
مزے میں کٹ گئی افرادِ ہوشیار کی رات
Mazey mein kat gayi afraad-e-hoshiaar ki raat

زمانہ کہتا ہے جس رات کو شبِ معراج
Zamaana kaht(a) hai jis raat ko shab-e-meyraaj
وصال رب سے ہے محبوبِ کردگار کی رات
Wesaal-e-rab se hai mahboob-e-kirdegaar ki raat

ڈراؤنی ہے فضا شہر دل کی بھی اے شوقؔ
Daraaonee hai faza shahr-e-dil ki bhee aye Shauq
کہ جیسے موسمِ باراں میں کوہسار کی رات
Ke jaisey mausim-e-baaraa(n) mein kohasaar ki raat

مل جائے نگاہوں کو جو دیدار کی لذّت

Mil jaaye nigaaho(n) ko jo deedaar ki lazzat

ہونٹوں کو نہیں ہوتی ہے اظہار کی جرأت

Ho(n)to(n) ko nahi(n) hoti hai ezhaar ki jurrat

لوگوں میں نہیں حق کے بھی اظہار کی ہمت

Logo(n) mein nahi(n) haq ke bhi ezhaar ki himmat

ڈر دل میں ہے لٹکی ہوئی تلوار کی صورت

Dar dil mein hai latki hui talwaar ki soorat

دونوں کو مٹا دے گی یہاں گردشِ دوراں

Dono(n) ko mita deygi yahaa(n) gardish-e-dauraa(n)

زردار کا مرقد ہو کہ نادار کی تربت

Zardaar ka marqad ho ke naadaar ki turbat

تعریف تو سننے کو پیامی سے سنی ہے

Taareef to sunney ko payamee se suni hai

دیکھی نہیں میں نے کبھی دلدار کی صورت

Deykhi nahi(n) mainey kabhi dildaar ki soorat

رکھ جاتی ہے سینے میں عجب دردِ جدائی

Rakh jaati hai seeney mein ajab dard-e-judaaee

اک بار کی قربت ہو کہ سو بار کی قربت

Ek baar ki qurbat ho ke sau baar ki qurbat

اب زر کی کسوٹی پہ کسا جاتا ہے انسان

Ab zar ki kasauti pe kasa jaat(a) hai insaa(n)

اے کاش سمجھتا کوئی کردار کی قیمت

Aey kaash samajhta koi kirdaar ki qeemat

بدنام نہ کر شوقؔ کسی غیر کو ناحق

Badnaam n(a) kar Shauq kisi ghair ko naa-haq

خود نفس ترا تجھ میں ہے غدّار کی صورت

Khud nafs tera tujh mein hai ghaddaar ki soorat

محفل میں چھپ سکے گی نہ دردِ جگر کی بات
Mahfil mein chup sakeygi n(a) dard-e-jigar ki baat

پڑھ لی ہے پڑھنے والوں نے میری نظر کی بات
Padh lee hai padhney waalo(n) ne meyri nazar ki baat

کیا کیجئے کسی سے متاعِ ہنر کی بات
Kya kijiyey kisee se mataa-e-hunar ki baat

اب ہے ہر اک زباں پہ فقط سیم و زر کی بات
Ab hai har ek zabaa(n) pe faqat seem-o-zar ki baat

ہم کو کبھی تو وقت کی گردش نجات دے
Ham ko kabhee to waqt ki gardish nejaat dey

کب ہوگی ختم ،بول، یہ شام و سحر کی بات
Kab hogi khatm, bol, ye shaam-o-sahar ki baat

پوشیدہ اس کا راز مری خامشی میں ہے
Posheed(a) is k(a) raaz meri khaam(o)shee mein hai

باہر کہاں گئی ہے ابھی اپنے گھر کی بات
Baahar kahaa(n) gayi hai abhi apney ghar ki baat

ہیں وقت کی زبان پہ تالے لگے ہوئے
Hain waqt kee zabaan pe taaley lagey huyey

سننا اگر ہے لوگ سُنیں چشمِ تر کی بات
Sun-na agar hai log suney(n) chashm-e-tar ki baat

مدّت ہوئی کسی کی حویلی اُجڑ گئی
Muddat huyee kisee ki haweylee ujad gayee
اب تک مگر زباں پہ ہے دیوار و در کی بات
Ab tak magar zabaa(n) pe hai deewaar-o-dar ki baat

اے شوقؔ ان سے بچھڑے زمانہ گزر گیا
Aye Shauq un se bichde zamaana guzar gaya
لیکن نظر میں اب بھی ہے ان کی نظر کی بات
Leykin nazar mein ab bhi hai unkee nazar ki baat

وہ چل چکے ہیں ، راہ میں ہیں ، آ رہے ہیں آج
Wo chal chukey hain, raah mein hain, aa rahey hain aaj
دل کو فریب دے کے یوں بہلا رہے ہیں آج
Dil ko fareyb dey ke yoo(n) bahla rahey hain aaj

یہ بھی فریب ہو نہ مری سادگی کے ساتھ
Yeh bhee fareyb ho n(a) meri saadagee ke saath
رو رو کے وہ وفا کی قسم کھا رہے ہیں آج
Ro ro ke wo wafa ki qasam kha rahey hain aaj

دیتے رہے جو زخمِ محبت تمام عمر
Deytey rahey jo zakhm-e-mohabbat tamaam umr
اشکوں کے پھول قبر پہ برسا رہے ہیں آج
Ashko(n) ke phool qabr pe barsa rahey hain aaj

کیا کہیئے کتنے پھول سے بچّے غریب کے
Kya kahiye ketne phool se bach-chey ghareeb key
غربت کی تیز دھوپ میں کُمہلا رہے ہیں آج
Ghurbat ki teyz dhoop mein kumhla rahey hain aaj

کیا ہے سلوکِ اہلِ وطن کچھ نہ پوچھیئے
Kya hai solook-e-ahl-e-watan kuch n(a) poochiyey
ہم اپنے گھر میں غیر کہے جا رہے ہیں آج
Ham apney ghar mein ghair kahey ja rahey hain aaj

میری تباہیوں کا سبب جو بنے رہے

Meyri tabaahio(n) ka sabab jo baney rahey

دلجوئی میری کرنے وہی آ رہے ہیں آج

Diljoyee meyri karney wohi aa rahey hain aaj

پیچ و خمِ حیات سے ہیں خوب آشنا

Peych-o-kham-e-hayaat se hain khoob aashana

راہِ سفر میں شوقؔ یہ بتلا رہے ہیں آج

Raah-e-safar mein Shauq ye batla rahey hain aaj

دل کا منظر بھی ہے طوفان کے منظر کی طرح
Dil k(a) manzar bhi hai toofaan ke manzar ki tarah
درد آنکھوں سے اُبلتا ہے سمندر کی طرح
Dard aankho(n) se ubalta hai samundar ki tarah

فکر اپنی ہے کسی فکرِ سخنور کی طرح
Fikr apnee hai kisee fikr-e-sokhanwar ki tarah
ابر کی، دھوپ کی، صحرا کی، سمندر کی طرح
Abr ki, dhoop ki, sahra ki, samundar ki tarah

رات کے وقت اُجالوں کے پیمبر کی طرح
Raat key waqt ujaalo(n) ke payambar ki tarah
دل بھی جلتا ہے چراغِ مہ و اختر کی طرح
Dil bhi jalta hai charaagh-e-mah-o-akhtar ki tarah

کوئی کروٹ بھی کہاں چین میسّر مجھ کو
Koi karwat bhi kahaa(n) chain mayassar mujh ko
زندگی لگتی ہے بیمار کے بستر کی طرح
Zindagee lagti hai beemaar ke bistar ki tarah

تھا دعاؤں کو بہت ناز اثر پر لیکن
Tha doaao(n) ko bahut naaz asar par leykin
لوٹ کر آ گئیں ہارے ہوئے لشکر کی طرح
Laut kar aa gayee(n) haarey huyey lashkar ki tarah

دوستی آج کی کیسی ہے کروں کیا تشریح
Dosatee aaj ki kaisi hai karoo(n) kya tashreeh
شاخِ صندل سے ہے لپٹے ہوئے اژدر کی طرح
Shaakh-e-sandal se hai liptey huyey azshdar ki tarah

لوٹ کر آگئی مایوس یہ وحشت اپنی
Laut kar aa gayi maayoos ye wahshat apnee
کوئی ویرانہ ملا ہی نہ مرے گھر کی طرح
Koyee weeraan(a) mila hee n(a) merey ghar ki tarah

زندگی اپنی برہنہ نہیں ہونے پائی
Zindagee apni barahna nahi(n) honey paayee
بن کے احباب ہمیشہ رہے چادر کی طرح
Ban ke ahbaab hameysha rahe chaadar ki tarah

نامۂ یار کی وسعت ہے فقط ایک ورق
Naama-e-yaar ki wus-at hai faqat eyk waraq
ہے مگر شوق کے ہاتھوں میں یہ دفتر کی طرح
Hai magar Shauq ke haatho(n) mein ye daftar ki tarah

تھا کبھی گھر کا یہ ماحول بھی گلشن کی طرح
Tha kabhee ghar k(a) ye maahaul bhi gulshan ki tarah
اب تو گلشن بھی ہے ویراں مرے آنگن کی طرح
Ab to gulshan bhi hai weeraa(n) merey aa(n)gan ki tarah

زندگی اپنی ہی دیتی رہی دھوکا جس کو
Zindagee apni hi deyti rahi dhoka jis ko
دوست بھی لگتا ہے اس شخص کو دشمن کی طرح
Dost bhi lagt(a) hai us shakhs to dushman ki tarah

رہنما کس کو بنائے کوئی جی ڈرتا ہے
Rahnuma kis ko banaayey koi jee darta hai
لُوٹتے دیکھا ہے رہبر کو بھی رہزن کی طرح
Loot-tey deykha hai rahbar ko bhi rahzan ki tarah

سخت گرمی میں بھی احساس کی رُت آ کے مجھے
Sakht garmee mein bhi ehsaas ki rut aake mujhey
روز اشکوں میں بھگو دیتی ہے ساون کی طرح
Roz ashko(n) mein bhigo deyti hai saawan ki tarah

اس خلش کو ہی محبت تو نہیں کہتے ہیں
Is khalish ko hi mohabbat to nahee(n) kahtey hain
دل میں اِک چیز چُبھا کرتی ہے سوزن کی طرح
Dil mein ek cheez chupa karti hai sozan ki tarah

دیکھ لو وقت کی تاریخ کہ سیتا کے حریص

Deykh lo waqt ki taareekh ke Seeta ke harees

سو گئے موت کے آغوش میں راوَن کی طرح

So gayey maut ki aaghosh mein Raawan ki tarah

فکرِ فردا ہے نہ اب اس میں ہے ماضی کی تڑپ

Fikr-e-farda hai n(a) ab ismey(n) hai maazi ki tadap

دل بھی اب اپنا نظر آتا ہے مدفن کی طرح

Dil bhi ab apna nazar aata hai madfan ki tarah

مجھ کو سمجھا نہ مرے فن کو ہی کوئی سمجھا

Mujh ko samjha n(a) merey fan ko hi koyee samjha

مجھ سے بیزار رہے لوگ مرے فن کی طرح

Mujh se beyzaar rahey log merey fan ki tarah

سیکھ لی شوقؔ نے ہر حال میں جینے کی ادا

Seekh li Shauq ne har haal mein jeeney ki ada

اب قفس میں بھی ہے آرام نشیمن کی طرح

Ab qafas mein bhi hai aaraam nasheyman ki tarah

نہ روشنی کی طرح ہے نہ تیرگی کی طرح

N(a) raushanee ki tarah hai n(a) teeragee ki tarah

یہ زندگی بھی کہاں اپنی زندگی کی طرح

Ye zindagee bhi kahaa(n) apni zindagee ki tarah

قبول ہوتی ہے ، ہوتا ہے جب لہو پانی

Qabool hoti hai, hota hai jab lahoo paani

سخنوری بھی ہے مشکل پیمبری کی طرح

Sokhanwari bhi hai mushkil payambaree ki tarah

مری حیات میں اب تازگی نہیں لیکن

Meri hayaat mein ab taazagee nahee(n) leykin

ابھی بھی بجتی ہے اک سوکھی بانسری کی طرح

Abhi bhi bajti hai ek sookhi baa(n)suree ki tarah

حیات و موت کی تصویر تو پرانی ہے

Hayaat-o-maut ki tasweer to puraanee hai

ہر ایک شخص کو لگتی ہے یہ نئی کی طرح

Har eyk shakhs ko lagti hai yeh nayee ki tarah

ہمارا غم بھی سہے ہم نے کب کہا اُس سے

Hamaar(a) gham bhi sahey hum ne kab kaha us sey

سنا رہی ہے جو دنیا جلی کٹی کی طرح

Suna rahi hai jo dunya jalee katee ki tarah

125

شبِ فراق کی تاریکیاں ہوئیں کافور
Shab-e-feraaq ki taareekiyaa(n) huyee(n) kaafoor
یہ کون ہنستا ہوا آیا چاندنی کی طرح
Ye kaun ha(n)sta hua aay(a) chaandanee ki tarah

بنے فرشتہ بھلا اس کی کیا ضرورت ہے
Baney farisht(a) bhala is ki kya zaroorat hai
جو آدمی ہے رہے صرف آدمی کی طرح
Jo aadamee hai rahey sirf aadamee ki tarah

ہماری فکر بھی ماضی کی اک امانت ہے
Hamaari fikr bhi maazee ki ek amaanat hai
جو شوقؔ لگتی ہے گزری ہوئی صدی کی طرح
Jo Shauq lagti hai guzree huyee sadee ki tarah

یوں اُٹھ رہی ہے بلبلِ شیریں دہن کی چیخ
Yoo(n) uth rahee hai bulbul-e-sheeree(n) dahan ki cheekh
ڈوبی ہوئی ہو درد میں جیسے گھٹن کی چیخ
Doobee huyee ho dard mein jaisey ghutan ki cheekh

کلیوں کو توڑتا ہے کوئی نوچتا ہے پھول
Kalio(n) ko todta hai koi nochata hai phool
سنتا نہیں ہے کوئی بھی جانِ چمن کی چیخ
Sunta nahee(n) hai koyi bhi jaan-e-chaman ki cheekh

کیسے کسی کو نغمۂ بلبل سنائی دے
Kaisey kisi ko naghma-e-bulbul sunaai dey
کانوں میں ہے بسی ہوئی زاغ و زغن کی چیخ
Kaano(n) mein hai basee hui zaagh-o-z(o)ghan ki cheekh

قسمت میں صرف زخم ہیں، مرہم کہاں نصیب
Qismat mein sirf zakhm hain, marham kahaa(n) naseeb
کانوں کو ڈس رہی ہے کسی خستہ تن کی چیخ
Kaano(n) ko das rahee hai kisee khast(a) tan ki cheekh

تہذیبِ نو میں نغمۂ جدّت کے ساتھ ساتھ
Tahzeeb-e-nau mein naghma-e-jiddat ke saath saath
ہم کو سنائی دیتی ہے رسمِ کہن کی چیخ
Ham ko sunaai deyti hai rasm-e-kohan ki cheekh

فن کار ہو تو غارِ ایلورا سے درس لو

Fankaar ho to ghaar-e-Elora se dars lo

لب پر ہے پتھروں کے جہاں فکر و فن کی چیخ

Lab par hai pat-tharo(n) ke jahaa(n) fikr-o-fan ki cheekh

دولت سکونِ دل کی ضمانت نہیں ہے شوقؔ

Daulat sakoon-e-dil ki zamanat nahi(n) hai Shauq

محلوں میں بھی سنی گئی کتنی دلہن کی چیخ

Mahlo(n) mein bhi suni gayi kitnee dulhan ki cheekh

کیا بتائیں دل کا کیا عالم تھا اس عالم کے بعد

Kya bataayey(n) dil k(a) kya aalam tha us aalam ke baad

رو پڑیں ساری فضائیں ان کی چشمِ نم کے بعد

Ro padee(n) saaree fazaayey(n) un ki chashm-e-nam ke baad

سامنے آتی ہیں خوشیاں درد و رنج و غم کے بعد

Saamney aatee hain khushiyaa(n) dard-o-ranj-o-gham ke baad

مسکراتے گُل ہیں جیسے گریہ ٔ شبنم کے بعد

Muskuraatey gul hain jaisey girya-e-shabnam ke baad

دل بھی چکناچور ہے نوشِ شرابِ غم کے بعد

Dil bhi chaknaachoor hai nosh-e-sharaab-e-gham ke baad

اک یہی تو قیمتی ساغر تھا جامِ جم کے بعد

Ek yehee to qeematee saaghar th(a) jaam-e-jam ke baad

بے بسی ، بے چارگی ، دیوانہ پن ، رسوائیاں

Bey-basee, bey-chaaragee, deewaanapan, ruswaa-iyaa(n)

کتنے ہی عالم سے گزرے پیار کے عالم کے بعد

Ketne hi aalam se guzrey pyar key aalam ke baad

ان کی پیچیدہ ادائیں اور مرا جذبِ خلوص

Un ki peycheeda adaayey(n) a(u)r mera jazb-e-kholoos

ایک واضح داستاں ہے قصہ ٔ مبہم کے بعد

Eyk waazeh daastaa(n) hai qissa-e-mubham ke baad

ان کی خفگی ہے یہ شاید پیش خیمہ پیار کا
Unki khafgee hai ye shaayad peysh khaima pyar ka
مہرباں رُت آئے گی اس موسمِ برہم کے بعد
Mehrabaa(n) rut aayegi is mausim-e-barham ke baad

حوصلوں کے امتحاں ہیں راہ کی دشواریاں
Hausalo(n) key imtehaa(n) hain raah kee dushwaariaa(n)
کیا عجب آساں نظر آئے یہ پیچ و خم کے بعد
Kya ajab aasaa(n) nazar aayey ye peych-o-kham ke baad

ظلم ڈھاتے ڈھاتے ظالم میں یہ آیا انقلاب
Zulm dhaatey dhaate zaalim mein ye aaya inqelaab
اب وہی رونے لگا خود میرے ضبطِ غم کے بعد
Ab wohi roney laga khud meyrey zabt-e-gham ke baad

انتظارِ شوق میں مت پوچھئے اس دل کا حال
Intezaar-e-Shauq mein mat poochiyey is dil k(a) haal
بڑھ گئی ہے تشنگی برسات کے موسم کے بعد
Badh gayee hai tishnagee barsaat key mausim ke baad

فرقت میں ان کی اور بھی آئی ہوئی ہے یاد

Furqat mein unki aur bhi aayee huyee hai yaad

پھر آج آنسوؤں میں نہائی ہوئی ہے یاد

Phir aaj aa(n)suo(n) mein nahaaee huyee hai yaad

سارے ثبوت وقت کے دریا میں بہہ گئے

Saarey saboot waqt ke darya mein bah gayey

بادل کی طرح ذہن پہ چھائی ہوئی ہے یاد

Baadal ki tarh(a) zehn pe chaayee huyee hai yaad

سرمایۂ حیات کو کیسے گنوائیے

Sarmaaya-e-hayaat ko kaisey ga(n)waa-iyey

خود کو بھلا بھلا کے کمائی ہوئی ہے یاد

Khud ko bhula bhula ke kamaayee huyee hai yaad

کیوں چھیڑ کر رہا ہے تو اِس سے غمِ فراق

Kyon cheyd kar raha hai tu is sey gham-e-feraaq

معلوم ہے تجھے کہ ستائی ہوئی ہے یاد

Maaloom hai tujhey ke sataayee huyee hai yaad

اس سے الگ نہ ہم ہیں نہ ہم سے الگ ہے وہ

Us sey alag n(a) ham hain n(a) ham sey alag hai woh

قطروں میں خونِ دل کے سمائی ہوئی ہے یاد

Qatro(n) mein khoon-e-dil ke samaayee huyee h(ai) yaad

131

اب تک سلگ رہی ہے یہ ماضی کی راکھ میں

Ab tak sulag rahi hai ye maazi ki raakh mein

چنگاریوں کی طرح دبائی ہوئی ہے یاد

Chingaario(n) ki tarh(a) dabaayee huyee hai yaad

مہکی ہوئی ہے سانس ، معطّر ہے روحِ شوق

Mahkee huyee hai saa(n)s, moattar hai rooh-e-Shauq

خوشبو کی طرح دل میں بسائی ہوئی ہے یاد

Khushboo ki tarh(a) dil mein basaayee huyee hai yaad

مزاجِ یار اچانک بدل گیا شاید
Mizaaj-e-yaar achaanak badal gaya shaayad
دہک رہا تھا جو شعلہ پگھل گیا شاید
Dahak raha th(a) jo shola pighal gaya shaayad

بڑا ہی موم صفت تھا پگھل گیا شاید
Bada hi mom sifat tha pighal gaya shaayad
لگی جو آگ تو یہ دل بھی جل گیا شاید
Lagi jo aag to yeh dil bhi jal gaya shaayad

کہاں سے آ گئی یہ زندگی میں رعنائی
Kahaa(n) se aa gayi yeh zindagee mein raanaayee
کسی کا نام لبوں پر مچل گیا شاید
Kisi k(a) naam labo(n) par machal gaya shaayad

پکارتا ہوں تو آواز کیوں نہیں دیتا
Pukaarta(n) hoon to aawaaz kyo(n) nahee(n) deyta
بہت ہی دور کوئی اب نکل گیا شاید
Bahut hi door koi ab nikal gaya shaayad

دلِ حزیں مرا سادہ مزاج تھا کتنا
Dil-e-hazee(n) mera saada mizaaj tha ketna
تسلیوں سے کسی کی بہل گیا شاید
Tasallio(n) se kisee kee bahal gaya shaayad

گھروندا ایک ہمارا بھی تھا لبِ ساحل

Gharo(n)d(a) eyk hamaara bhi tha lab-e-saahil

اِسے بھی بھوک میں دریا نگل گیا شاید

Isey bhi bhook mein darya nigal gaya shaayad

غموں کے شہر میں بھی مسکرا کے جیتا تھا

Ghamo(n) ke shahr mein bhi muskura ke jeeta tha

یہی مزاج مرا ان کو کھَل گیا شاید

Yehee mizaaj mer(a) un ko khal gaya shaayad

ہنسی خوشی کا زمانہ بھی ہم نے دیکھا ہے

Ha(n)see khushee k(a) zamaana bhi ham ne deykha hai

یہ سوچ کر دلِ غمگیں بہل گیا شاید

Ye soch kar dil-e-ghamgee(n) bahal gaya shaayad

یہ کیا ہوا کہ دلِ شوقؔ ہو گیا خاموش

Ye kya hua ke dil-e-Shauq ho gaya khaamosh

شکست پیار میں کھا کر سنبھل گیا شاید

Shikast pyar mein khaakar sa(n)bhal gaya shaayad

کیجئے اپنا علاج آپ ہی دانا ہو کر

Keejiyey apn(a) elaa(j) aap hi daana hokar

اب یہاں کوئی نہ آئے گا مسیحا ہو کر

Ab yahaa(n) koee n(a) aayeyg(a) maseeha hokar

تیرا جلوہ نظر آتا رہا کیا کیا ہو کر

Teyra jalwa nazar aata raha kya kya hokar

حسنِ یوسفؑ تو کبھی عشقِ زلیخا ہو کر

Husn-e-Yoosuf to kabhi ishq-e-Zulaikha hokar

گھپ اندھیرا کبھی رہتا ہے سویرا ہو کر

Ghup andheyra kabhi rahta hai saweyra hokar

زندگی یوں بھی گزر جاتی ہے تنہا ہو کر

Zindagee yoo(n) bhi guzar jaati hai tanha hokar

عشق کی راہ میں رفعت بھی یوں ہی ملتی ہے

Ishq kee raah mein riffat bhi yu(n) hi milti hai

جیسے چڑھتا ہے کوئی بام پہ زینا ہو کر

Jaisey chadhta hai koi baam pe zeena hokar

یوں تو ہر حال میں جی لیتے ہیں جینے والے

Yoo(n) to har haal mein jee leyte hain jeeney waaley

لطف جب ہے کہ جئے کوئی کسی کا ہو کر

Lutf jab hai ke jiyey koyi kisee ka hokar

مت سمجھ غیر کبھی عقل کو اے جوشِ جنوں

Mat samajh ghair kabhee aql ko aye josh-e-jonoo(n)

رہبری بھی وہی کرتی ہے فرشتا ہو کر

Rahbaree bhee wohi kartee hai farishta hokar

لفظ 'اپنا' نہ سمجھ میں کبھی آیا میری

Lafz 'apna' n(a) samajh mein kabhi aaya meyree

اپنے گھر میں ہی رہا میں تو پرایا ہو کر

Apney ghar mein hi raha mai(n) to paraaya hokar

آئینہ خانے میں دل کے کبھی جھانکیں ہم سب

Aa-ina khaane mein dil key kabhi jhaa(n)key(n) ham sab

حُسن آتا ہے نظر عکسِ تمنا ہو کر

Husn aata hai nazar aks-e-tamanna hokar

شوق نے خود ہی محبت کو کیا ہے رسوا

Shauq ney khud hi mohabbat ko kiya hai ruswa

رہ گئی رسمِ وفا ایک تماشا ہو کر

Rah gayi rasm-e-wafa eyk tamaasha hokar

دل کے اس آئینہ خانے میں جو سنورا اکثر

Dil ke is aa-ina khaaney mein jo sa(n)wra aksar

زندگی ڈھونڈتی رہتی ہے وہ چہرا اکثر

Zindagi Dhoondati rahtee hai wo chehra aksar

زندگی تیری کوئی بات کہاں ٹالی ہے

Zindagi teyri koi baat kahaa(n) taalee hai

زہر کا ہم نے پیا بھی ہے پیالا اکثر

Zahr ka ham ne piya bhee hai peyaala aksar

کوئی آواز ہے چلنے کی نہ قدموں کے نشاں

Koyee aawaaz hai chalney ki n(a) qadmo(n) ke nishaa(n)

کرتا رہتا ہے تعاقب مرا سایا اکثر

Kart(a) rahta hai ta-aa-qub mer(a) saaya aksar

شکر ہے ضبط کا ساغر نہ چھلکنے پایا

Shukr hai zabt k(a) saaghar n(a) chalakney paaya

تشنگی بڑھتی رہی دیکھ کے دریا اکثر

Tishnagi badhti rahi deykh ke darya aksar

آرزوؤں کا تماشہ ہے یہ دنیا لیکن

Aarazoo-o(n) k(a) tamaasha hai ye dunya leykin

خود بھی بنتا ہے تماشائی تماشا اکثر

Khud bhi banta hai tamaashaai tamaasha aksar

اک قیامت سے نہیں کم ہے یہ یادوں کا سفر
Ek qeyaamat se nahi(n) kam hai ye yaado(n) ka safar
ہم نے تنہائی کے اوقات میں سوچا اکثر
Ham ne tanhaai ke auqaat mein socha aksar

ہے عجب شوقؔ ترے شعر میں جادو پنہاں
Hai ajab Shauq terey sheyr mein jaadoo pinha
گونگے ہونٹوں پہ یہ رکھ دیتا ہے نغما اکثر
Goo(n)gey ho(n)to(n) pe ye rakh deyta hai naghma aksar

کیا نہیں ہے اس حسیں محفل کے پاس

Kya nahee(n) hai is hasee(n) mahfil ke paas

آکے دیکھو تو ہمارے دل کے پاس

Aakey deykho to hamaarey dil ke paas

کوئی ویرانی نہیں ہے دل کے پاس

Koyi weeraanee nahee(n) hai dil ke paas

محفلیں لاکھوں ہیں اس محفل کے پاس

Mahfiley(n) laakho(n) hain is mahfil ke paas

جستجوئے حق میں نکلے تھے مگر

Justajoo-e-haq mein nikley they magar

ہم بھٹک کر آگئے باطل کے پاس

Ham bhatak kar aa gayey baatil ke paas

اُس کے دامن میں ہی ہیں آسانیاں

Us ke daaman mein hi hain aasaaniyaa(n)

جاکے دیکھو تو ذرا مشکل کے پاس

Jaa ke deykho to zara mushkil ke paas

پیچ و خم نے راہ کے پہنچا دیا

Peych-o-kham ney raah key pahu(n)cha diya

ایک گم گشتہ کو بھی منزل کے پاس

Eyk gum-gasht(a) k(o) bhee manzil ke paas

139

ساتھ تیرے ساری دنیا کا ہو غم

Saath teyrey saari dunya ka ho gham

اتنی گنجایش کہاں اس دل کے پاس

Itni gunjaaesh kahaa(n) is dil ke paas

مل گیا ملنا تھا جو بھی راہ میں

Mil gaya milna tha jo bhee raah mein

ختم ہے لطفِ سفر منزل کے پاس

Khatm hai lutf-e-safar manzil ke paas

شوق کی محفل میں اہلِ شوق ہیں

Shauq kee mahfil mein ahl-e-shauq hain

زندہ دل رہتے ہیں زندہ دل کے پاس

Zind(a) dil rahtey hain zinda dil ke paas

140

"پھروں گا غم کے صحرا میں نہ جانے دربدر کب تک"

'Phiroo(n)ga gham ke sahra mein n(a) jaaney darbadar kab tak'

کرے گی تشنگی میری سرابوں کا سفر کب تک

Kareygee tishnagee meyree saraabo(n) ka safar kab tak

ہتھیلی پر لکیریں خود بنا لو اپنی قسمت کی

Hathailee par lakeerey(n) khud bana lo apni qismat kee

کرو گے تم مقدر کے لکھے پر منحصر کب تک

Karogey tum moqaddar key likhey par munhasar kab tak

جو شامل ہو گئے ہیں احتراماً کاروانوں میں

Jo shaamil ho gayey hain ehtaraaman kaarawaano(n) mein

مسافر وہ اٹھائیں گے بھلا لطفِ سفر کب تک

Musaafir wo uthaaey(n)gey bhala lutf-e-safar kab tak

چلیں خود ہی نہ کیوں ہم آج اپنی آرزو لے کر

Chaley(n) khud hi n(a) kyo(n) ham aaj apnee aarazoo leykar

کسی کی بزم میں بھیجا کریں پیغامبر کب تک

Kisee kee bazm mein bheyja karey(n) paighaamabar kab tak

کرو گے گفتگو ایسی تو کیسے دل نہ ٹوٹے گا

Karogey guftagoo aisee to kaisey dil n(a) tooteyga

بچے گا پتھروں کی چوٹ سے شیشے کا گھر کب تک

Bacheyga pat-tharo(n) kee chot sey sheeshey k(a) ghar kab tak

ذرا پختہ تو ذوقِ دید ہولے دیکھنا یہ ہے

Zara pokhta to zauq-e-deed ho ley deykhana yeh hai

مجھے اہلِ نظر سمجھیں گے آخر کم نظر کب تک

Mujhey ahl-e-nazar samjhey(n)ge aakhir kam nazar kab tak

ضرورت میری ان کو کوئی دن مجبور کر دے گی

Zaroorat meyri un ko koyi din majboor kar deygee

کریں گے خود وہ اپنے آپ پر ہی منحصر کب تک

Karey(n)gey khud wo apney aap par hi munhasar kab tak

کسی دن آپ کا قد یہ زمانہ دیکھ ہی لے گا

Kisi din aap ka qad yeh zamaana deykh hee leyga

جنابِ شوقؔ رہیئے گا کسی کے دوش پر کب تک

Janaab-e-Shauq rahyeyga kisi key dosh par kab tak

ہے رواں سوئے سفر گردِ سفر ہونے تک
Hai rawaa(n) soo-e-safar gard-e-safar honey tak
زندگی اپنی تری راہ گذر ہونے تک
Zindagi apni teri raah guzar honey tak

رات دن تک ، نہ یہاں ، شام و سحر ہونے تک
Raat din tak, n(a) yahaa(n), shaam-o-sahar honey tak
گردشِ وقت ہے تشریحِ بشر ہونے تک
Gardish-e-waqt hai tashreeh-e-bashar honey tak

ہم ہیں محتاجِ ہنر ان کی نظر ہونے تک
Ham hain mohtaaj-e-hunar unki nazar honey tak
اور چمکے گی غزل نذرِ گہر ہونے تک
Aur chamkeygi ghazal nazr-e-Gohar honey tak

بن نہ جائے یہ زمیں مسکنِ ماہ و انجم
Ban n(a) jaayey ye zamee(n) maskan-e-maah-o-anjum
کس کو معلوم ہے ، تکمیلِ بشر ہونے تک
Kis ko maaloom hai takmeel-e-bashar honey tak

گم تھی منزل تو نظر میں تھیں ہزاروں راہیں
Gum thi manzil to nazar mein thi(n) hazaaro(n) raahey(n)
ہم ہی گم ہوگئے منزل کی خبر ہونے تک
Ham hi gum ho gayey manzil ki khabar honey tak

چارہ گر کوئی نہیں رنجِ سفر میں اپنا
Chaaragar koyee nahee(n) ranj-e-safar mein apna
موت آئے گی مگر ختمِ سفر ہونے تک
Maut aayeygi magar khatm-e-safar honey tak

وقتِ رخصت انہیں سوغاتِ خوشی دی ہم نے
Waqt-e-rukhsat unhey saughaat-e-khushee dee ham ney
مسکراتے ہی رہے چشم کے تر ہونے تک
Muskuraatey hi rahey chashm ke tar honey tak

چاہئے جذبۂ اخلاص کا رنگ و روغن
Chaahiyey jazba-e-ekhlaas k(a) rang-o-raughan
اینٹ پتھر کے کسی ڈھانچے کو گھر ہونے تک
Ee(n)t pat-thar ke kisi dhaa(n)che ko ghar honey tak

آسماں چھونے کی اے شوقؔ تمنا نہ کرو
Aasamaa(n) choone ki aye Shauq tamanna n(a) karo
اپنے بازو میں اڑانوں کا ہنر ہونے تک
Apne baazoo mein udaano(n) k(a) hunar honey tak

جو ہے دل کی دھڑکن دکھانا ہے مشکل
Jo hai dil ki dhadkan dekhaana hai mushkil
غزل اپنی ان کو سنانا ہے مشکل
Ghazal apni unko sunaana hai mushkil

محبت میں کچھ بھی چھپانا ہے مشکل
Mohabbat mein kuch bhee chupaana hai mushkil
سرِ بزم لیکن بتانا ہے مشکل
Sar-e-bazm leykin bataana hai mushkil

پتہ تو صدف کا ہے معلوم لیکن
Pata to sadaf ka hai maaloom leykin
سمندر میں غوطہ لگانا ہے مشکل
Samundar mein ghota lagaana hai mushkil

میں اُن کے لئے سر جھکا تو رہا ہوں
Mai(n) unkey liye sar jhuka to raha hoon
مطیع قلب کو بھی بنانا ہے مشکل
M(o)tee qalb ko bhee banaana hai mushkil

ہمارا پتہ زندگی پوچھتی ہے
Hamaara pata zindagee poochatee hai
بتانا ہے مشکل چھپانا ہے مشکل
Bataana hai mushkil chupaana hai mushkil

گزرنے کو گزری ہے یہ عمر ساری

Guzarney ko guzree hai yeh umr saaree

جو گزری ہے مجھ پر بتانا ہے مشکل

Jo guzree hai mujh par bataana hai mushkil

کسی اور کو ڈھونڈنے کیا چلا ہے

Kisee aur ko dhoondaney kya chala hai

پتہ جس کو اپنا لگانا ہے مشکل

Pata jis to apna lagaana hai mushkil

محبّت محبّت بہت سُن چکا ہوں

Mohabbat mohabbat bahut sun chuka hoon

ہے کہنا تو آساں نبھانا ہے مشکل

Ha(i) kahna to aasaa(n) nibhhaana hai mushkil

تم ہی شوقؔ زندہ دِلی کچھ دکھاؤ

Tumhee Shauq zinda dileekuch dekhaao

یہاں اب تو ہنسنا ہنسانا ہے مشکل

Yahaa(n) ab to ha(n)sna ha(n)saana hai mushkil

واقف بہت ہیں اپنے دلِ مطلبی سے ہم
Waaqif bahut hain apne dil-e-matlabee se ham
منسوب کیوں غرض کو کریں بندگی سے ہم
Mansoob kyo(n) gharaz ko karey(n) bandagee se ham

تنہائیاں سجالیں غمِ زندگی سے ہم
Tanhaaiaa(n) saja ley(n) gham-e-zindagee se ham
گھبرا گئے ہیں بزم کی بے رونقی سے ہم
Ghabra gayey hain bazm ki bey-raunaqee se ham

اپنائیت نے ایسے دئے تلخ تجربے
Apnaaiat ne aisey diyey talkh tajrebey
اب تو ڈرے ڈرے ہیں تری دوستی سے ہم
Ab to darey darey hain teri dosatee se ham

سہنا ہمیں محال تھا دریاؤں کا غرور
Sahna hamey(n) mohaal tha daryaao(n) ka ghoroor
ہر چند مضطرب تھے بہت تشنگی سے ہم
Har chand muztarib they bahut tishnagee se ham

ہاتھوں میں سارے لوگ ہیں پتھر لئے ہوئے
Haatho(n) mein saarey log hain pat-thar liye huyey
شیشے کی بات بھی کریں کیسے کسی سے ہم
Sheeshey ki baat bhee kare(n) kaisey kisee se ham

تو امتحان ہے کہ سزا، دے ذرا جواب
Too imtehaan hai ke saza, dey zara jawaab
تا عمر پوچھتے ہی رہے زندگی سے ہم
Taa-umr poochtey hi rahey zindagee se ham

کوئی نہیں بتاتا ہے انسان کا پتہ
Koyee nahee(n) bataat(a) hai insaan ka pata
رُک رُک کے پوچھتے ہیں ہر اک آدمی سے ہم
Ruk ruk ke poochtey hain har ek aadamee se ham

اس کا مزاج اور ہے اپنا مزاج اور
Is ka mizaaj aur hai apna mizaaj aur
خوش ہم سے زندگی ہے نہ اس زندگی سے ہم
Khush ham se zindagi hai n(a) is zindagee se ham

ترتیب دے رہے ہیں نظامِ حیات کو
Tarteeb dey rahey(n) hain nezaam-e-hayaat ko
اک انجمن سجا کے غمِ زندگی سے ہم
Ek anjuman saja ke gham-e-zindagee se ham

اے شوقؔ دورِ نو میں ہے یہ بھی لہولہان
Aey Shauq daur-e-nau mein hai yeh bhee lahoo lohaan
اب کیف مانگتے ہیں عبث شاعری سے ہم
Ab kaif maa(n)gtey hain abas shaaeree se ham

"آج منزل پر پہنچ کر دور ہیں منزل سے ہم"

Aaj manzil par pahu(n)ch kar, door hain manzil se ham

باز آئے زندگی اب سعئ لا حاصل سے ہم

Baaz aayey zindagee ab sai-e-laa-haasil se ham

کام تو تھا ایک ہی اس دہر میں اپنے لئے

Kaam to tha eyk hee is dahr mein apney liyey

جی کو بہلاتے رہے ہر آرزوئے دل سے ہم

Jee ko bahlaatey rahey har aarazoo-e-dil se ham

حال ہی پر اکتفا کرنے کی عادت بن گئی

Haal hee par ektefa karney ki aadat ban gayee

ڈر گئے جب سے فریبِ نقشِ مستقبل سے ہم

Dar gayey jab sey fareyb-e-naqsh-e-mustaqbil se ham

مشکلیں آسان ہو کر سامنے آتی گئیں

Mushkiley(n) aasaan hokar saamaney aatee gayee(n)

حوصلہ کر کے مقابل جب ہوئے مشکل سے ہم

Hausala kar key moqaabil jab huyey mushkil se ham

جاتے ہیں بزمِ عدو میں ایک فاتح کی طرح

Jaate hain bazm-e-adoo mein eyk faateh kee tarah

جیت لیتے ہیں کسی کا دل جو اپنے دل سے ہم

Jeet leytey hain kisee ka dil jo apney dil se ham

149

کب اجازت دی ہمیں طوفان نے اس بات کی

Kab ejaazat dee hamey(n) toofaan ney is baat kee

ناپتے دریا کی گہرائی بھی کیا ساحل سے ہم

Naapatey darya ki gahraaee bhi kya saahil se ham

بس ترے آگے ہی پھیلا ہے ہمارا دستِ شوق

Bas tere aagey hi phaila hai hamaara dast-e-Shauq

منفرد ہیں ساری دنیا میں ہر اک سائل سے ہم

Munfarid hain saari dunya mein har ek saael se ham

✦

150

گزرے تھے بے خطر کبھی دشتِ درندگی سے ہم

Guzrey they bey-khatar kabhi, dasht-e-darindagee, se ham

ڈر گئے آج کیوں مگر رستے میں آدمی سے ہم

Dar gayey aaj kyo(n) magar rastey mein aadamee se ham

اپنی ہی انجمن میں جب ہو گئے اجنبی سے ہم

Apnee hi anjuman mein jab, ho gayey ajnabee se ham

حالِ شکستگئ دل کہتے بھی کیا کسی سے ہم

Haal-e-shikastagee-e-dil kahtey bhi kya kisee se ham

بارِ غمِ حیات اور اپنی یہ عمرِ مختصر

Baar-e-gham-e-hayaat a(u)r apnee ye umr-e-mukhtasar

مرنے کی آرزو لئے جیتے رہے خوشی سے ہم

Marney ki aarazoo liyey jeetey rahey khushee se ham

عالمِ بے خودی میں بھی رہنے لگے ہیں ہوش میں

Aalam-e-beykhudee mein bhee rahne lagey hain hosh mein

ہو گئے جب سے آشنا لذّتِ زندگی سے ہم

Ho gayey jab se aashana lazzat-e-zindagee se ham

اپنے غموں کی داستاں پھر بھی بھلا سکے کہاں

Apney ghamo(n) ki daastaa(n) phir bhi bhula sakey n(a) ham

''روز نئی کہانیاں سنتے ہیں زندگی سے ہم''

'Roz nayee kahaaniya(n) suntey hain zindagee se ham'

151

گردشِ وقت کا گلہ کرتے کبھی کسی سے کیا

Gardish-e-waqt ka gila karte kabhee kisee se kya

بھٹکے ہیں راہِ زیست میں اپنی ہی کجروی سے ہم

Bhatkey hain raah-e-zeest mein apni hi kajrawee se ham

سچ ہے کہ آشنا نہیں فنِّ غزل سے آج تک

Sach hai ke aashana nahee(n) fann-e-ghazal se aaj tak

سنتے ہیں اور کہتے ہیں بزم میں شوق ہی سے ہم

Suntey hain aur kahte hain bazm mein Shauq hee se ham

اگرچہ گزرے بہت راہِ انقلاب سے ہم

Agarch(a) guzre bahut raah-e-Inqelaab se ham

مگر کبھی نہ ہوئے دور تیرے خواب سے ہم

Magar kabhee n(a) huyey door teyre khaab se ham

ہمارے گھر میں دریچہ کوئی نہ روشن دان

Hamaare ghar mein dareecha koi n(a) raushandaan

گلہ کریں تو کریں کیسے آفتاب سے ہم

Gila karey(n) to karey(n) kaisey aaftaab se ham

سوال بن کے کھڑی ہے یہ زندگی اپنی

Sawaal ban ke khadee hai ye zindagee apnee

ستم تو یہ ہے کہ واقف نہیں جواب سے ہم

Sitam to yeh h(ai) ke waaqif nahee(n) jawaab se ham

خلوص میں تو کمی دیکھنے میں آئی ہے

Kholoos mein to kami deykhaney mein aayee hai

مگر یہ سچ ہے کہ بدظن نہیں جناب سے ہم

Magar ye sach hai ke badzan nahee(n) janaab se ham

جو ہم کو تحفے میں دی تھی ہمارے ماضی نے

Jo ham ko tohfe mein dee thee hamaarey maazee ney

بہل رہے ہیں ابھی بھی اُسی کتاب سے ہم

Bahal rahey hain abhee bhee usee ketaab se ham

نئے زمانے میں رہکر بھی درس لیتے ہیں

Nayey zamaane mein rahkar bhi dars leytey hain

صداقتوں کے لہو سے لکھی کتاب سے ہم

Sadaaqato(n) ke lahoo sey likhee ketaab se ham

ہے حُسنِ پردہ نشیں اور حسرتِ ناکام

Hai husn-e-pardanashee(n) aur hasrat-e-naakaam

پہنچ سکے ہی نہ آگے کبھی نقاب سے ہم

Pahu(n)ch sakey hi n(a) aagey kabhee neqaab se ham

ہم اُن کے سامنے اے شوقؔ کیا زباں کھولیں

Ham unke saamaney ayey Shauq kya zabaa(n) kholey(n)

گزر رہے ہیں ابھی تو ادب کے باب سے ہم

Guzar rahey hain abhi to adab ke baab se ham

کیوں اپنی کوششوں سے ہم دونوں باز آئیں
Kyo(n) apni koshisho(n) sey ham dono baaz aayey(n)
تم بجلیاں گراؤ ہم آشیاں بنائیں
Tum bijliyaa(n) giraao ham aashiyaa(n) banaaye(n)

اس خاک میں ہیں پنہاں کیا کیا حسیں ادائیں
Is khaak mein hain pinhaa(n) kya kya hasee(n) adaaey(n)
خورشید کی شعاعیں کیوں ڈھونڈنے نہ آئیں
Khursheed kee shoaye(n) kyon dhoondney n(a) aayey(n)

ماتم ہو ان کا کب تک جو شمعیں بجھ چکی ہیں
Maatam ho un k(a) kab tak jo sham-ey(n) bujh chukee hain
جو جل رہی ہیں ان کی ہم روشنی بڑھائیں
Jo jal rahee(n) hain unkee ham raushanee badhaaye(n)

آؤ سکون بخشیں روداد غم سے دل کو
Aao sakoon bakhshey(n) roodaad-e-gham se dil ko
کچھ اپنی تم سناؤ ، کچھ اپنی ہم سنائیں
Kuch apni tum sunaao, kuch apni ham sunaaye(n)

وہ دے رہے ہیں قسمیں للہ مسکراؤ
Wo dey rahey hain qasmey(n) lillaah muskuraao
دل غم سے رو رہا ہے ہم کیسے مسکرائیں
Dil gham se ro raha hai ham kaisey muskuraaey(n)

کرنا ہے پار دریا طوفان میں ہے کشتی

Karna hai paar darya toofaan mein hai kashtee

اب حوصلے ہی اپنا کچھ معجزہ دکھائیں

Ab hausaley hi apna kuch mojaza dekhaaey(n)

جن کے لئے خطائیں سرزد ہوئیں ہیں مجھ سے

Jin key liyey khataaey(n) sarzad huee hain mujhsey

گنوا رہے ہیں مجھ کو وہ بھی مری خطائیں

Ginwa rahey hain mujh ko wo bhee meri khataaey(n)

یہ کیسی روشنی ہے سب لوگ رو رہے ہیں

Yeh kaisi raushanee hai sab log ro rahey hain

شاید کہ جل رہی ہیں ارمان کی چتائیں

Shaayad ke jal rahee hain armaan kee chitaaey(n)

بے کار ہے شکایت اے شوقؔ رہبروں سے

Beykaar hai shikaayat aye Shauq rahbaro(n) sey

جو سو رہے ہیں خود ہی، اوروں کو کیا جگائیں

Jo so rahey hain khud hee, auro(n) ko kya jagaaey(n)

156

نہ بجھا سکیں گی اس کو کسی سمت کی ہوائیں
N(a) bujha sakey(n)gi isko kisi simt kee hawaaey(n)
ہے سفر کا شوق جن کو وہ چراغِ دل جلائیں
Hai safar ka shauq jin ko wo charaagh-e-dil jalaaey(n)

یہ کہاں کہا کہ مجھ کو درِ میکدہ دکھائیں
Ye kahaa(n) kaha ke mujh ko dar-e-maikada dekhaaey(n)
مجھے وہ کہیں پلائیں، مری تشنگی بجھائیں
Mujhey wo kahee(n) pilaaey(n), meri tishnagee bujhaaey(n)

بڑا قہر لے کے آئیں یہ فساد کی بلائیں
B(a)da qahr ley key aayee(n) ye fasaad kee balaaey(n)
کبھی غم کی انجمن میں نہ خوشی کے گیت گائیں
Kabhi gham ki anjuman mein n(a) khushee ke geet gaaey(n)

مری چشمِ نم کو حاصل ہے متاعِ ضبطِ گریہ
Meri chashm-e-nam ko haasil hai mataa-e-zabt-e-girya
کسی غم میں رونے والے نہ مری ہنسی اُڑائیں
Kisi gham mein rone waaley n(a) meri ha(n)si udaaey(n)

یہ تو ہے غریب خانہ کوئی روشنی کہاں ہے
Ye to hai ghareeb khaana koi raushanee kahaa(n) hai
یہاں ہے قیام مشکل ہم اگر نہ دل جلائیں
Yahaa(n) hai qeaam mushkil ham agar n(a) dil jalaaey(n)

ہیں شکارِ خود پرستی سبھی چہرے دورِ نو کے
Hain shikaar-e-khudparastee sabhi chehre daur-e-nau key
ہے سمجھ سے اپنی باہر کسے آئینہ دکھائیں
Hai samajh se apnee baahar kisey aa-ina dekhaaey(n)

جو دیے جلا جلا کر سرِ بزم رکھ گئے ہیں
Jo diyey jala jala kar sar-e-bazm rakh gayey hain
مجھے خوف ہو رہا ہے وہی پھونکنے نہ آئیں
Mujhey khauf ho raha hai wohi phoo(n)kaney n(a) aayey(n)

مری جاں غمِ زمانہ سے کہاں کسی کو فرصت
Meri jaa(n) gham-e-zamaana se kahaa(n) kisi ko fursast
کبھی تو جو مسکرائے کبھی ہم بھی مسکرائیں
Kabhi too jo muskuraayey kabhi ham bhi muskuraayey(n)

ہوئے ہیں وہ ملتفت پھر مری ہے یہ خوش نصیبی
Huye hain wo multafit phir meri hai ye khush-naseebee
یہی خوف بس ہے ہم کو کہ خوشی سے مر نہ جائیں
Yehi khauf bas hai hamko k(e) khushee se mar n(a) jaayey(n)

کہیں خون امن کا ہے، ہوا شوقؔ پھر یقیناً
Kahi(n) khoon amn ka hai, hua Shauq phir yaqeenan
کہ لہولہان گزری ہیں ادھر سے فاختائیں
K(e) lahoo lohaan guzree hain idhar s(e) faakhataayey(n)

نہ آنکھ نم ہے نہ چہرے پہ غم کے سائے ہیں

N(a) aankh nam hai n(a) chehrey pe gham ke saayey hain

شبِ فراق سکوں سے گذار آئے ہیں

Shab-e-feraaq sakoo(n) sey guzaar aayey hain

کہیں ہے نور، کہیں رنگ اور کہیں خوشبو

Kahee(n) hai noor, kahee(n) rang a(ur) kahee(n) khushboo

خیالِ یار نے پھر بام و در سجائے ہیں

Khayaal-e-yaar ne phir baam-o-dar sajaayey hain

وہ احتساب کو بیٹھے ہیں اپنی محفل میں

Wo ehtesaab ko baithey hain apni mahfil mein

ہم اپنے دل کے زیاں کا حساب لائے ہیں

Ham apne dil ke zeyaa(n) ka hesaab laayey hain

ملاؤ ہاتھ محبت سے دوستی کے لئے

Milaao haath mohabbat se dosatee ke liyey

ہم آستین میں خنجر نہیں چھپائے ہیں

Ham aasteen mein khanjar nahee(n) chupaayey hain

جو ہو سکے تو اماں دے ہمیں غمِ الفت

Jo ho sakey to amaa(n) dey hamey(n) gham-e-ulfat

مصیبتِ غمِ ہستی سے بچ کے آئے ہیں

Moseebat-e-gham-e-hastee se bach ke aayey hain

159

رہِ حیات میں آئے ہیں سخت موڑ بہت
Rah-e-hayaat mein aayey hain sakht mod bahut
مگر قدم یہ رُکے ہیں نہ ڈگمگائے ہیں
Magar qadam ye rukey hain n(a) dagmagaayey(n) hain

کہیں ہے خون کا دریا ، کہیں ہے پیاس کی دھول
Kahee(n) hai khoon k(a) darya kahee(n) hai pyaas ki dhool
نہ جانے کون سی ہم کربلا میں آئے ہیں
N(a) jaaney kaun si ham Karbala mein aayey hain

نئے زمانے میں شرم و حیا کی رسم نہیں
Nayey zamaane mein sharm-o-haya ki rasm nahee(n)
بہت سے لوگ مگر آبرو بچائے ہیں
Bahut se log magar aabaroo bachaayey hain

ستم کے نیزوں پہ کچھ سر بلند ہیں اے شوقؔ
Sitam ke neyzo(n) p(e) kuch sar buland hain ayey Shauq
کچھ ایسے بھی ہیں جو قدموں پہ سر جھکائے ہیں
Kuch aisey bhee hain jo qadmo(n) p(e) sar jhukaayey hain

اس طرح مہر و وفا آپ جتایا نہ کریں
Is tarah mehr-o-wafa aap jataaya n(a) karey(n)
جام دکھلا کے مجھے اور بھی پیاسا نہ کریں
Jaam dekhla ke mujhey aur bhi pyaasa na karey(n)

کون کہتا ہے محبت کی تمنّا نہ کریں
Kaun kahta hai mohabbat ki tamanna n(a) karey(n)
آگے کیا ہوگا مگر یہ کبھی سوچا نہ کریں
Aage kya hog(a) magar yeh kabhi socha n(a) karey(n)

دل کی چاہت ہے اِدھر اور اُدھر شیخ کی بات
Dil ki chaahat hai idhar aur udhar sheykh ki baat
کیا کریں ایسے میں بتلایئے ہم کیا نہ کریں
Kya karey(n) aisey mein batlaaiyey ham kya n(a) karey(n)

ڈس نہ لیں کل کے اندھیرے ہی مجھے رستے میں
Das n(a) ley(n) kal ke andheyrey hi mujhey rastey mein
اس قدر میرے لئے آج اُجالا نہ کریں
Is qadar meyrey liyey aaj ujaala n(a) karey(n)

آنکھیں جب تک ہیں سلامت تو کہاں ہے ممکن
Aankhey(n) jab tak hain salaamat to kahaa(n) hai mumkin
حُسن ہو سامنے اور ہم اسے دیکھا نہ کریں
Husn ho saamney aur ham use deykha n(a) karey(n)

زندگی اپنی مری موت کا ساماں نہ بنے

Zindagi apni meri maut k(a) saamaa(n) n(a) baney

اس قدر آپ کسی اور کو چاہا نہ کریں

Is qadar aap kisee aur ko chaaha n(a) karey(n)

عشق کی بات زباں پر نہیں لائی جاتی

Ishq kee baat zabaa(n) par nahi(n) laayee jaatee

مدّعا دل کا کبھی شوق سے پوچھا نہ کریں

Mudda-aa dil k(a) kabhi Shauq se poocha n(a) karey(n)

دل کا ہمارے راز کسی پر عیاں کہاں
Dil ka hamaarey raaz kisi par ayaa(n) kahaa(n)
اہلِ زباں بہت ہیں کوئی ہم زباں کہاں
Ahl-e-zabaa(n) bahut hain koi ham-zabaa(n) kahaa(n)

اہلِ خرد شریکِ سفر جب سے ہو گئے
Ahl-e-khirad shareek-e-safar jab se ho gayey
رہبر کہاں ہے ، راہ کہاں ، کارواں کہاں
Rahbar kahaa(n) hai, raah kahaa(n), kaarawaa(n) kahaa(n)

اچھا ہوا کہ ہم کو ہی درپن بنا لیا
Ach-cha hua k(e) ham ko hi darpan bana liya
ہوتا ترا جمال پریشاں کہاں کہاں
Hota tera jamaal pareyshaa(n) kahaa(n) kahaa(n)

میرے لہو سے سُرخرو شمشیر ہے تری
Meyrey lahoo se surkh-roo shamsheyr hai teri
میں ہی نہیں تو رونقِ تیغِ رواں کہاں
Mai(n) hee nahi(n) to raunaq-e-teygh-e-rawaa(n) kahaa(n)

وحشت کے گوشے گوشے میں پھیلی ہوئی ہے آگ
Wahshat ke goshe goshe mein phailee huee hai aag
بے چین آدمی ہے کہ پائے اماں کہاں
Bey-chain aadamee hai k(e) paayey amaa(n) kahaa(n)

چھوٹی سی جھونپڑی میں ہی خوشیاں سمٹ گئیں

Chotee si jho(n)padee mein hi khushiyaa(n) simat gayee(n)

جس کو مکاں کہیں وہ ہمارا مکاں کہاں

Jis ko makaa(n) kahey(n) wo hamaara makaa(n) kahaa(n)

گلشن میں آشیاں تو ہمارے سوا بھی ہیں

Gulshan mein aashiyaa(n) to hamaarey sewa bhi hain

معلوم ہے گریں گی مگر بجلیاں کہاں

Maaloom hai girey(n)gi magar bijliyaa(n) kahaa(n)

بھرنے کو زخم وقت کے مرہم نے بھر دئے

Bharney ko zakhm waqt ke marham ne bhar diyey

لیکن مٹا سکا کوئی مرہم نشاں کہاں

Leykin mita saka koi marham nishaa(n) kahaa(n)

پھولوں میں ہے بسا ہوا اپنے لہو کا رنگ

Phoolo(n) mein hai basa hua apney lahoo k(a) rang

احسان مند اس کا مگر باغباں کہاں

Ehsaan mand usk(a) magar baaghbaa(n) kahaa(n)

ہیں چھالے پاؤں کے ہی سفر کی نشانیاں

Hain chaale paao(n) key hi safar kee nishaaniyaa(n)

پتھریلے راستے میں قدم کے نشاں کہاں

Pathreele raasatey mein qadam key nishaa(n) kahaa(n)

دریائے شوق ہی مرا بے آب ہو گیا

Daryaa-e-Shauq hee mer(a) bey-aab ho gaya

آئے گی اس میں پیار کی موجِ رواں کہاں

Aayeygi isme pyar ki mauj-e-rawaa(n) kahaa(n)

تیرے قابل تو نہیں ، ہم کوئی گھر رکھتے ہیں

Teyrey qaabil to nahi, ham koi ghar rakhtey hain

آ ، کُھلا تیرے لئے دل کا ہی در رکھتے ہیں

Aa, khula teyrey liye dil k(a) hi dar rakhtey hain

اپنے سینے میں تمنّا ہی دِگر رکھتے ہیں

Apne seeney mein tamanna hi digar rakhtey hain

ہم تو خوشیوں کے لئے غم پہ نظر رکھتے ہیں

Ham to khushio(n) k(e) liye gham pe nazar rakhtey hain

ہم کو آتا ہے نظر موم کا پیکر وہ صنم

Hamko aata hai nazar mom k(a) paikar wo sanam

کون رکھّے گا جو ہم حُسنِ نظر رکھتے ہیں

Kaun rakh-kheyga j(o) ham husn-e-nazar rakhtey hain

بے نیازانہ گزر جاتے ہیں ہر منزل سے

Bey-neyaazaan(a) guzar jaatey hain har manzil sey

ہم قلندر کی طرح عزم سفر رکھتے ہیں

Ham qalandar ki tarah azm-e-safar rakhtey hain

حادثوں کو بھی عجب ضد ہے میری راہوں سے

Haadeso(n) ko bhi ajab zid hai meri raaho(n) sey

میرے ہمراہ قدم وہ بھی اِدھر رکھتے ہیں

Meyrey hamraah qadam wo bhi idhar rakhtey hain

165

وہ بچا لیتے ہیں رسوائی سے جذب غم کو

Wo bacha leyte hain ruswaai se jazb-e-gham ko

قہقہوں میں جو چھپانے کا ہنر رکھتے ہیں

Qahqaho(n) mein jo chupaaney k(a) hunar rakhtey hain

اس کی تعبیر کوئی ہم کو ملے یا نہ ملے

Iski taabeer koi ham ko miley ya n(a) miley

اپنی آنکھوں میں کوئی خواب مگر رکھتے ہیں

Apnee aa(n)kho(n) mein koi khwaab magar rakhtey hain

جس جگہ کاٹوگے پھوٹے گی وہیں شاخ نئی

Jis jagah kaatogey phooteygi wahee(n) shaakh nayee

تم کو معلوم نہیں ہم وہ شجر رکھتے ہیں

Tum ko maaloom nahi(n) ham wo shajar rakhtey hain

دھمکیاں قتل کی حق گوئی پہ دینے والو

Dhamkiyaa(n) qatl ki haq-goyi pe deyney waalo

شوقِ منصور ہیں ہم دار پہ سر رکھتے ہیں

Shauq-e-Mansoor hain ham daar pe sar rakhtey hain

یہ دورِ نو ہے اب انداز جینے کے بدلتے ہیں
Ye daur-e-nau hai ab andaaz jeeney key badaltey hain
ہیں گودیں مصلحت آمیز بچّے جن میں پلتے ہیں
Hain godey(n) maslehat aameyz bachchey jinme paltey hain

کبھی غم کھا کے ہونٹوں پر تبسم ہی اُبلتے ہیں
Kabhee gham kha ke ho(n)to(n) par tabassum hee ubaltey hain
کبھی فرطِ خوشی میں آنکھ سے آنسو نکلتے ہیں
Kabhi fart-e-khushee mein aa(n)kh sey aa(n)soo nikaltey hain

رہِ رنج و تعب سے کیوں نہ گزرے زندگی اپنی
Rah-e-ranj-o-ta-ab sey kyon n(a) guzrey zindagee apnee
اسی رستے سے منزل کے لئے رستے نکلتے ہیں
Isee rastey se manzil key liyey rastey nikaltey hain

سکوں کی جستجو پھر بھی نہ جانے کیوں ہے دنیا کو
Sakoo(n) kee justajoo phir bhee n(a) jaaney kyo(n) hai dunya ko
یہاں تو انقلابوں سے ہی جی سب کے بہلتے ہیں
Yahaa(n) to inqelaabo(n) sey hi jee sab key bahaltey hain

بساطِ زندگی پر حیثیت اپنی ہے مُہرے کی
Besaat-e-zindagi par haisiyat apnee hai mohrey kee
چلاتا ہے کوئی جس سمت حسبِ حال چلتے ہیں
Chalaata hai koi jis simt hasb-e-haal chaltey hain

کرشمہ ہے کسی کی یاد میں اے شوقؔ جلنے کا

Karishma hai kisee kee yaad mein ayey Shauq jalney ka

مرے جذبے حسیں اشعار کے سانچے میں ڈھلتے ہیں

Merey jazbey hasee(n) ash-aar key saa(n)chey mein dhaltey hain

168

ہو کے بھی میرا وہ کیوں میرا نہیں
Ho ke bhee meyra wo kyo(n) meyra nahee(n)
پیار ہی شاید مرا سچّا نہیں
Pyaar hee shaayad mera sach-cha nahee(n)

غم زدہ جو غم میں بھی رویا نہیں
Ghamzada jo gham mein bhee roya nahee(n)
تم کو اس کے غم کا اندازا نہیں
Tum ko uskey gham k(a) andaaza nahee(n)

میں تو ہوں مٹی کا اک ادنیٰ چراغ
Mai(n) to hoon mittee k(a) ek adna charaagh
یہ اُجالا اس کا ہے میرا نہیں
Yeh ujaala usk(a) hai meyra nahee(n)

کیوں نہیں کھلتے ہیں چہرے پر گلاب
Kyo(n) nahee(n) khiltey hain chehrey par gulaab
میرے اندر تو کوئی صحرا نہیں
Meyrey andar to koi sahra nahee(n)

سائلو یہ شہر بے کردار ہے
Saayelo yeh shahr bey-kirdaar hai
لوٹ جاؤ کچھ یہاں ملتا نہیں
Laut jaao kuch yahaa(n) milta nahee(n)

مختلف رنگوں کا تھا میرا لباس
Mokhtalif rango(n) ka tha meyra lebaas
زرد چہرہ اس نے پہچانا نہیں
Zard chehra usne pahchaana nahee(n)

پتھروں میں بھی ہے خوشبو پیار کی
Path-tharo(n) mein bhee hai khushboo pyaar kee
یہ اسی ظالم نے تو پھینکا نہیں
Yeh usee zaalim ne to phai(n)ka nahee(n)

آپ کو اپنی نظر لگ جائے گی
Aap ko apnee nazar lag jaa-egi
سامنے رکھئے گا آئینا نہیں
Saamney rakh-yeyga aa-eena nahee(n)

باغ ہستی میں کہاں ممکن ہے یہ
Baagh-e-hastee mein kahaa(n) mumkin hai yey
گُل ہی گُل ہوں کوئی بھی کانٹا نہیں
Gul hi gul ho(n) koyi bhi kaa(n)ta nahee(n)

شوق کی آنکھوں میں رہتا ہے نشہ
Shauq kee aa(n)kho mein rahta hai nasha
لوگ کہتے ہیں کبھی پیتا نہیں
Log kahtey hain kabhee peeta nahee(n)

درد کا رشتہ اگر ہوتا نہیں

Dard ka rishta agar hota nahee(n)

اجنبی بنتا کبھی اپنا نہیں

Ajnabee banta kabhee apna nahee(n)

زندگی دشوار ہو جاتی ، اگر

Zindagee dushwaar ho jaatee agar

مشکلوں کا سامنا ہوتا نہیں

Mushkilo(n) ka saamna hota nahee(n)

تذکرہ ہے حُسن کا ہر باب میں

Tazkera hai husn ka har baab mein

یہ کتابِ زندگی سادا نہیں

Yeh ketaab-e-zindagee saada nahee(n)

روز افسانے نئے اُس کے بنے

Roz afsaaney nayey uskey baney

جس حقیقت کو کوئی سمجھا نہیں

Jis haqeeqat ko koyee samjha nahee(n)

چہرہ سچّا یا کہ ہو جھوٹا مگر

Chehr(a) sach-cha ya ke ho jhoota magar

سچ یہی ہے آئینہ جھوٹا نہیں

Sach yehi hai aa-ina jhoota nahee(n)

171

چہرہ چہرہ ڈھونڈتا رہتا ہوں میں

Chehra chehra dhoondata rahta hu(n) mai(n)

اپنا چہرہ ہی کہیں ملتا نہیں

Apn(a) chehra hee kahee(n) milta nahee(n)

یہ بڑا ہی خوبصورت زخم ہے

Yeh bada hee khoobsoorat zakhm hai

زندگی کو کوئی بھی سمجھا نہیں

Zindagee ko koyee bhee samjha nahee(n)

راہِ پیچ و خم سے خود سیکھے گا وہ

Raah-e-peych-o-kham se khud seekheyg(a) woh

جس نے آدابِ سفر سیکھا نہیں

Jisne aadaab-e-safar seekha nahee(n)

زندگی آواز دیتی ہی رہی

Zindagee aawaaz deytee hee rahee

شوق نے مُڑ کر مگر دیکھا نہیں

Shauq ney mud kar magar deykha nahee(n)

✦

حاصل مری حیات کو زندہ دلی نہیں

Haasil meri hayaat ko zindaadilee nahee(n)

سب کچھ ہے زندگی میں فقط آپ ہی نہیں

Sab kuch hai zindagi mein faqat aap hee nahee(n)

کشتی یہ اعتبار کے قابل مری نہیں

Kashtee ye aitabaar ke qaabil meree nahee(n)

طوفانِ خوفناک سے گزری ابھی نہیں

Toofaan-e-khaufnaak se guzree abhee nahee(n)

جس میں ضمیر اپنا مجھے بیچنا پڑے

Jis mey zameer apn(a) mujhey beychana padey

منظور مجھ کو ایسی تجارت کبھی نہیں

Manzoor mujh ko aisi tejaarat kabhee nahee(n)

ہے جگمگاتی روشنی لاکھوں گھروں میں آج

Hai jagmagaati raushani laakho(n) gharo(n) mein aaj

ان میں مسرّتوں کی مگر چاندنی نہیں

Un mein masarrato(n) ki magar chaandanee nahee(n)

اب سائیں سائیں کرتی ہیں کتنی حویلیاں

Ab saaye(n) saaye(n) karti hain ketnee haweyliyaa(n)

آسیب رہ رہے ہیں جہاں آدمی نہیں

Aaseyb rah rahey hain jahaa(n) aadamee nahee(n)

یہ سوچتا ہوں پھول چُنوں اس میں کس طرح

Yeh sochata hoon phool chunoo(n) isme(n) kis tarah

دامن تو ہے ضرور مگر قیمتی نہیں

Daaman to hai zaroor magar qeematee nahee(n)

ہنس ہنس کے سہہ رہا ہوں ہر اک طنز شوق سے

Ha(n)s ha(n)s ke sah raha hoon har ek tanz Shauq sey

ہر چند بات اُن کی گُلوں کی چھڑی نہیں

Har chand baat unki gulo(n) kee chadee nahee(n)

یہ بے بسی ہے نظر اپنی شاد کام نہیں
Ye bey-basi hai nazar apni shaad kaam nahee(n)
کہ بام تو ہے مگر آبروئے بام نہیں
Ke baam to hai magar aabro-e-baam nahee(n)

دئے ہیں اشک کے کچھ اور اہتمام نہیں
Diyey hain ashk ke kuch aur ehtemaam nahee(n)
کہ ہجر کی ہے، مرادوں بھری یہ شام نہیں
Ke hijr kee hai, muraado(n) bharee ye shaam nahee(n)

چراغ بجھتے رہے بے شمار جل جل کر
Charaagh bujhte rahey bey-shomaar jal jal kar
یہ حُسن و عشق کا قصہ ہوا تمام نہیں
Ye husn-o-ishq k(a) qissa hua tamaam nahee(n)

خیالِ خوفِ گنہ اس طرح رہا ہر دم
Khayaal-e-khauf-e-gunah is tarah raha har dam
ہوا حیات کا کچھ ہم سے اہتمام نہیں
Hua hayaat k(a) kuch ham se ehtemaam nahee(n)

ابھی خرد کو کہاں کیفِ آگہی حاصل
Abhee kherad ko kahaa(n) kaif-e-aagahee haasil
لیا ہے اس نے ابھی تک جنوں سے کام نہیں
Liya hai usney abhee tak jonoo(n) se kaam nahee(n)

ہر اک قدم پہ ہے دعوائے رہبری اُن کو
Har ek qadam pe hai daawaa-e-rahbaree unko
چلے ہیں راہِ عمل میں جو چند گام نہیں
Chaley hain raah-e-amal mein jo chand gaam nahee(n)

ابھی ہے صبحِ بہاراں میں دُھند سی لیکن
Abhi hai subh-e-bahaaraa(n) mein dhund see leykin
یہ دو گھڑی کا اندھیرا ہے وقتِ شام نہیں
Ye do ghadee k(a) andheyra hai waqt-e-shaam nahee(n)

نصیب میری محبت کو ہوگئی معراج
Naseeb meyree mohabbat ko ho gayee meyraaj
ترے سوا مرے ہونٹوں پہ کوئی نام نہیں
Terey sewa merey ho(n)to(n) pe koyee naam nahee(n)

جدید دور کی لعنت عجیب ہے اے شوقؔ
Jadeed daur ki laanat ajeeb hai ayey Shauq
کسی کے دل میں بزرگوں کا احترام نہیں
Kisi ke dil mein buzurgo(n) ka ehteraam nahee(n)

موسم بہار کا ہے چمن میں خزاں نہیں

Mausim bahaar ka hai chaman mein khazaa(n) nahee(n)

لیکن شگفتہ پھول نہیں ، تتلیاں نہیں

Leykin shaguft(a) phool nahee(n), titliyaa(n) nahee(n)

ہے دھوپ سر پہ اور کوئی سائباں نہیں

Hai dhoop sar pe aur koi saaebaa(n) nahee(n)

بگڑی ہوئی فضا میں کوئی مہرباں نہیں

Bigdee huyee faza mein koi mehrabaa(n) nahee(n)

دل ہی بچا رہا ہے محبت کی آبرو

Dil hee bacha raha hai mohabbat ki aabaroo

زندہ ہے درد اور لبوں پر فغاں نہیں

Zinda hai dard aur labo(n) par foghaa(n) nahee(n)

اُجڑے ہوئے کھنڈر کو سجانے سے فائدہ

Ujdey huyey kha(n)dar ko sajaaney se faaeda

آباد ہو سکے گا یہ اُجڑا مکاں نہیں

Aabaad ho sakeyg(a) ye ujda makaa(n) nahee(n)

اب بھی سنا رہے ہیں یہ ماضی کی داستاں

Ab bhee suna rahey hain ye maazee ki daasataa(n)

ہر چند اِن کھنڈر کے دہن میں زباں نہیں

Har chand in kha(n)dar ke dahan mein zabaa(n) nahee(n)

عنوان دورِ نو کا ہے تلخیٔ گفتگو
Unwaan daur-e-nau k(a) hai talkhee-e-guftagoo
شیریں دہن نہیں کوئی شیریں زباں نہیں
Sheeree(n) dahan nahee(n) koi sheeree(n) zabaa(n) nahee(n)

بندے غرض کے کہتے ہیں پتھر کو بھی صنم
Bandey gharaz ke kahte hain pat-thar ko bhee sanam
ورنہ یہاں کسی کا کوئی قدرداں نہیں
Warna yahaa(n) kisi k(a) koi qadradaa(n) nahee(n)

ورثے میں اب و جد کے جو مجھ کو ملی ہے شوقؔ
Worsey mein abb-o-jad ke jo mujh ko mili hai Shauq
بس ڈھال میرے پاس ہے تیغِ رواں نہیں
Bas dhaal meyrey paas hai taigh-e-rawaa(n) nahee(n)

ٹوٹا ہے اب تو شوقؔ دعاؤں کا سلسلہ
Toota hai ab to Shauq doaao(n) k(a) silsila
سب لوگ میرے گھر میں ہیں اک میری ماں نہیں
Sab log meyrey ghar mein hain ek meyri maa(n) nahee(n)

سحر کے وقت کا ماحول خوشگوار نہیں
Sahar ke waqt k(a) mahol khushgawaar nahee(n)
فضائے شام سے بڑھ کر کوئی بہار نہیں
Fazaa-e-shaam se badhkar koi bahaar nahee(n)

غمِ حیات سے کر لو مصالحت لوگو
Gham-e-hayaat se kar lo masaalehat logo
خوشی کے دور کا دنیا میں اعتبار نہیں
Khushee ke daur k(a) dunya mein aitabaar nahee(n)

سنبھل سنبھل کے گلستاں کی سیر کو نکلو
Sa(n)bhal sa(n)bhal ke gulistaa(n) ki sair ko niklo
خزاں گئی ہے ابھی معتبر بہار نہیں
Khazaa(n) gayee hai abhee motabar bahaar nahee(n)

ہوائے گلشنِ دنیا سے دل لگے کیوں کر
Hawaa-e-gulshan-e-dunya se dil lagey kyo(n) kar
کسی حسین نظارے کا اعتبار نہیں
Kisee haseen nazaarey k(a) aitabaar nahee(n)

بیانِ شوق میں حائل ہے اپنی خودداری
Bayaan-e-Shauq mein haasil hai apni khuddaari
زبان کُھل بھی سکے گی یہ اعتبار نہیں
Zabaan khul bhi sakeygee ye aitabaar nahee(n)

نویدِ بزمِ محبت کا شکریہ اے دوست

Nawed-e-bazm-e-mohabbat k(a) shukriya ayey dost

الم نصیب ہوں یہ مجھ کو سازگار نہیں

Alam naseeb hoon yeh mujhk(o) saazagaar nahee(n)

نہ جانے شوقؔ نے جذبے میں کہہ دیا کیا کیا

N(a) jaane Shauq ne jazbey mein kah diya kya kya

خطا معاف کہ دل پر ہے اختیار نہیں

Khata moaaf ke dil par hai ekhteyaar nahee(n)

تھی جو کل تک میرے گھر کی آج وہ صورت نہیں

Thee jo kal tak meyrey ghar kee aaj wo soorat nahee(n)

ہیں در و دیوار لیکن ان کے اوپر چھت نہیں

Hain dar-o-deewaar leykin unke oopar chat nahee(n)

تیز رفتاری کچھ ایسا کر گئی مجھ کو تباہ

Teyz-raftaaree kuch aisa kar gayee mujh ko tabaah

راہ میں گر کر پھر اٹھنے کی رہی ہمت نہیں

Raah mein gir kar phir uthney kee rahee himmat nahee(n)

گرچہ برگِ خشک ہوں آغوشِ گلشن میں تو ہوں

Garch(a) barg-e-khushk hoon aaghosh-e-gulshan mein to hoon

چھوڑ دے ظالم ہوا میں قائلِ ہجرت نہیں

Chod dey zaalim hawa mai(n) qaael-e-hijrat nahee(n)

ایسی پروانہ مزاجی سے بھلا کیا فائدہ

Aisi parwaana mizaajee se bhala kya faa-eda

آپ اپنی آگ میں جلنے کی گر عادت نہیں

Aap apnee aag mein jalney ki gar aadat nahee(n)

آئینے کو دیکھ کر یہ سوچتا ہوں دیر تک

Aa-iney ko deykh kar yeh sochata hoon deyr tak

آئینہ جھوٹا ہے یا میری ہی وہ صورت نہیں

Aa-ina jhoota hai ya meyree hi wo soorat nahee(n)

اب تو بچّوں کے لئے یہ کھیل کے میدان بھی

Ab to bachcho(n) key liyey yeh kheyl key maidaan bhee

درس گاہِ دشمنی ہیں ، مکتبِ الفت نہیں

Dars gaah-e-dushmani hain, maktab-e-ulfat nahee(n)

کچھ نہ تھا تو پیار کے دو چار جملے دے دئے

Kuch n(a) tha to pyaar key do chaar jumley dey diyey

مانگنے والے کو لَوٹانا مری عادت نہیں

Maa(n)ganey waaley ko lautaana meree aadat nahee(n)

اہلِ فن کو چاہئے سعیٔ ہنر کرتے رہیں

Ahl-e-fan ko chaahiyey sai-e-humar kartey rahey(n)

فن کی عظمت کے بِنا فن کار کی عظمت نہیں

Fan ki azmat key bina fankaar kee azmat nahee(n)

آج اس دورِ تجارت میں بھی اے سوداگرو

Aaj is daur-e-tejaarat mein bhi ayey saudaagaro

دے سکو گے تم ہمارے شوقؔ کی قیمت نہیں

Dey sakogey tum hamaarey Shauq kee qeemat nahee(n)

میرا دشمن پہ بھی عتاب نہیں

Meyra dushman pe bhi ataab nahee(n)

اینٹ کا اینٹ سے جواب نہیں

Ee(n)t ka ee(n)t sey jawaab nahee(n)

کیا گلہ ان کی آزمائش کا

Kya gila unki aazamaaesh ka

ہو سکے ہم ہی کامیاب نہیں

Ho sakey ham hi kaamyaab nahee(n)

عہدِ نو کے نصاب میں شامل

Ahd-e-nau ke nesaab mein shaamil

میرے بچپن کی وہ کتاب نہیں

Meyrey bachpan ki wo ketaab nahee(n)

وہ کتابِ حیات کیا پڑھتے

Woh ketaab-e-hayaat kya padhtey

جس میں انسانیت کا باب نہیں

Jisme insaaniat k(a) baab nahee(n)

یہ حقیقت کا آئینہ بھی ہے

Yeh haqeeqat ka aa-ina bhee hai

زندگی محض ایک خواب نہیں

Zindagi mahz ek khwaab nahee(n)

ایک ہی غم ہے آج پیری کو

Eyk hee gham hai aaj peeree ko

ناز جس پر تھا وہ شباب نہیں

Naaz jis par th(a) wo shabaab nahee(n)

زندگی وہ سوال ہے جس کا

Zindagee wo sawaal hai jis ka

مل سکا آج تک جواب نہیں

Mil saka aaj tak jawaab nahee(n)

ظلم کے بدلے ظلم کا موسم

Zulm key badley zulm ka mausim

حاصلِ سعیٔ انقلاب نہیں

Haasil-e-sai-e-inqelaab nahee(n)

ہے اُدھر آخرت، اِدھر دنیا

Hai udhar aakherat idhar dunya

شوق سے ہوگا انتخاب نہیں

Shauq sey hoga intekhaab nahee(n)

✦

میرے لئے تجلیٔ شمس و قمر نہیں

Meyrey liyey tajalli-e-shams-o-qamar nahee(n)

تم ہی نہیں تو رونقِ شام و سحر نہیں

Tum hee nahee(n) to raunaq-e-shaam-o-sahar nahee(n)

وہ راہرو کہ جس کا ہتھیلی پہ سر نہیں

Wo raah-rau ke jiska hathailee pe sar nahee(n)

اس کا دیارِ دار و رسن میں گزر نہیں

Uska dayaar-e-daar-o-rasan mein guzar nahee(n)

جو راہ پُر فریب نہیں ، پُر خطر نہیں

Jo raah pur fareyb nahee(n), pur khatar nahee(n)

اوروں کی رہگزر ہے مری رہگزر نہیں

Auro(n) ki rahguzar hai meri rahguzar nahee(n)

برسات اب کے میرا مکاں لُوٹ کر گئی

Barsaat ab ke meyrey makaa(n) loot kar gayee

اپنی جگہ پہ کوئی بھی دیوار و در نہیں

Apnee jagah pe koyee bhi deewaar-o-dar nahee(n)

غم جیسے مہرباں کا گذارہ نہ ہوسکے

Gham jaisey mehrabaa(n) k(a) guzaara n(a) ho sakey

ویران اس قدر مرے دل کا کھنڈر نہیں

Weeraan is qadar mere dil ka kha(n)dar nahee(n)

ان کی ہنسی پہ سارے زمانے کی ہے نظر

Unkee ha(n)see pe saare zamaaney ki hai nazar

لیکن کسی نظر میں مری چشمِ تر نہیں

Leykin kisi nazar mein meri chasm-e-tar nahee(n)

برسات آنسوؤں کی مسلسل ہے اس طرف

Barsaat aa(n)suo(n) ki mosalsal hai is taraf

بھیگا ہوا فراق کا موسم اُدھر نہیں

Bheega hua feraaq k(a) mausim udhar nahee(n)

ہیں کشمکش میں شوق کی مہماں نوازیاں

Hain kashmakash mein Shauq ki mehmaa(n) nawaaziaa(n)

گھر ہے ضرور آپ کے قابل مگر نہیں

Ghar hai zaroor aap ke qaabil magar nahee(n)

ہم صاحبِ عمل ہیں مگر بولتے نہیں
Ham saaheb-e-amal hain magar bolatey nahee(n)
انجامِ کار پر ہے نظر بولتے نہیں
Anjaam-e-kaar par hai nazar bolatey nahee(n)

ہم کس میں خیر کس میں ہے شر بولتے نہیں
Ham kis mein khair kis me hai shar bolatey nahee(n)
اپنے عیوب پر ہے نظر بولتے نہیں
Apney oyoob par hai nazar bolatey nahee(n)

ظلمت کا راز اہلِ نظر بولتے نہیں
Zulmat k(a) raaz ahl-e-nazar bolatey nahee(n)
کیسے لٹی متاعِ سحر بولتے نہیں
Kaisey lutee mataa-e-sahar bolatey nahee(n)

ہم تو متاعِ حسن کلامی کے ہیں امین
Ham to mataa-e-husn-e-kalaamee ke hain ameen
سنتے ہیں ترش و تلخ مگر بولتے نہیں
Suntey hain tursh-o-talkh magar bolatey nahee(n)

اپنوں کا یہ سلوک بھی کتنا عجیب ہے
Apno(n) k(a) yeh solook bhi ketna ajeeb hai
جب سے بنے ہیں صاحبِ زر بولتے نہیں
Jab sey baney hain saaheb-e-zar bolatey nahee(n)

زادِ سفر نہ کوئی شریکِ سفر نصیب
Zaad-e-safar n(a) koyi shareek-e-safar naseeb
ہم کیسے کر رہے ہیں سفر بولتے نہیں
Ham kaise kar rahey hain safar bolatey nahee(n)

قاتل کو نذر کرتے ہیں ہم خود ہی شوق سے
Qaatil ko nazr karte hain ham khud hi shauq sey
توصیف و قدر و قیمتِ سر بولتے نہیں
Tauseef-o-qadr-o-qeemat-e-sar bolatey nahee(n)

انسانیت کا نام ہے انسانیت کہاں
Insaaniat k(a) naam hai insaaniat kahaa(n)
سیدھی طرح بشر سے بشر بولتے نہیں
Seedhee tarah bashar se bashar bolatey nahee(n)

سب کو کہاں نصیب بھلا شانِ سرمدی
Sab ko kahaa(n) naseeb bhala shaan-e-Sarmadee
تن سے جدا جو ہوتے ہیں سر بولتے نہیں
Tan sey juda jo hotey hain sar bolatey nahee(n)

کرتے ہیں چیخ چیخ کے طوفاں کا سامنا
Kartey hain cheekh cheekh ke toofaa(n) k(a) saamna
کیسے کہیں کہ برگِ شجر بولتے نہیں
Kaisey kahey(n) ke barg-e-shajar bolatey nahee(n)

باتیں اِدھر اُدھر کی وہ کرتے ہیں شوق سے
Baatey(n) idhar udhar ki wo kartey hain Shauq sey
وہ اپنے دل کی بات مگر بولتے نہیں
Wo apney dil ki baat magar bolatey nahee(n)

کچھ چراغوں کے جلانے سے سحر ہوتی نہیں
Kuch charaagho(n) key jalaaney sey sahar hotee nahee(n)
روشنی سے رات کوئی مختصر ہوتی نہیں
Raushanee sey raat koyee mokhtasar hotee nahee(n)

ذہن کی تصویر جب پیشِ نظر ہوتی نہیں
Zehn kee tasweer jab peysh-e-nazar hotee nahee(n)
خود ہنر کو اپنے تسکینِ ہنر ہوتی نہیں
Khud hunar ko apne taskeen-e-hunar hotee nahee(n)

پیش کیا منزل کو کرتے ہم ثبوتِ رہروی
Peysh kya manzil ko kartey ham saboot-e-rahrawee
اپنے دامن میں اگر گردِ سفر ہوتی نہیں
Apne daaman mein agar gard-e-safar hotee nahee(n)

کون بتلائے گا اس کو رازِ تخلیق حیات
Kaun batlaayeyg(a) us ko raaz-e-takhleeq-e-hayaat
جب بشر سے خود ہی تشریحِ بشر ہوتی نہیں
Jab bashar se khud hi tashreeh-e-bashar hotee nahee(n)

حکم کے تابع ہیں یہ پانی کے قطرے کیا کریں
Hukm key taabey hain yeh paanee ke qatrey kya karey(n)
ہر صدف کی کوکھ حقدارِ گہر ہوتی نہیں
Har sadaf kee kokh haqdaar-e-gohar hotee nahee(n)

درد کا بستر بچھاتا ہوں تو آ جاتی ہے نیند
Dard ka bistar bichaata hoon to aa jaatee hai neend
پھر کسی راحت کی حاجت رات بھر ہوتی نہیں
Phir kisee raahat ki haajat raat bhar hotee nahee(n)

شاعرو سچ ہے کہ دل پر زخم پہنچائے بغیر
Shaaero sach hai ke dil par zakhm pahu(n)chaayey baghair
کوئی بھی صنفِ سُخن ہو پُر اثر ہوتی نہیں
Koyi bhee sinf-e-sokhan ho pur-asar hotee nahee(n)

کس کا چہرہ ہے کہ اُترا جا رہا ہے روح میں
Kis k(a) chehra hai ke utra ja raha hai rooh mein
دیکھتا ہوں لاکھ تسکینِ نظر ہوتی نہیں
Deykhata hoon laakh taskeen-e-nazar hotee nahee(n)

ایک مدّت سے چراغوں کی طرح جلتی ہیں شوقؔ
Eyk muddat sey charaagho(n) kee tarah jaltee hain Shauq
میری ان آنکھوں کی محفل میں سحر ہوتی نہیں
Meyri in aa(n)kho(n) ki mahfil mein sahar hotee nahee(n)

وہ جو اک مفلس کے کام آتے نہیں

Woh jo ek muflis ke kaam aatey nahee(n)

اپنا دامن ہم بھی پھیلاتے نہیں

Apna daaman ham bhi phailaatey nahee(n)

کم سے کم جی بھر کے ان کو دیکھ لوں

Kam se kam jee bhar ke un ko deykh loo(n)

چاند تارے ہاتھ تو آتے نہیں

Chaand taarey haath to aatey nahee(n)

خوں رُلاتا ہے ہمیں رنگِ چمن

Khoo(n) rolaata hai hamey(n) rang-e-chaman

یہ نظارے دل کو اب بھاتے نہیں

Yeh nazaarey dil ko ab bhaatey nahee(n)

جن کو اپنی محنتوں پر ناز ہے

Jinko apnee mehnato(n) par naaz hai

مُفت کا لقمہ کبھی کھاتے نہیں

Muft ka luqma kabhee khaatey nahee(n)

اے جنوں خاروں کی قربت کر تلاش

Ayey jonoo(n) khaaro(n) ki qurbat kar talaash

پھول تو زخموں کو سہلاتے نہیں

Phool to zakhmo(n) ko sahlaatey nahee(n)

191

سامنا سچ کا اگر دشوار تھا

Saamana sach ka agar dushwaar tha

آئینے کے سامنے جاتے نہیں

Aa-iney key saamaney jaatey nahee(n)

گھر کے سناٹے بڑے ہمدرد ہیں

Ghar ke sannatey badey hamdard hain

چھوڑ کر ہم کو کہیں جاتے نہیں

Chod kar ham to kahee(n) jaatey nahee(n)

کوئی زخمی، زخم دکھلاتا ہے جب

Koyi zakhmee zakhm dekhlaata hai jab

دیکھ تو لیتے ہیں دکھلاتے نہیں

Deykh to leytey hain dekhlaatey nahee(n)

پوچھ مت اِس شوق نے کیا کیا کیا

Pooch mat is Shauq ney kya kya kiya

ہم وفا کرتے ہیں گنواتے نہیں

Ham wafa kartey hain ginwaatey nahee(n)

اُسے تشنگی کا پتا نہیں
Use tishnagee k(a) pata nahee(n)
کوئی جام جس نے چکھا نہیں
Koi jaam jisne chakha nahee(n)

کبھی اشکِ غم یہ بہا نہیں
Kabhi ashk-e-gham ye baha nahee(n)
کبھی بہہ چلا تو رُکا نہیں
Kabhi bah chala to ruka nahee(n)

مری سانس میں ہے بسا ہوا
Meri saa(n)s mein hai basa hua
وہ جدا بھی ہو کے جُدا نہیں
Wo juda bhi ho ke juda nahee(n)

مِرے ضبط کا نہ لے امتحاں
Mere zabt ka n(a) ley imtehaa(n)
ابھی جی رہا ہوں مَرا نہیں
Abhi jee raha hoon mara nahee(n)

اِسی بات کا تو ملال ہے
Isi baat ka to malaal hai
مِرا ہو کے بھی وہ مِرا نہیں
Mer(a) ho key bhi wo mera nahee(n)

جو تھا اپنی ذات سے آشنا

Jo th(a) apni zaat sey aashana

کسی اور در پہ جھکا نہیں

Kisi aur dar pe jhuka nahee(n)

کبھی میں نے رُخ کی بیاض پر

Kabhi mainey rukh ki bayaaz par

کوئی درد اپنا لکھا نہیں

Koi dard apn(a) likha nahee(n)

کئی دیدہ ور بھی تھے بزم میں

Kai deedawar bhi the bazm mein

مِرا کھوٹا سکہ چلا نہیں

Mer(a) khot(a) sikk(a) chala nahee(n)

مِرا شوق خود ہی ہے روشنی

Mer(a) Shauq khud hi hai raushanee

کوئی مہر مجھ میں اُگا نہیں

Koi mehr mujh mein uga nahee(n)

یوں محوِ تمنّا ہے ابھی دل مرے تن میں
Yoo(n) mahw-e-tamanna hai abhee dil mere tan mein
لاشہ کوئی لپٹا ہوا جیسے ہو کفن میں
Laasha koi lipta hua jaisey ko kafan mein

اشعار نہاتے ہیں تخیل کی کرن میں
Ash-aar nahaatey hain takhayiul ki kiran mein
تب جاکے چمک آتی ہے اس پیکرِ فن میں
Tab jaakey chamak aati hai is paikar-e-fan mein

ہر چند اضافہ ہوا رہرو کی تھکن میں
Har chand ezaafa hua rahrau ki thakan mein
لیکن نہ کمی آئی مسافت کی لگن میں
Leykin na kami aayee masaafat ki lagan mein

اک ہم ہیں کہ ڈھوتے ہیں ابھی رسمِ مروّت
Ek ham hain ke dhotey hain abhi rasm-e-morawwat
آیا ہے بہت فرق زمانے کے چلن میں
Aaya hai bahut farq zamaaney ke chalan mein

سہہ لیتا زمانے کے ستم آہ نہ بھرتا
Sah leyta zamaaney ke sitam aah n(a) bharta
ہوتی نہ اگر کاش زباں اپنے دہن میں
Hotee n(a) agar kaash zabaa(n) apne dahan mein

اے زیست بتا ! کون سا پیغام ہے آخر
Ayey zeest bata! Kaun s(a) paighaam hai aakhir
کیوں قطرۂ خوں دوڑ رہا ہے یہ بدن میں
Kyon qatra-e-khoo(n) daud raha hai ye badan mein

ہر وقت کوئی تارِ نفس چھیڑ رہا ہے
Har waqt koi taar-e-nafas cheyd raha hai
آواز ہے اُس کی ہی مرے سازِ سخن میں
Aawaaz hai uskee hi mere saaz-e-sokhan mein

لگتا ہے مجھے مل گئی معراجِ محبت
Lagta hai mujhey mil gayi meyraaj-e-mohabbat
منزل نظر آنے لگی اب دار و رسن میں
Manzil nazar aaney lagee ab daar-o-rasan mein

ہوں تیز ہوائیں بھی تو پروا نہیں کرتے
Ho(n) teyz hawaayey(n) bhi to parwa nahi(n) kartey
طائر جنہیں اڑنا ہے وہ اڑتے ہیں گگن میں
Taaer jinhe udna hai wo udtey hain gagan mein

کچھ دیر ٹھہر ، شعلہ فشاں ہے دلِ عاشق
Kuch deyr thahar, shola-fashaa(n) hai dil-e-aashiq
اے موت ! کہیں آگ نہ لگ جائے کفن میں
Ayey maut kahee(n) aag n(a) lag jaayey kafan mein

تاریک فضا ، ہجر کے غم ، شوق کے آنسو
Taareek faza, hijr ke gham, Shauq ke aa(n)soo
منظر ہیں عیاں شام کے اب صبحِ وطن میں
Manzar hain ayaa(n) shaam ke ab subh-e-watan mein

رقصِ حیات کیوں نہ ہو چشمِ پُر آب میں
Raqs-e-hayaat kyo(n) n(a) ho chashm-e-puraab mein
پھر آرزو پھنسی ہے فریبِ حباب میں
Phir aarazoo pha(n)see hai fareyb-e-hobaab mein

ان کے ستم کو لاکے بھی کیا ہو حساب میں
Unkey sitam ko laakey bhi kya ho hesaab mein
ہم سے ہی تھوڑی چُوک ہوئی انتخاب میں
Ham sey hi thodi chook huyee intekhaab mein

ہم غمزدوں پہ ظلم کے بادل برس پڑے
Ham ghamzado(n) pe zulm ke baadal baras padey
کتنی گراں حیات بہی سیلِ آب میں
Ketnee geraa(n) hayaat bahee sail-e-aab mein

تھی جس کی آرزو وہ اُجالا نہ مل سکا
Thee jiski aarazoo wo ujaala n(a) mil saka
کتنے مکان خاک ہوئے اِس کے خواب میں
Ketney makaan khaak huyey is ke khwaab mein

رنگین کر کے ہم کو یہ بے رنگ ہو گیا
Rangeen karke ham to ye beyrang ho gayey
اک پھول رکھ دیا تھا کسی نے کتاب میں
Ek phool rakh diya th(a) kisi ney ketaab mein

کیا مقصدِ حیات ہے اس کی خبر نہیں

Kya maqsad-e-hayaat hai is kee khabar nahee(n)

الجھے ہوئے ہیں لوگ گناہ و ثواب میں

Uljhey huyey hain log gunaah-o-sawaab mein

بگڑے ہیں ساتھ وقت کے بچّوں کے ذہن بھی

Bigdey hain saath waqt ke bachcho(n) ke zehn bhee

لگتا نہیں ہے دل ہی کسی کا کتاب میں

Lagta nahee(n) hai dil hi kisee ka ketaab mein

اتنا بھی اپنے بارے میں مت کیجئے سوال

Itna bhi apney baarey mein mat kijiyey sawaal

منہ سے نکل نہ جائے حقیقت جواب میں

Mu(n)h sey nikal n(a) jaaye haqeeqat jawaab mein

لازم ہے اب کہ فرضِ ضعیفی ادا کریں

Laazim hai ab ke farz-e-zaeefee ada karey(n)

کیا رہ گیا ہے شوقؔ خیالِ شباب میں

Kya rah gaya hai Shauq khayaal-e-shabaab mein

عاشقی لے تو گئی وصل کی انگنائی میں
Aashiqi ley to gayee wasl ki angnaaee mein
میں مگر میں نہ رہا اپنی شناسائی میں
Mai(n) magar mai(n) n(a) raha apnee shanaasaaee mein

ہر نفس بول اٹھا درد کی شہنائی میں
Har nafas bol utha dard ki shahnaaee mein
دن کا غم اور بڑھا رات کی تنہائی میں
Din k(a) gham aur badha raat ki tanhaaee mein

اپنے احباب بھی شامل تھے تماشائی میں
Apne ahbaab bhi shaamil they tamaashaaee mein
دیکھتا کون مرے زخم کی گہرائی میں
Deykhata kaun mere zakhm ki gahraaee mein

آبرو عشق کی رکھ لی مرے ضبطِ غم نے
Aabaroo ishq ki rakh lee mere zabt-e-gham ney
ان کی رسوائی تھی ورنہ مری رسوائی میں
Unki ruswaaee thi warn(a) meri ruswaaee mein

اس کو بھی کیا میں کوئی طرزِ محبت سمجھوں
Is ko bhi kya mai(n) koi tarz-e-mohabbat samjhoo(n)
ہجر کی دھوپ ملی وصل کی پُروائی میں
Hijr kee dhoop mili wasl ki purwaaee mein

قصۂ شام و سحر سنتے رہے شوق سے ہم

Qissa-e-shaam-o-sahar suntey rahey shauq se ham

وقت یوں ہی نہیں گزرا کبھی تنہائی میں

Waqt yoo(n) hee nahi(n) guzra kabhi tanhaaee mein

آسماں پر ہیں جو بکھرے ہوئے ماہ و انجم

Aasmaa(n) par hain jo bikhrey huyey maah-o-anjum

سب سمٹ آئے ہیں اک آپ کی انگڑائی میں

Sab simat aaye hain ek aap ki angdaaee mein

وسعتِ ارض و سما تنگ نظر آئے گی

Wusat-e-arz-o-sama ta(n)g nazar aayeygee

ڈوب کر دیکھے کوئی قطرے کی گہرائی میں

Doob kar deykhe koi qatre ki gahraaee mein

سچ کے پیکر کو سمجھتا ہے زمانہ جھوٹا

Sach ke paikar ko samajhta hai zamaana jhoota

آ گئی کیسی کمی وقت کی بینائی میں

Aa gayi kaisi kamee waqt ki beenaaee mein

حوصلہ چاہئے سچ کہنے کا، سچ سننے کا

Hausala chaahiyey sach kahne ka sach sunney ka

تلخیاں بھی تو چھپی رہتی ہیں سچائی میں

Talkhiyaa(n) bhee to chupee rahti hain sach-chaaeee mein

کر دیا بزم میں اظہارِ تمنا سب نے

Kar diya bazm mein ezhaar-e-tamanna sab ney

شوق الجھا ہی رہا قافیہ پیمائی میں

Shauq uljha hi raha qaafiya paimaaee mein

رقص مئے کا ہے ترے جسم کے پیمانے میں
Raqs mai ka hai tere jism ke paimaaney mein
ہم کو جانے کی ضرورت نہیں میخانے میں
Ham ko jaaney ki zaroorat nahi(n) maikhaaney mein

داد دے مجھ کو کوئی ، خونِ تمنا نے مرے
Daad dey mujh ko koi, khoon-e-tamanna ne merey
بھر دیا رنگ حقیقت کا بھی افسانے میں
Bhar diya rang haqeeqat k(a) bhi afsaaney mein

گھر سے نکلا ہوں مگر خود سے ذرا پوچھ تو لوں
Ghar se nikla hoon magar khud se zara pooch to loo(n)
کون اپنا ہے ، بُلاتا ہے جو ویرانے میں
Kaun apna hai bolaata hai jo weeraaney mein

شہرِ ہستی سے گزر جائے گا اک روز یہ غم
Shahr-e-hastee se guzar jaayega ek roz ye gham
دیر لگتی ہے کہاں وقت گزر جانے میں
Deyr lagtee hai kahaa(n) waqt guzar jaaney mein

مت کرو میری محبت کو گناہوں میں شمار
Mat karo meyri mohabbat ko gunaaho(n) mein shomaar
بھول ہو جاتی ہے انسان سے انجانے میں
Bhool ho jaati hai insaan se anjaaney mein

بزمِ احباب سے دن بھر جو سبق لیتا ہوں

Bazm-e-ahbaab se din bhar jo sabaq leyta hoon

شامِ تنہائی گزر جاتی ہے دُہرانے میں

Shaam-e-tanhaaee guzar jaati hai dohraaney mein

آئینہ شوق کا لے کر ، یہ سُنا ہے ، اب شوقؔ

Aa-ina shauq k(a) leykar, ye suna hai, ab Shauq

محو ہے گیسوئے حالات کے سلجھانے میں

Mahw hai gaisu-e-haalaat ke suljhaaney mein

سینچا کرو چمن کو اسی انتظار میں

See(n)cha karo chaman ko isi intezaar mein

بدلے گی یہ خزاں بھی کبھی تو بہار میں

Badleygi yeh khazaa(n) bhi kabhee to bahaar mein

لمحے کے واسطے ہے صدی انتظار میں

Lamhey ke waastey hai sadee intezaar mein

آئے گا وہ کبھی تو نظر کے حصار میں

Aayeyg(a) wo kabhee to nazar key hesaar mein

آنکھوں میں اشک اور لبوں پر تھی خامشی

Aa(n)kho(n) mein ashk aur labo(n) par thi khaam(o)shee

حال اپنا کہہ دیا انہیں یوں اختصار میں

Haal apn(a) kah diya unhe(n) yoo(n) ekhtesaar ney

جو بھر چکے ہیں پھر سے وہ ہو جائیں گے ہرے

Jo bhar chukey hain phir se wo ho jaae(n)gey harey

مشکل بہت ہے زخموں کا لانا شمار میں

Mushkil bahut hai zakhmo(n) k(a) laana shomaar mein

کر لیں نہ کیوں نباہ ابھی خار ہی سے ہم

Kar ley(n) n(a) kyo(n) nibaah abhi khaar hee se ham

ممکن ہے گل کھلے کوئی اب کے بہار میں

Mumkin hai gul khiley koi abkey bahaar mein

لوٹا ہے مجھ کو گردشِ دوراں نے عمر بھر

Loota hai mujhko gardish-e-dauraa(n) ne umr bhar

اب کیا بتاؤں کیا ہے مرے اختیار میں

Ab kya bataaoo(n) kya hai mere ekhteyaar mein

جو کارواں تھا وہ تو فضا میں بکھر گیا

Jo kaarwaa(n) th(a) wo to faza mein bikhar gaya

لیکن ہے رنگ میرے لہو کا غبار میں

Leykin hai rang meyre lahoo ka ghobaar mein

راہِ فنا میں ڈھونڈ رہا ہوں بقا کو میں
Raah-e-wafa mein dhoond raha hoon baqa ko mai(n)
ظلمت کدے میں لاؤں کہاں سے ضیا کو میں
Zulmat-kadey mein laaoo(n) kahaa(n) sey zeya ko mai(n)

ٹھکراؤں کس طرح سے کسی کی عطا کو میں
Thokraaoo(n) kis tarah se kisi kee ata ko mai(n)
کاٹوں گا ساری عمر وفا کی سزا کو میں
Kaatoo(n)ga saari umr wafa kee saza ko mai(n)

خلقِ خدا کو چاہیئے اک سر حسینؑ سا
Khalq-e-khoda ko chaahiyey ek sar Hussain sa
پھر دیکھتا ہوں دہر میں اک کربلا کو میں
Phir deykhata hoon dahr mein ek Karbala ko mai(n)

صحرائے زندگی میں ہے منزل کی آرزو
Sahraa-e-zindagi mein hai manzil ki aarazoo
جُھک جُھک کے چومتا ہوں ترے نقشِ پا کو میں
Jhuk jhuk ke choomata hoon tere naqsh-e-pa ko mai(n)

جب آسمان چھونے کی مجھ میں ہی ہے سکت
Jab aasmaan choone ki mujh mein hi hai sakat
شرمندہ کیوں کروں کبھی دستِ دعا کو میں
Sharminda kyo(n) karoo(n) kabhi dast-e-doa ko mai(n)

ہنگامہ٘ حیات سے گھبرا گیا ہوں یوں

Ha(n)gaama-e-hayaat se ghabra gaya hoon yoo(n)

ڈرتا ہوں سن کے آپ ہی اپنی صدا کو میں

Darta hoon sun ke aap hi apnee sada ko mai(n)

ہنسنے کی آرزو کا نتیجہ ہے سامنے

Ha(n)sney ki aarazoo k(a) nateeja hai saamaney

اب زار زار روتا ہوں اپنی خطا کو میں

Ab zaar zaar rot(a) hoon apnee khata ko mai(n)

موجِ بلا سے خود نہ کروں کیوں مقابلہ

Mauj-e-bala se khud n(a) karoo(n) kyo(n) moqaabala

لاؤں کہاں سے ڈھونڈ کے اب ناخدا کو میں

Laaoo(n) kahaa(n) se dhoond ke ab naa-khoda ko mai(n)

منظر تمام قتل کے آنکھوں میں آگئے

Manzar tamaam qatl ke aa(n)kho(n) mein aa gayey

سہما ہوں شوقؔ دیکھ کے دستِ حنا کو میں

Sahma hoon Shauq deykh ke dast-e-hena ko mai(n)

اُٹھتے ہیں قدم ہشیاری سے جس طرح اندھیری راہوں میں

Uthtey hain qadam hushyaaree sey jis tarh(a) andheyree raaho(n) mein

غربت میں وہی عالم دل کا رہتا ہے یہاں خودداروں میں

Ghurbat mein wohee aalam dil ka rahta hai yahaa(n) khuddaaree mein

میں جس کو ڈھونڈا کرتا تھا آبادی میں ، ویرانوں میں

Mai(n) jisko dhoo(n)da karta tha aabaadee mein weeraano(n) mein

وہ شخص تو بیٹھا تھا چھپ کر ان سازِ نفس کے تاروں میں

Wo shakhs to baitha tha chupkar in saaz-e-nafas ke taaro(n) mein

باسی ہیں مگر ان میں اب بھی خوشبو ہے وفاؤں کی تازہ

Baasi hain magar inmey ab bhee khushboo hai wafaao(n) kee taaza

جو پھول سجا کر رکھے ہیں ماضی کے حسیں گلدانوں میں

Jo phool sajakar rakh-khey hain maazi ke hasee(n) guldaano(n) mein

اک صورت ہے جو آنکھوں میں ہر وقت مری لہراتی ہے

Ek soorat hai jo aa(n)kho(n) mein har waqt meri lahraatee hai

اک گیت سنائی دیتا ہے ہر وقت ہمارے کانوں میں

Ek geet sunaaee deyta hai har waqt hamaarey kaano(n) mein

وہ رنجِ مسافت کیا سمجھیں وہ دھوپ کی شدّت کیا جانیں

Wo ranj-e-masaafat kya samjhey(n) wo dhoop ki shiddat kya jaane(n)

جو لوگ کہ چھپ کر بیٹھے ہیں محلوں کی حسیں دیواروں میں

Jo log ke chupkar baithey hain mahlo(n) ki hasee(n) deewaaro(n) mein

میں گیت سناتا ہوں لوگو مفلس کی سسکتی آہوں کا
Mai(n) geet sunaata hoon logo muflis ki sisaktee aaho(n) ka
کچھ لوگ قصیدہ پڑھتے ہیں ہر روز بھرے درباروں میں
Kuch log qaseeda padhtey hain har roz bharey baazaaro(n) mein

معصوم بہت چہرہ ہے مگر انگور کی سیرت کیا کہیئے
Maasoom bahut chehra hai magar angoor ki seerat kya kahiyey
ہلچل سی مچا دیتی ہے جب ڈھل جاتی ہے پیمانوں میں
Halchal si macha deytee hai jab dhal jaatee hai paimaano(n) mein

احساس کے پیکر کو جب بھی الفاظ کا جامہ دیتے ہیں
Ehsaas ke paikar ko jab bhee alfaaz k(a) jaama deytey hain
اک رنگِ حقیقت آتا ہے اِس دل کے حسیں افسانوں میں
Ek rang-e-haqeeqat aata hai is dil ke hasee(n) afsaano(n) mein

یہ ہستی کا سرمایہ بھی انمول رتن جس کو کہیئے
Yeh hastee ka sarmaaya bhee anmol ratan jisko kahiyey
اے شوقؔ نہیں مل سکتا ہے دوکانوں میں ، بازاروں میں
Ayey Shauq nahee(n) mil sakta hai dookaano(n) mein baazaaro(n) mein

یہ کم نہیں ہے کہ مخلوق میں بشر ہوں میں

Ye kam nahee(n) hai ke makhlooq mein bashar hoon mai(n)

یہ سوچتا ہوں کہ کتنا نصیب ور ہوں میں

Ye sochata hoon ke ketna naseebwar hoon mai(n)

فلک پہ شوق مرا مجھ کو ڈھونڈتا ہوگا

Falak pe shauq mera mujh ko dhoondata hoga

اُسے یہ کون بتائے زمین پر ہوں میں

Usey ye kaun bataayey zameen par hoon mai(n)

مرے ہی واسطے نازل ہوئے کلامِ حق

Merey hi waaste naazil huyey kalaam-e-haq

نگاہِ قادرِ مطلق میں معتبر ہوں میں

Nigaah-e-qaadir-e-motlaq mein mo-tabar hoon mai(n)

ہے منزلوں کا پتہ اور نہ راستہ معلوم

Hai manzilo(n) k(a) pata aur n(a) raasata maaloom

مگر گمان ہے صدیوں سے راہ پر ہوں میں

Magar gumaan hai sadyoo(n) se raah par hoon mai(n)

مری خرد کو جہالت کا اعتراف نہیں

Meri kharad ko jehaalat ka aeytaraaf nahee(n)

خود اپنی ذات سے ہر چند بے خبر ہوں میں

Khud apni zaat se har chand beykhabar hoon mai(n)

فریب و وہم کے ہیں پھول نخلِ ہستی میں

Fareyb-o-wahm ke hain phool nakhl-e-hastee mein

ثمر بھی رکھ کے سمجھتا ہوں بے ثمر ہوں میں

Samar bhi rakh ke samajhta hoon bey-samar hoon mai(n)

اِسی نے شوق کو جینے کی آرزو بخشی

Isee ne Shauq ko jeeney ki aarazoo bakhshee

کسی کے واسطے اک جنّتِ نظر ہوں میں

Kisi ke waaste ek jannat-e-nazar hoon mai(n)

جام غم حیات پیئے جا رہا ہوں میں
Jaam-e-gham-e-hayaat piyey ja raha hoon mai(n)
خود کو بھلا بھلا کے جیئے جا رہا ہوں میں
Khud ko bhula bhula ke jiye ja raha hoon mai(n)

ہے موسمِ بہار سے ہر دم مقابلہ
Hai mausim-e-bahaar se har dam moqaabala
اپنی قبائے چاک سیئے جا رہا ہوں میں
Apnee qabaa-e-chaak siyey ja raha hoon mai(n)

گو درد بانٹنے کا زمانہ نہیں رہا
Go dard baa(n)taney k(a) zamaana nahee(n) raha
اپنا جو کام ہے وہ کیئے جا رہا ہوں میں
Apna jo kaam hai wo kiyey ja raha hoon mai(n)

دنیا نے جو بھی دی تھی وہ ہر چیز چھن گئی
Dunya ne jo bhi dee thi wo har cheez chin gayee
کیوں جبر اپنے دل پہ کیئے جا رہا ہوں میں
Kyo(n) jabr apne dil pe kiyey ja raha hoon mai(n)

اپنا ہے تُو یہ راز کہیں سب پہ کھُل نہ جائے
Apna hai too ye raaz kahee(n) sab pe khul n(a) jaaye
نام اجنبی کا تجھ کو دیئے جا رہا ہوں میں
Naam ajnabi k(a) tujh ko diyey ja raha hoon mai(n)

جب پوچھتے ہیں وجہِ ستم بولتے نہیں

Jab poochtey hain wajh-e-sitam bolatey nahee(n)

اب جایئے بھی ، آپ سے ہم بولتے نہیں

Ab jaayiye bhi aap se ham bolatey nahee(n)

شرطِ وفا ہے راہ میں ہم بولتے نہیں

Shart-e-wafa hai raah mein ham bolatey nahee(n)

کاندھے پہ رکھ کے بارِ الم بولتے نہیں

Kaa(n)dhey pe rakh ke baar-e-alam bolatey nahee(n)

سب کو گلہ ہے الجھی ہوئی زندگی کا آج

Sab ko gila hai uljhee huee zindagee k(a) aaj

سلجھیں یہ کیسے زیست کے خم بولتے نہیں

Suljhey(n) ye kaisey zeest ke kham bolatey nahee(n)

یہ جذبِ دل ہے اس کی نمائش بھی عیب ہے

Yeh jazb-e-dil hai iski nomaaish bhi aib hai

احسان کر کے اہلِ قلم بولتے نہیں

Ehsaan karke ahl-e-qalam bolatey nahee(n)

سودا نہ ہو تو سر کو بھی کہتے نہیں ہیں سر

Sauda n(a) ho to sar ko bhi kahtey nahee(n) hain sar

دل میں نہ ہو تو غم کو بھی غم بولتے نہیں

Dil mein n(a) ho to gham ko bhi gham bolatey nahee(n)

محسوس کر رہے ہیں وہ اردو زباں کا غم
Mahsoos kar rahey hain wo Urdu zabaa(n) k(a) gham
لیکن زباں سے اہل قلم بولتے نہیں
Leykin zabaa(n) se ahl-e-qalam bolatey nahee(n)

چلتے ہیں راہِ شوق میں وہم و گماں کے ساتھ
Chaltey hain raah-e-shauq mein wahm-o-gumaa(n) ke saath
'منزل کہاں ہے نقش قدم بولتے نہیں'
'Manzil kahaa(n) hai naqsh-e-qadam bolatey nahee(n)'

سب کہہ رہے ہیں قصّہٗ مقتول بار بار
Sab kah rahey hain qissa-e-maqtool baar baar
سر کون کر گیا ہے قلم بولتے نہیں
Sar kaun kar gaya hai qalam bolatey nahee(n)

کیا شہر میں ہوا ہے کہ دونوں خموش ہیں
Kya shahr mein hua hai ke dono(n) khamosh hain
ناقوسِ دیر، بابِ حرم بولتے نہیں
Naaqoos-e-dair, baab-e-haram bolatey nahee(n)

اک ہے کرشمہ صحبتِ شب کا کہیں تو کیا
Ek hai karishm(a) sohbat-e-shab ka kahey(n) to kya
ہم جاگتے ہیں دیدہٗ نم بولتے نہیں
Ham jaagatey hain deeda-e-nam bolatey nahee(n)

پتّھر تراش کر تو گڑھیں صورتیں بہت

Pat-thar taraash kar to gardhee(n) sooratey(n) bahut

گم سُم کھڑے ہوئے ہیں صنم بولتے نہیں

Gumsum khadey huyey hain sanam bolatey nahee(n)

بزمِ سخن کے زورِ تغزّل کو کیا ہوا

Bazm-e-sokhan ke zor-e-taghazzul ko kya hua

اشعار چپ ہیں اور قلم بولتے نہیں

Ash-aar chup hain aur qalam bolatey nahee(n)

اے شوقؔ اِن سے کچھ بھی خدا کے لئے نہ پوچھ

Ayey Shauq insey kuch bhi Khoda key liyey n(a) pooch

یہ رہروانِ ملکِ عدم بولتے نہیں

Ye rahrawaan-e-mulk-e-adam bolatey nahee(n)

نقشِ پا ان کا اگر رہبر نہ ہو

Naqsh-e-pa unka agar rahbar n(a) ho

شوق کی منزل کبھی بھی سر نہ ہو

Shauq kee manzil kabhee bhee sar n(a) ho

موسمِ خوشبو خزاں پر ورنہ ہو

Mausim-e-khushboo khazaa(n) par warn(a) ho

بسترِ گُل خار کا بستر نہ ہو

Bistar-e-gul khaar ka bistar n(a) ho

کہہ دو ان کے پتّھروں کے شہر میں

Kah do unkey pat-tharo(n) key shahr mein

کوئی داخل آئینہ لے کر نہ ہو

Koyee daakhil aa-ina leykar n(a) ho

بڑھ رہا ہے یادِ یاراں کا ہجوم

Bardh raha hai yaad-e-yaaraa(n) ka hojoom

دشمنوں کا یہ کوئی لشکر نہ ہو

Dushmano(n) ka yeh koi lashkar n(a) ho

گردشِ ارض و سما کا سلسلہ

Gardish-e-arz-o-sama ka silsila

میرے پس منظر کا ہی منظر نہ ہو

Meyrey pasmanzar k(a) hee manzar n(a) ho

رات دن سود و زیاں پر ہے نظر

Raat din sood-o-zeyaa(n) par hai nazar

زندگی بھی کوئی سوداگر نہ ہو

Zindagee bhee koyee saudaagar n(a) ho

میرا کاسہ بھرنے والے شاد رہ

Meyra kaasa bharne waaley shaad rah

دُکھ کا سایہ بھی ترے گھر پر نہ ہو

Dukh k(a) saaya bhee terey ghar par n(a) ho

ڈھونڈتا پھرتا ہوں وہ ملتا نہیں

Dhoondata phirta hoon wo milta nahee(n)

دیکھ لوں دل کے کہیں اندر نہ ہو

Deykh loo(n) dil key kahee(n) andar n(a) ho

بزمِ ثاقبؔ میں چلو دیکھیں ذرا

Bazm-e-Saaqib mein chalo deykhey(n) zara

شوقؔ کا پھیلا ہوا دفتر نہ ہو

Shauq ka phaila hua daftar n(a) ho

اتنا بھی اپنے آپ سے کوئی خفا نہ ہو

Itna bhi apne aap se koyee khafa n(a) ho

آنکھیں اٹھا کے اپنی طرف دیکھتا نہ ہو

Aankhey(n) utha ke apni taraf deykhata n(a) ho

بچھڑا ہوا ملا ہے وہ یارب جدا نہ ہو

Bichda hua mila hai wo yaarab juda n(a) ho

اس حادثے کے بعد کوئی حادثا نہ ہو

Is haadsey ke baad koi haadesa n(a) ho

دھڑکن یہ دل کی اس کی ہی آواز پا نہ ہو

Dhadkan ye dilki iski hi aawaaz pa n(a) ho

دل ڈھونڈتا ہے جس کو کہیں آ رہا نہ ہو

Dil dhoondata hai jisko kahee(n) aa raha n(a) ho

اس کو ملال کیا ہو عداوت کی دھوپ کا

Usko malaal kya ho adaawat ki dhoop ka

جس کو کسی کے پیار کا سایہ ملا نہ ہو

Jisko kisi ke pyaar ka saaya mila n(a) ho

انسانیت کا نقش مٹا دے نہ آدمی

Insaaniat k(a) naqsh mita dey n(a) aadamee

اس دورِ تجربہ میں نیا تجربا نہ ہو

Is daur-e-tajreba mein naya tajreba n(a) ho

کیا اس سے پوچھتے ہو وہ شہری کہاں کا ہے
Kya us sey poochtey ho wo shahree kahaa(n) k(a) hai
جس کا کہیں زمیں پہ کوئی جھونپڑا نہ ہو
Jiska kahee(n) zamee(n) pe koi jho(n)pada n(a) ho

کیا ہوگا بیچ کر وہاں آئینہ جس جگہ
Kya hoga beych kar wahaa(n) aa-een(a) jis jagah
ہر شخص خود پرست ہو خود آشنا نہ ہو
Har shakhs khud-parast ho khud-aashana n(a) ho

کشتی نکل تو آئی ہے طوفان سے مگر
Kashtee nikal to aayi hai toofaan sey magar
ساحل پہ کیا عجب ہے کہ موجِ بلا نہ ہو
Saahil pe kya ajab hai ke mauj-e-bala n(a) ho

اے شوقؔ اس مقام کو منزل سمجھ نہ لے
Ayey Shauq us moqaam ko manzil samajh n(a) ley
رستہ جہاں سے اور کوئی پھوٹتا نہ ہو
Rasta jahaa(n) se aur koi phootata n(a) ho

گر آدمی کو دردِ محبت عطا نہ ہو

Gar aadamee ko dard-e-mohabbat ata n(a) ho

اس محفلِ حیات میں کوئی مزا نہ ہو

Is mahfil-e-hayaat mein koyee maza n(a) ho

روکا اسی خیال نے مجھ کو گناہ سے

Roka isee khayaal ney mujh ko gunaah sey

چھپ کر مری نظر سے کوئی دیکھتا نہ ہو

Chup kar meree nazar se koi deykhata n(a) ho

میں قصہ ٔ حیات کا اک ایسا لفظ ہوں

Mai(n) qissa-e-hayaat ka ek aisa lafz hoon

جس کا کسی سے معنی و مطلب ادا نہ ہو

Jis ka kisee se maani-o-matlab ada n(a) ho

دیکھے گا کس طرح وہ زمانے کا آئینہ

Deykheyga kis tarah wo zamaaney k(a) aa-ina

خود کو ہی دیکھنے کا جسے حوصلا نہ ہو

Khud ko hi deykhney ka jisey hausala n(a) ho

لگتا ہے دور سے وہ وفادار تو بہت

Lagta hai door se wo wafaadaar to bahut

نزدیک جا کے اور کوئی تجربا نہ ہو

Nazdeek ja ke aur koi tajreba n(a) ho

اس عہدِ نو کی مجھ کو بُرائی نہیں پسند

Is ahd-e-nau ki mujh ko buraaee nahee(n) pasand

کل، سوچتا ہوں ، اس سے زیادہ بُرا نہ ہو

Kal, sochata hoo is se zeyaada bura n(a) ho

آدابِ شاعری پہ نظر ہر گھڑی ہے شوقؔ

Aadaab-e-shaaeri pe nazar har ghadee hai Shauq

لب سے وہی ادا ہو جو سچ کے سوا نہ ہو

Lab sey wohee ada ho jo sach key sewa n(a) ho

آتشِ ہجر بڑھی ہے مجھے جھلسانے کو
Aatish-e-hijr badhee hai mujhe jhulsaaney ko
تم چلے آؤ گھٹا بن کے برس جانے کو
Tum chaley aao ghata ban ke baras jaaney ko

پھر گئی آنکھ میں تصویرِ مآلِ ہستی
Phir gayee aa(n)kh mein tasweer-e-ma-aal-e-hastee
ہم نے دیکھا جو کسی پھول کے مُرجھانے کو
Ham ne deykha jo kisi phool ke murjhaaney ko

اے خدا ذوقِ عمل کا مجھے شانہ دے دے
Ayey Khoda zauq-e-amal ka mujhey shaana dey dey
اپنے الجھے ہوئے حالات کے سلجھانے کو
Apne uljhey huyey halaat ke suljhaaney ko

چور ہو جائے گا دریا تری موجوں کا غرور
Choor ho jaayeg(a) darya teri maujo(n) k(a) ghoroor
آج اُترا ہے سفینہ مرا ٹکرانے کو
Aaj utra hai safeena mer(a) takraaney ko

داد دے، ہم نے تمنا کا لہو دے دے کر
Daad dey, hamney tamanna k(a) lahoo dey dey kar
دے دیا رنگِ حقیقت ترے افسانے کو
Dey diya rang-e-haqeeqat tere afsaaney ko

وحشتیں شہر کی بڑھتی ہوئیں توبہ توبہ
Wahshatey(n) shahr ki badhtee hui(n) tauba tauba
زندگی ڈھونڈ رہی ہے کسی ویرانے کو
Zindagee dhoond rahee hai kisi weeraaney ko

غم میں غم بانٹنے والا نہ کوئی بھی آیا
Gham mein gham baa(n)tney wala n(a) koi bhee aaya
آپ بھی آئے تو آئے مجھے سمجھانے کو
Aap bhee aaye to aayey mujhe samjhaaney ko

دل کے شیشے کو نہیں جوڑنے والا کوئی
Dil ke sheeshey ko nahee(n) jodney waala koyee
شوقؔ تم لے کے کہاں جاؤگے جُڑوانے کو
Shauq tum ley ke kahaa(n) jaaoge judwaaney ko

بنایا اس نے محبت کا سانحا مجھ کو

Banaay(a) usne mohabbat k(a) saaneha mujh ko

دکھا کے اپنی حقیقت کا آئنا مجھ کو

Dekha ke apni haqeeqat k(a) aa~ina mujh ko

دیارِ سود و زیاں سے گزر رہی ہے حیات

Dayaar-e-sood-o-zeyaa(n) sey guzar rahi hai hayaat

حساب کون بتائے ذرا ذرا مجھ کو

Hesaab kaun bataayey zara zara mujh ko

تماشہ آئنہ خانے میں اور کیا ہوتا

Tamaash(a) aa~ina khaaney mein aur kya hota

مرا ہی روپ دکھاتا ہر آئنا مجھ کو

Mera hi roop dekhaata har aa~ina mujh ko

یہ کام سارے زمانے کے آئے تب جانوں

Ye kaam saare zamaaney ke aayey tab janoo(n)

خدا نے دل تو دیا ہے بہت بڑا مجھ کو

Khoda ne dil to diya hai bahut bada mujh ko

اگر یہ سچ ہے تو میرا ضمیر ہے جھوٹا

Agar ye sach hai to meyra zameer hai jhoota

کہا ہے میرے رفیقوں نے پارسا مجھ کو

Kaha hai meyre rafeeqo(n) ne paarsa mujh ko

ابھی بھی بابِ محبت میں طفلِ مکتب ہوں

Abhi bhi baab-e-mohabbat mein tifl-e-maktab hoon

پکڑ کے تو مری انگلی چلا پھرا مجھ کو

Pakad ke too meri u(n)glee chala phira mujh ko

کوئی تو معنی و مفہوم مجھ میں کر پیدا

Koi to maani-o-mafhoom mujh mein kar paida

نہ مثلِ حرفِ غلط دہر سے مٹا مجھ کو

N(a) misl-e-harf-e-ghalat dahr sey mita mujh ko

حیات پا کے سمجھتا تھا کائنات ملی

Hayaat pa ke samajhta th(a) kaayenaat milee

یہ اک فریب تھا سمجھا گئی قضا مجھ کو

Ye ek fareyb th(a) samjha gayee qaza mujh ko

کتابِ شوق ابھی تک کہاں پڑھی میں نے

Ketaab-e-Shauq abhee tak kahaa(n) padhee mainey

کہیں نہ اہلِ محبت پڑھا لکھا مجھ کو

Kahey(n) n(a) ahl-e-mohabbat padha likha mujh ko

ہو دردِ دل کہ دردِ جگر چشمِ تر نہ ہو
Ho dard-e-dil ke dard-e-jigar chashm-e-tar n(a) ho
''اے ضبط! گھر کی بات ہے باہر خبر نہ ہو''
Ayey zabt! Ghar ki baat hai baahar khabar n(a) ho

میری غزل کا دل پہ کسی کے اثر نہ ہو
Meyree ghazal k(a) dil pe kisee key asar n(a) ho
چہرہ جو اس حسین کا پیشِ نظر نہ ہو
Chehra jo us haseen k(a) peysh-e-nazar n(a) ho

دیکھے نظر سے اور کی، اپنی نظر نہ ہو
Deykhey nazar se aur ki, apnee nazar n(a) ho
انسان اس قدر بھی کوئی بے ہنر نہ ہو
Insaan is qadar bhi koi bey-hunar n(a) ho

مجھ کو سمجھ میں آ گیا مفہومِ جستجو
Mujh ko samajh mein aa gaya mafhoom-e-justajoo
یعنی کہ اختتامِ سفر عمر بھر نہ ہو
Yaani ke ekhtetaam-e-safar umr bhar n(a) ho

ناداں نہ ہم کہیں تو اسے اور کیا کہیں
Naadaa(n) n(a) ham kahey(n) to usey aur kya kahey(n)
دنیا کی ہو خبر جسے اپنی خبر نہ ہو
Dunya ki ho khabar jisey apnee khabar n(a) ho

کرنا ہے آدمی کو سفر آسمان کا

Karna hai aadamee ko safar aasmaan ka

پرواز کی ہے شرط مگر بال و پر نہ ہو

Parwaaz ki hai shart magar baal-o-par n(a) ho

کیسے کہیں حیات کی ہم رہ گزر اُسے

Kaisey kahey(n) hayaat ki ham rahguzar usey

مشکل نہ ہو، جو سخت نہ ہو، بے خطر نہ ہو

Mushkil n(a) ho, jo sakht n(a) ho, bey-khatar n(a) ho

ہے انقلابِ وقت کی زد میں رئیسِ شہر

Hai inqelaab-e-waqt ki zad mein rayees-e-shahr

وہ اپنے شہر میں ہی کہیں دربدر نہ ہو

Wo apne shahr mein hi kahee(n) dar b(a) dar n(a) ho

اے شوقؔ! تجھ کو آدمی بے شک کہیں گے لوگ

Ayey Shauq! Tujh ko aadamee bey-shak kahey(n)ge log

تجھ سے اگر کسی کو بھی خوف و خطر نہ ہو

Tujh sey agar kisi ko bhi khauf-o-khatar n(a) ho

درد و غم کا کوئی سچا پاسباں ہونے تو دو

Dard-o-gham ka koyi sach-cha paasbaa(n) honey to do

میرے اشکوں کو مرے دل کی زباں ہونے تو دو

Meyrey ashko(n) ko meri dil ki zabaa(n) honey to do

آئینہ اپنا بنالوں گا میں تم کو دیکھنا

Aa-ina apna banaloo(n)ga mai(n) tum ko deykhana

اپنے جلوؤں کے ذرا تم درمیاں ہونے تو دو

Apne jalwo(n) key zara tum darmeyaa(n) honey to do

منظرِ قحطِ محبت دیکھ لینا دوستو

Manzar-e-qaht-e-mohabbat deykh leyna dosato

شہر میں اپنے کوئی دل کی دُکاں ہونے تو دو

Shahr mein apney koee dil kee dokaa(n) honey to do

ختم ہو جائے گا خود ہی یہ فریبِ دوستی

Khatm ho jaayega khud hee yeh fareyb-e-dosatee

دوستوں کو اور بھی کچھ بدگماں ہونے تو دو

Doosto(n) ko aur bhee kuch badgumaa(n) honey to do

سہل ہو جائیں گے اک دن سب سوالوں کے جواب

Sahl ho jaaye(n)ge ek din sab sawaalo(n) key jawaab

اور بھی مشکل سے مشکل امتحاں ہونے تو دو

Aur bhee mushkil se mushkil imtehaa(n) honey to do

227

چین سے سونا ہے مجھ کو ایک چادر اوڑھ کر
Chain sey sona hai mujhko eyk chaadar odh kar
موت کو اس خستہ جاں پر مہرباں ہونے تو دو
Maut ko is khast(a) jaa(n) par mehrabaa(n) honey to do

سرنگوں ہوں گے فرشتے بھی بشر کے سامنے
Sar-nagoo(n) ho(n)gey farishtey bhee bashar key saamaney
اس کو انوارِ عمل کی کہکشاں ہونے تو دو
Isko anwaar-e-amal kee kahkashaa(n) honey to do

برق و طوفاں کا بنے گا ایک دن آماجگاہ
Barq-o-toofaa(n) ka baneyga eyk din aamaaj-gaah
اس چمن میں بلبلوں کا آشیاں ہونے تو دو
Is chaman mein bulbulo(n) ka aashiyaa(n) honey to do

گرمیٔ احساس پگھلا دے گی ہر فولاد کو
Garmi-e-ehsaas pighla deygi har faulaad ko
شوق کے دل میں ابھی ضبطِ فغاں ہونے تو دو
Shauq key dil mein abhee zabt-e-fogha(n) honey to do

درد بھی لازم ہے دل میں گر کسی سے پیار ہو
Dard bhee laazim hai dil mein gar kisi sey pyaar ho
گل وہی ہے باغ میں جو درمیانِ خار ہو
Gul wohi hai baagh mein jo darmeyaan-e-khaar ho

کشمکش سے کیوں نہ اپنی آرزو دو چار ہو
Kashmakash sey kyo(n) n(a) apnee aarazoo do chaar ho
بات جب دل کی کوئی ناقابلِ اظہار ہو
Baat jab dil kee koee naa-qaabil-e-ezhaar ho

کیا کریں ہم اپنی یادوں کو بتاؤ کچھ تمہیں
Kya karey(n) ham apni yaado(n) ko bataao kuch tumhey(n)
پیار کر کے بھول جاتے ہو بڑے ہشیار ہو
Pyaar kar key bhool jaatey ho badey hushyaar ho

حال اپنا راہِ غربت میں رہا کچھ اس طرح
Haal apna raah-e-ghurbat mein raha kuch is tarah
ہاتھ میں کاسہ لئے جیسے کوئی خوددار ہو
Haath mein kaasa liyey jaisey koee khuddaar ho

پتّہ پتّہ غمزدہ ہے رو رہا ہے باغباں
Patta patta ghamzada hai ro raha hai baaghabaa(n)
یہ بھی ممکن ہے کہ فصلِ گل کہیں بیمار ہو
Yeh bhi mumkin hai ke fasl-e-gul kahee(n) beemaar ho

آج یوں بدلا ہوا ہے نغمۂ رقصِ حیات

Aaj yoo(n) badla hua hai naghma-e-raqs-e-hayaat

جیسے اک ٹوٹی ہوئی پازیب کی جھنکار ہو

Jaisey ek tootee huyee paazeyb ki jhankaar ho

کہہ دیا اہلِ سخن نے بزم میں یہ شوقؔ سے

Kah diya ahl-e-sokhan ney bazm mein yeh Shauq sey

صاحبِ کردار ہو جو غازئ گفتار ہو

Saaheb-e-kirdaar ho jo ghaazi-e-gufaar ho

کر دیا جب داغدار آئینۂ کردار کو

Kar diya jab daaghdaa(r) aa-eena-e-kirdaar ko

ڈھونڈتی پھرتی ہے کیا اب زندگی معیار کو

Dhoondatee phirtee hai kya ab zindagee mey-aar ko

جو بخوبی جانتا ہے کھیل کی رفتار کو

Jo bakhoobee jaanata hai kheyl kee raftaar ko

جیت میں بھی وہ بدل سکتا ہے اپنی ہار کو

Jeet mein bhee wo badal sakta hai apnee haar ko

ہے یہ کیسا امتحاں اے ناخدا! گرداب میں

Hai ye kaisa imtehaa(n) ayey naakhoda! Girdaab mein

میرے ہاتھوں میں ہی تونے دے دیا پتوار کو

Meyrey haatho(n) mein hi tooney dey diya patwaar ko

میرے دل کا حال سُن کر ہو گئے بیمار وہ

Meyrey dil ka haal sun kar ho gayey beemaar wo

کیا تسلی دے گا اک بیمار اب بیمار کو

Kya tasalli deyga ek beemaar ab beemaar ko

ہے عبث اُن کو ہماری خامشی سے اب گلہ

Hai abas unko hamaaree kham(o)shee sey ab gela

کب ضرورت ہے زباں کی پیار کے اظہار کو

Kab zaroorat hai zabaa(n) kee pyaar key ezhaar ko

231

دیکھنا چاہو اگر تم میری تصویرِ شباب
Deykhana chaho agar tum meyri tasweer-e-shabaab
دیکھ لو ٹوٹی حویلی کے در و دیوار کو
Deykh lo tooti haweylee key dar-o-deewaar ko

آ گئی ہے مصلحت کی زد میں جب سچّی خبر
Aa gayee hai maslehat ki zad mein jab sach-chee khabar
کیا کریں گے دیکھ کر ہم آج کے اخبار کو
Kya karey(n)gey deykh kar ham aaj key akhbaar ko

کھیلتے تھے کل جہاں مل جُل کے اُس آنگن میں آج
Kheyltey they kal jahaa(n) mil jul ke us aa(n)gan mein aaj
دیکھتے ہم رہ گئے اُٹھتی ہوئی دیوار کو
Deykhatey ham rah gayey uthtee huyee deewaar ko

شوقؔ کے دل میں نہیں تعمیر کا کوئی بھی شوق
Shauq ke dil mein nahee(n) taameer ka koyee bhi shauq
ایک دن تو چھوڑ جانا ہے اُسے گھر بار کو
Eyk din to chod jaana hai usey ghar baar ko

انجمن میں سُن تو لیتے ہیں غزل سب کی مگر
Anjuman mein sun to leytey hain ghazal sab kee magar
گنگناتے رہتے ہیں وہ شوقؔ کے اشعار کو
Gungunaatey rahte hain wo Shauq key ash-aar ko

دل کا ہر راز زمانے کو بتایا نہ کرو

Dil k(a) har raaz zamaaney ko bataaya n(a) karo

سب کی آواز سے آواز ملایا نہ کرو

Sab ki aawaaz se aawaaz milaaya n(a) karo

انگلیوں میں کبھی خود زخم لگایا نہ کرو

U(n)glio(n) mein kabhi khud zakhm lagaya n(a) karo

ریت پر لکھ کے مرا نام مٹایا نہ کرو

Reyt par likh ke mera naam mitaaya n(a) karo

جس کا تہذیبِ سخن سے کوئی رشتہ ہی نہیں

Jis k(a) tahzeeb-e-sokhan sey koi rishta hi nahee(n)

اس سے سب بات کہو شعر سنایا نہ کرو

Us se sab baat kaho sheyr sunaaya n(a) karo

کس کے سینے میں محبت کا ہے جذبہ دیکھو

Kis ke seeney mein mohabbat k(a) hai jazba deykho

گرمجوشی میں فقط ہاتھ ملایا نہ کرو

Garm-joshee mein faqat haath milaaya n(a) karo

میرے کانوں میں ہے محفوظ کسی کی آواز

Meyrey kaano(n) mein hai mahfooz kisee kee aawaaz

دوسرا نغمہ کوئی مجھ کو سنایا نہ کرو

Doosara naghm(a) koi mujhko sunaaya n(a) karo

روتے روتے نہ کہیں عمر ہی ساری گزرے

Rote rotey n(a) kahee(n) umr hi saaree guzrey

خواب دکھلا کے کوئی مجھ کو ہنسایا نہ کرو

Khwaab dekhla ke koi mujhko ha(n)saaya n(a) karo

میں تو آئینہ تمہارا ہوں حیا ہے کیسی

Mai(n) to aa-eena tumhaara hoon haya hai kaisee

مجھ سے تم چہرۂ انور کو چھپایا نہ کرو

Mujhse tum chehra-e-anwar ko chupaaya n(a) karo

زخم دے جائیں نہ تازہ تمہیں ماضی کے گلاب

Zakhm dey jaayey(n) n(a) taaza tumhey(n) maazee ke gulaab

خلوتِ ذہن میں یادوں کو بُلایا نہ کرو

Khilwat-e-zehn mein yaado(n) ko bolaaya n(a) karo

اپنے سائے سے لرز جاؤ گے یہ یاد رہے

Apney saayey se laraz jaaoge yeh yaad rahey

آئینے کو کبھی تم آنکھ دکھایا نہ کرو

Aa-iney ko kabhi tum aa(n)kh dekhaaya n(a) karo

ہے اندھیروں کے پجاری کی بھی یہ راہگذر

Hai a(n)dheyro(n) ke pujaaree ki bhi yeh raah guzar

اب سرِ راہ کوئی شمع جلایا نہ کرو

Ab sar-e-raah koi sham(a) jalaaya n(a) karo

خامشی غم کو بڑھاتی ہے گھٹاتی تو نہیں

Khaam(o)shi gham ko badhaatee hai ghataatee to nahee(n)

شوق سے بات کوئی دل کی چھپایا نہ کرو

Shauq sey baat koi dil ki chupaaya n(a) karo

غم کی شدّت میں یہ دل اُبل جائے تو

Gham ki shiddat mein yeh dil ubal jaaye to

کیا کرو گے جو آنسو نکل جائے تو

Kya karogey jo aa(n)soo nikal jaaye to

موم ہے یہ حرارت سے گل جائے تو

Mom hai yeh hararat se gal jaaye to

اُن کی قربت سے دل ہی پگھل جائے تو

Unki qurbat se dil hi pighal jaaye to

بچ گیا ہے کوئی ڈوبتے ڈوبتے

Bach gaya hai koi doobatey doobatey

پاؤں ساحل پہ آکر پھسل جائے تو

Paao(n) saahil pe aakar phisal jaaye to

جان کر وہ مجھے زخم دیتے نہیں

Jaan kar wo mujhey zakhm deytey nahee(n)

بے ارادہ مگر تیر چل جائے تو

Bey-eraada magar teer chal jaaye to

خواب تیرا اگرچہ حقیقت نہیں

Khwaab teyra agarcha haqeeqat nahee(n)

میری آنکھوں میں لیکن یہ پل جائے تو

Meyri aa(n)kho mein lekin ye pal jaaye to

ہے بیاباں اگر سرحدِ آرزو

Hai bayaabaa(n) agar sarhad-e-aarazoo

کیا کروں دل اسی میں بہل جائے تو

Kya karoo(n) dil isee mein bahal jaaye to

ایک سِکّے کی صورت ہے مٹھی میں وہ

Eyk sikkey ki soorat hai mut-thee mein wo

میری قسمت سے وہ بھی پھسل جائے تو

Meyri qismat se woh bhee phisal jaaye to

مت دِکھا اِس کو سُندر کھلونا کوئی

Mat dekha isko sundar khelauna koi

طفلِ دل ہی تو ہے یہ مچل جائے تو

Tifl-e-dil hee to hai yeh machal jaaye to

گھر کو مانا بچا لو گے ہر آگ سے

Ghar ko maana bachaloge har aag sey

خود یہ اپنے چراغوں سے جل جائے تو

Khud ye apney charaagho(n) se jal jaaye to

رحمتِ حق ہے بندے کی خود منتظر

Rahmat-e-haq hai bandey ki khud muntazir

لے کے محشر میں حُسنِ عمل جائے تو

Leykey mahshar mein husn-e-amal jaaye to

ایسے منصوبے کا شوق کیا فائدہ

Aisey mansoobe ka Shauq kya faaeda

وقت ہی ہاتھ سے گر نکل جائے تو

Waqt hee haath sey gar nikal jaaye to

دل کے دروازے پہ کیسی ہے صدا دیکھو تو

Dil ke darwaaze pe kaisee hai sada deykho to

جانے والا تو نہیں لوٹ گیا دیکھو تو

Jaane waala to nahee(n) laut gaya deykho to

کیا گزرتی ہے رقیبوں پہ ذرا دیکھو تو

Kya guzartee hai raqeebo(n) pe zara deykho to

بزم میں اپنی کبھی مجھ کو بُلا دیکھو تو

Bazm mein apni kabhee mujhko bula deykho to

بدگمانی تمہیں لینے تو نہیں دے گی مگر

Badgumaanee tumhe(n) leyney to nahee(n) deygi magar

اک نظر تحفۂ اخلاص مرا دیکھو تو

Ek nazar tohfa-e-ekhlaas mera deykho to

آرزوئیں نہ مجھے چین سے رہنے دیں گی

Aarazooey(n) n(a) mujhey chain se rahney dey(n)gee

بھیس بدلے ہوئے آتی ہیں سدا دیکھو تو

Bheys badley huyey aatee hain sada deykho to

وقت راہی بھی ہے، رہبر بھی ہے اور رہزن بھی

Waqt raahee bhi hai, rahar bhi hai aur rahzan bhee

چھین کر تجھ سے لئے جاتا ہے کیا دیکھو تو

Cheen kar tujh se liyey jaata hai kya deykho to

غیر تو غیر ہیں اپنے بھی نہیں ہیں اپنے
Ghair to ghair hain apney bhi nahee(n) hain apney
کتنا جینے کا ہے انداز نیا دیکھو تو
Ketna jeeney k(a) hai andaaz naya deykho to

بچ کے جاؤ گے کہاں ان کی نظر سے اے شوقؔ
Bach ke jaaoge kahaa(n) unki nazar sey ayey Shauq
امتحاں لے لو کبھی خود کو چھپا دیکھو تو
Imtehaa(n) ley lo kabhee khud ko chupa deykho to

ذہنِ شاعر کو ہر اک لمحہ ہے فکرِ رنگ و بو
Zehn-e-shaayar ko har ek lamha hai fikr-e-rang-o-boo
زندگی اُس کی ہے گویا جستجو ہی جستجو
Zindagee uskee hai goya justajoo hee justajoo

عافیت میں سُرخ ہو کر بھی نہیں یہ سرخ رو
Aafiat mein surkh hokar bhee nahee(n) yeh surkh roo
دار پر چڑھتا ہے تب جا کر نکھرتا ہے لہو
Daar par chadhta hai tab jaakar nikharta hai lahoo

میں جو کچھ پوچھوں تو ہو جاتا ہے کوئی ترش رو
Mai(n) jo kuch poochoo(n) to ho jaata hai koee tursh-roo
اور کرتا ہے عدو سے بے محابا گفتگو
Aur karta hai adoo sey bey-mohaaba guftagoo

میں ہوں یا میرا رقیبِ روسیہ تیرا عدو
Mai(n) hoon ya meyra raqeeb-e-roosiyah teyra adoo
یہ بھی کُھل جائے گا ہو جائے جو منھ پر گفتگو
Yeh bhi khul jaayeyga ho jaayey jo mu(n)h par guftagoo

ہیں جہاں کے آئینہ خانے میں تصویریں ہزار
Hain jahaa(n) key aa-ina khaaney mein tasweerey(n) hazaar
کوئی صورت بھی نہیں گویا ہے اس کے ہو بہو
Koyi soorat bhee nahee(n) goya hai uskey hoo bahoo

جانے کیوں رکھی ہیں یہ دیر و حرم کی بندشیں
Jaaney kyo(n) rakhkhee hain yeh dair-o-haram kee bandishey(n)
جب وہی جلوہ نما ہے اس جہاں میں چار سو
Jab wohi jalwa numa hai is jahaa(n) mein chaar soo

ان کی نظریں میرے دل سے آج یوں ٹکرا گئیں
Unki nazrey(n) meyrey dil sey aaj yoo(n) takra gayee(n)
جس طرح ملتا ہے میخانے میں ساغر سے سبُو
Jis tarah milta hai maikhaaney mein saaghar sey soboo

چاک دامانی میں ہی دیوانگی کا حُسن ہے
Chaak daamaani mein hi deewaanagee ka husn hai
پیرہن گل کا کبھی ہوتے نہیں دیکھا رفو
Pairahan gul ka kabhee hotey nahee(n) deykha rafoo

خود مچلتے دل کو سمجھا لے تو اچھا ہے یہی
Khud machaltey dil ko samjha ley to achcha hai yehee
کیوں کسی کی انجمن میں شوقؔ ہو بے آبرو
Kyo(n) kisee kee anjuman mein Shauq ho bey-aabaroo

رنگینیٔ حیات ملی مفلسی کے ساتھ

Rangeeni-e-hayaat mili muflisee ke saath

کھاتے رہے فریبِ خوشی سادگی کے ساتھ

Khaatey rahey fareyb-e-khushee saadagee se ham

گم ہو گیا وجود مرا گمرہی کے ساتھ

Gum ho gaya wojood mera gumrahee ke saath

رہتا ہے کون پھر یہ مری زندگی کے ساتھ

Rahta hai kaun phir ye meri zindagi ke saath

اس زندگی نے رسمِ شناسائی چھوڑ کر

Is zindagee ne rasm-e-shanaasaai chod kar

جینا سکھا دیا ہے مجھے اجنبی کے ساتھ

Jeena sikha diya hai mujhey ajnabee ke saath

میں خود غرض نہیں کہ اُنہیں بے وفا کہوں

Mai(n) khud gharaz nahee(n) ke unhey(n) bey-wafa kahoo(n)

مجبوریاں بھی ہوتی ہیں کچھ آدمی کے ساتھ

Majboriyaa(n) bhi hoti hain kuch aadamee ke saath

اب آ گئی ہے راس ضرورت کی چھیڑ چھاڑ

Ab aa gayee hai raas zaroorat ki cheyd chaad

اچھی گزر رہی ہے مری مفلسی کے ساتھ

Achchee guzar rahee hai meri muflisee ke saath

ان کو کسی کا رنگِ تصنع نہیں پسند

Unko kisi ka rang-e-tasanno nahee(n) pasand

ملنا ہے اُن سے مجھ کو بڑی سادگی کے ساتھ

Milna hai unse mujhko badee saadagee ke saath

بھونرے! ابھی تو دور ہے موسم شباب کا

Bhao(n)rey! Abhi to door hai mausim shabaab ka

اچھی نہیں ہے چھیڑ چمن میں کلی کے ساتھ

Achchee nahee(n) hai cheyd chaman mein kalee ke saath

شاید کسی سے دل کے لگانے کا ہو اثر

Shaayad kisi se dil ke lagaaney k(a) ho asar

مصروفِ زندگی ہوں مگر بے دلی کے ساتھ

Masroof-e-zindagee hoon magar beydilee ke saath

دنیا سے شوقؔ نے تو سلیقے سے بات کی

Dunya se Shauq ney to saleeqey se baat kee

انصاف کر سکا نہ مگر شاعری کے ساتھ

Insaaf kar saka n(a) magar shaaeree ke saath

242

یہ ادائے دلنوازی ، یہ خلوصِ والہانہ

Ye adaa-e-dilnawaazee, ye kholoos-e-waalehaana

کہیں بن نہ جائے اک دن مری موت کا بہانہ

Kahi(n) ban n(a) jaaye ek din meri maut ka bahaana

لئے ہے لطیف نغمے مرا سازِ شاعرانہ

Liye hai lateef naghmey mer(a) saaz-e-shaayeraana

کبھی ہے غمِ محبت کبھی ہے غمِ زمانہ

Kabhi hai gham-e-mohabbat kabhi hai gham-e-zamaana

ہے بساط اپنی اپنی ، ہے نصیب اپنا اپنا

Hai besaat apni apnee, hai naseeb apn(a) apnaa

ملی اُن کو دل رُبائی مجھے چشمِ عارفانہ

Mili unko dil-rubaayee mujhe chashm-e-aarefaana

ہے جہانِ آب و گِل میں مرا شہر دل انوکھا

Hai jahaan-e-aab-o-gil mein mera shahr-e-dil anokha

یہاں ہر الم حقیقت ، یہاں ہر خوشی فسانہ

Yahaa(n) hai alam haqeeqat, yahaa(n) har khushee fasaana

ہے چمن تو میرا لیکن مجھے راس کب یہ آیا

Hai chaman to meyr(a) leykin mujhe raas kab ye aaya

مرے واسطے یہاں ہے نہ قفس نہ آشیانہ

Mere waastey yahaa(n) hai n(a) qafas n(a) aashiyaana

نہیں ہے چمن سے کمتر یہ ہمارے دل کی وادی
Nahi(n) hai chaman se kamtar ye hamaare dil ki waadee

یہی خوشبوؤں کا مسکن ، یہی رنگ کا خزانہ
Yehi khushbuo(n) k(a) maskan, yehi rang ka khazaana

جو بچا رہے تھے دامن وہی ڈھونڈتے ہیں مجھ کو
Jo bacha rahey the daaman wohi dhoondatey hain mujhko

کبھی اُن کا تھا زمانہ ، کبھی میرا ہے زمانہ
Kabhi unk(a) tha zamaana, kabhi meyr(a) hai zamaana

تری بے نیازیوں سے کوئی کیا کرے توقّع
Teri bey-neyaazio(n) sey koi kya karey tawaqqo

نہ کرم کی رسم کوئی نہ طریقِ دوستانہ
N(a) karam ki rasm koee n(a) tareeq-e-dosataana

ہے ملن کی رُت یہ لیکن نہیں ہے فضا موافق
Hai milan ki rut ye leykin nahi(n) hai faza mowaafiq

ابھی آیئے نہ دل میں مرا دل ہے بے ٹھکانا
Abhi aaiyey n(a) dil mein mera dil hai bey-thekaana

تری چاہتوں کے صدقے میں بھلا رہا ہوں خود کو
Teri chaahato(n) ke sadqey mai(n) bhula raha hoon khud ko

ہے فریبِ زندگی کا کوئی یہ بھی کیا بہانہ
Hai fareyb-e-zindagee ka koi yeh bhi kya bahaana

مرے پیکرِ غزل میں بھلا اور کیا ملے گا
Mere paikar-e-ghazal mein bhal(a) aur kya mileyga

وہی حُسن کی کہانی وہی شوقؔ کا فسانہ
Wohi husn kee kahaanee wohi Shauq ka fasaana

اگر آمدِ شامِ غربت نہ ہوتی

Agar aamad-e-shaam-e-ghurbat n(a) hotee

مری زندگی کی روایت نہ ہوتی

Meree zindagee kee rawaayat n(a) hotee

یہ ارماں نہ ہوتا، یہ حسرت نہ ہوتی

Ye armaa(n) n(a) hota, ye hasrat n(a) hotee

تو یہ زندگی خوبصورت نہ ہوتی

To yeh zindagee khoobasoorat n(a) hotee

اگر خود فریبی کی عادت نہ ہوتی

Agar khud-fareybee ki aadat n(a) hotee

جُدا مجھ سے اپنی ہی عظمت نہ ہوتی

Juda mujhse apnee hi azmat n(a) hotee

مرے دردِ دل میں جو لذّت نہ ہوتی

Merey dard-e-dil mein jo lazzat n(a) hotee

مجھے مسکرانے کی عادت نہ ہوتی

Mujhey muskuraaney ki aadat n(a) hotee

قسم ہے تمہیں ہم نہ مجبور کرتے

Qasam hai tumhey(n) ham n(a) majboor kartey

وفا ہی جو شرطِ محبّت نہ ہوتی

Wafa hee jo shart-e-mohabbat n(a) hotee

محبت نہ ہوتی تو کچھ بھی نہ ہوتا

Mohabbat n(a) hotee to kuch bhee n(a) hota

یہ شکوے نہ ہوتے شکایت نہ ہوتی

Ye shikwey n(a) hotey shikaayat n(a) hotee

یہ دل مسکنِ آرزو گر نہ ہوتا

Ye dil maskan-e-aarazoo gar n(a) hota

تمہاری بھی مجھ کو ضرورت نہ ہوتی

Tumhaaree bhi mujh ko zaroorat n(a) hotee

اگر چشمِ تر ساتھ دیتی جو دل کا

Agar chashm-e-tar saath deytee jo dil ka

عیاں سب پہ دل کی حقیقت نہ ہوتی

Ayaa(n) sab pe dil kee haqeeqat n(a) hotee

جو تم ساتھ ہوتے تو دشوار مجھ پر

Jo tum saath hotey to dushwaar mujh par

رہِ شوق کی یہ مسافت نہ ہوتی

Rah-e-Shauq kee yeh masaafat n(a) hotee

✦

اجازت ہے بیانِ مدّعا کی
Ejaazat hai bayaan-e-mudda-a kee
پرکھ شاید ہے یہ میری انا کی
Parakh shaayad hai yeh meyree ana kee

نہ راس آئے گا اس کے ساتھ چلنا
N(a) raas aayeyg(a) uskey saath chalna
بدلتی رہتی ہیں سمتیں ہوا کی
Badaltee rahti hain simtey(n) hawa kee

چھپائے رکھئے اپنی بے قصوری
Chupaayey rakhiye apnee bey-qosooree
نکل آئے نہ گنجائش سزا کی
Nikal aayey n(a) gunjaaesh saza kee

جو ہونا ہے وہی ہو کر رہے گا
Jo hona hai wohee hokar raheyga
نہ جانے پھر بھی ہم نے کیوں دعا کی
N(a) jaaney phir bhi hamney kyo(n) doa kee

یہاں رسمیں ہیں سب کی اپنی اپنی
Yahaa(n) rasmey(n) hain sabkee apni apnee
نمائش کی ، کہیں شرم و حیا کی
Nomaaesh kee, kahee(n) sharm-o-haya kee

وہی ثابت ہوا وجہِ تنزّل

Wohee saabit hua wajh-e-tanazzul

بہت تھی آرزو جس ارتقا کی

Bahut thee aarazoo jis irteqa kee

خودی کو وہ سمجھ پایا نہ اب تک

Khudee ko wo samajh paaya n(a) ab tak

حقیقت کیا وہ سمجھے گا خدا کی

Haqeeqat kya wo samjheyga Khoda kee

مرے خوں ہی سے رنگیں ہے ہتھیلی

Merey khoo(n) hee se rangee(n) hai hathailee

ضرورت کیا اسے رنگِ حنا کی

Zaroorat kya usey rang-e-hena kee

کسی نے دردِ دل اے شوقؔ دے کر

Kisee ney dard-e-dil ayey Shauq dey kar

بہارِ زندگی مجھ کو عطا کی

Bahaar-e-zindagee mujhko ata kee

اتری کبھی بدن سے نہ میلی قبا ہوئی

Utree kabhee badan se n(a) mailee qaba huyee

پوشاک بھی گُلوں کو انوکھی عطا ہوئی

Poshaak bhee gulo(n) ko anokhee ata huyee

یہ اور بات ہے کہ یہی بارہا ہوئی

Yeh aur baat hai ke yahee baaraha huyee

ہر ابتدائے غم کی مگر انتہا ہوئی

Har ibtedaa-e-gham ki magar inteha huyee

بیدار جب کبھی بھی ہماری انا ہوئی

Beydaar jab kahbee bhi hamaaree ana huyee

خود منزلِ حیات کی یہ رہنما ہوئی

Khud manzil-e-hayaat ki yeh rahnuma huyee

آئی تھیں گردشیں تو ہماری تلاش میں

Aayee thi(n) gardishey(n) to hamaaree talaash mein

لیکن یہ کائنات اسیرِ بلا ہوئی

Leykin ye kaaenaat aseer-e-bala huyee

کتنے اسیر رونے لگے اپنے حال پر

Ketney aseer rone lagey apne haal par

قیدِ قفس سے جب کوئی بلبل رہا ہوئی

Qaid-e-qafas se jab koi bulbul reha huyee

249

دیتی فریب مجھ کو بھی رنگینیٔ حیات

Deytee fareyb mujhko bhi rangeeni-e-hayaat

اچھا ہوا کہ راہ میں حائل انا ہوئی

Achcha hua ke raah mein haael ana huyee

مشکل یہی ہوئی کہ نمائش کے دور میں

Mushkil yahee huyee ke nomaaesh ke daur mein

میری نگاہ آئینۂ حق نما ہوئی

Meyree nigaah aaina-e-haq-numaa huyee

ٹپکے جہاں جہاں پہ شہیدِ وفا کے خون

Tapkey jahaa(n) jahaa(n) pe shaheed-e-wafa ke khoon

پیدا وہیں وہیں سے تو بوئے وفا ہوئی

Paida wohee(n) wohee(n) se to boo-e-wafa huyee

دیکھا جو چشمِ شوق نے حسرت سے موت کو

Deykha jo chashm-e-Shauq ne hasrat se maut ko

اُس دم سے ہی حیات ہماری خفا ہوئی

Us dam se hee hayaat hamaaree khafa huyee

ایسا نہیں کہ آج شرافت نہیں رہی

Aisa nahee(n) ke aaj sharaafat nahee(n) rahee

کہیئے کہ دورِ نو کو ضرورت نہیں رہی

Kahiyey ke daur-e-nau ko zaroorat nahee(n) rahee

بچوں میں والدین کی سیرت نہیں رہی

Bachcho(n) mein waaledain ki seerat nahee(n) rahee

شاید کہ یاد اُن کی نصیحت نہیں رہی

Shaayad ke yaad unki naseehat nahee(n) rahee

شہر وفا میں اب بھی فسانے ہیں بے شمار

Shahr-e-wafa mein ab bhi fasaaney hain bey-shomaar

لیکن کہیں بھی اس میں حقیقت نہیں رہی

Leykin kahee(n) bhi us mein haqeeqat nahee(n) rahee

پھیلا رہے ہیں ہاتھ بخیلوں کے سامنے

Phaila raha hai haath bakheelo(n) ke saamaney

اس دور کے گداؤں میں غیرت نہیں رہی

Is daur key gadaao(n) mein ghairat nahee(n) rahee

کیوں پوچھتے ہو مجھ سے ملاقات کا سبب

Kyo(n) poochatey ho mujhse mulaaqaat ka sabab

دنیا کو کیا خلوص سے نسبت نہیں رہی

Dunya ko kya kholoos se nisbat nahee(n) rahee

لوگوں سے ملنے جلنے کا سانچہ بدل گیا

Logo(n) se milne julne k(a) saa(n)cha badal gaya

اب تو پڑوسیوں سے بھی قربت نہیں رہی

Ab to padosio(n) mein bhi qurbat nahee(n) rahee

یہ دیکھ کر مریدوں کا حلقہ سمٹ گیا

Yeh deykh kar mureedo(n) k(a) halqa simat gaya

ملّا کے پاس کوئی کرامت نہیں رہی

Mulla ke paas koyi karaamat nahee(n) rahee

منصف کی ہی پناہ میں مجرم ہے ان دنوں

Munsif ki hee panaah mein mujrim hai in dino(n)

انصاف کے لئے یہ عدالت نہیں رہی

Insaaf key liyey ye adaalat nahee(n) rahee

سب کچھ بہا کے وقت کا سیلاب لے گیا

Sab kuch baha ke waqt k(a) sailaab ley gaya

کیا جھونپڑی کہ پختہ عمارت نہیں رہی

Kya jho(n)padi ke pokht(a) emaarat nahee(n) rahee

اے شوقؔ بن گیا ہوں میں اپنا حریف خود

Ayey Shauq ban gaya hu(n) mai(n) apna hareef khud

اب تو بچاؤ کی کوئی صورت نہیں رہی

Ab to bachaao kee koi soorat nahee(n) rahee

وہ راہ جس میں چہرے پہ گردِ سفر نہ تھی

Wo raah jisme chehre pe gard-e-safar n(a) thee

اوروں کی رہگذر تھی مری رہگذر نہ تھی

Auro(n) ki rahguzar thi meri rahguzar n(a) thee

تھا جس جگہ اٹل مری قسمت کا فیصلہ

Tha jis jagah atal meri qismat ka faisala

تدبیر اپنی کوئی کبھی کارگر نہ تھی

Tadbeer apni koyee kabhee kaaragar n(a) thee

شکوہ نہ راہزن کا ، نہ رستے کا ہے گلہ

Shikwa n(a) raahzan k(a), n(a) rastey k(a) hai gila

خود اپنی زندگی ہی مری راہ پر نہ تھی

Khud apni zindagee hi meree raah par n(a) thee

دریا عبور کرتے تو دیکھے گئے بہت

Darya oboor karte to deykhey gayey bahut

اُس پار کیا ہوا یہ کسی کو خبر نہ تھی

Us paar kya hua ye kisee ko khabar n(a) thee

میرے لئے عذاب تھیں ایسی مسافتیں

Meyrey liyey azaab thi(n) aisee masaafatey(n)

اپنی خودی ہی جس میں شریکِ سفر نہ تھی

Apnee khudee hi jisme shareek-e-safar n(a) thee

253

کیا جانے آج وقت کے مقتل میں کیا ہوا

Kya jaane aaj waqt ke maqtal mein kya hua

کل تک تو آستینِ وفا خوں میں تر نہ تھی

Kal tak to aasteen-e-wafa khoo(n) mein tar n(a) thee

سب کی نگاہ حسنِ عمارت پہ تھی جمی

Sab kee nigaah husn-e-emaarat pe thee jamee

لیکن کوئی حقیقتِ بنیاد پر نہ تھی

Leykin koi haqeeqat-e-bunyaad par n(a) thee

جب تک رگوں میں اِس کی نہ اترا تھا میرا خون

Jab tak rago(n) mein iski n(a) utra th(a) meyr(a) khoon

رنگین فکر و فن کی ادا اس قدر نہ تھی

Ra(n)geen fikr-o-fan ki ada is qadar n(a) thee

سننے کو سن رہے تھے غزل وہ بھی شوق سے

Sun ney ko sun rahey the ghazal wo bhi Shauq sey

حالت مگر جو دل کی اِدھر تھی ، اُدھر نہ تھی

Haalat magar jo dil ki idhar thee udhar n(a) thee

فن سے ہی پہچان ہوتی ہے کسی فن کار کی

Fan se hee pahchaan hotee hai kisee fankaar kee

آرسی ہر شخص ہے خود اپنے ہی کردار کی

Aarsee har shakhs hai khud apne hee kirdaar kee

میں سمجھتا ہوں سیاست شوخیٔ گفتار کی

Mai(n) samajhta hoon seyaasat shokhi-e-guftaar kee

پھول ہے کہنے کو لیکن دھار ہے تلوار کی

Phool hai kahney ko leykin dhaar hai talwaar kee

ہو رہی تھی بات محفل میں کسی خوددار کی

Ho rahee thee baat mahfil mein kisee khuddaar kee

داستاں یاد آ گئی کیسے صلیب و دار کی

Daastaa(n) yaad aa gayee kaise saleeb-o-daar kee

فکر جس پر تھی مسلّط اپنے ہی گھر بار کی

Fikr jis par thee mosallat apne hee ghar baar kee

ہم سفر بن کر سناتا تھا کہانی پیار کی

Ham safar ban kar sunaata tha kahaanee pyaar kee

ایک قطرہ بھی نہ دریا کا گوارا کر سکی

Eyk qatra bhee n(a) darya ka gawaara kar sakee

کس قدر صبر آزما تھی تشنگی خوددار کی

Kis qadar sabr-aazma thee tishnagee khuddaar kee

مے سے نفرت ہے نہ میکش کے گناہوں کا خیال

Mai se nafrat hai n(a) maikash key gunaaho(n) ka khayaal

شیخ جی کو فکر ہے بس جبہّ و دستار کی

Sheykh jee ko fikr hai bas jubba-o-dastaar kee

قتل کی سازش میں وہ اہلِ قلم بھی تھے شریک

Qatl kee saazish mein wo ahl-e-qalam bhee they shareek

خون سے لکھنی تھی جن کو سرخیاں اخبار کی

Khoon sey likhnee thi jinko surkhiyaa(n) akhbaar kee

خنجر و زنجیر کی آواز پر رقصاں رہی

Khanjar-o-zanjeer kee aawaaz par raqsaa(n) rahee

آبرو رکھ لی غزل نے وقت کی رفتار کی

Aabaroo rakh lee ghazal ney waqt kee raftaar kee

جسم کی دُکھتی رگوں کا بھی تو کچھ چرچا کرو

Jism kee dukhtee rago(n) ka bhee to kuch charcha karo

داستاں کب تک سناؤ گے لب و رخسار کی

Daastaa(n) kab tak sunaaogey lab-o-rukhsaar kee

کیوں نہ ہم اپنے ہی ساحل کو بنالیں گلستاں

Kyo(n) n(a) ham apney hi saahil ko bana ley(n) gulsitaa(n)

فائدہ کیا ہم کو رنگینی سے دریا پار کی

Faaeda kya ham ko ra(n)geeni se darya paar kee

سب یہی کہتے ہوئے اُٹھے ہماری بزم سے

Sab yahi kahtey huyey ut-they hamaaree bazm sey

سادگی لگتی ہے اچھی شوقؔ کے اشعار کی

Saadagee lagtee hai achchee Shauq key ash-aar kee

سناؤ داستاں کوئی صداقت کی، شجاعت کی
Sunaao daastaa(n) koyee sadaaqat kee, shujaa-at kee
شہادت چاہئے پھر سے زمانے کو شہادتؑ کی
Shahaadat chaahiyey phir sey zamaaney ko shahaadat kee

تمہاری شاعری کو کیوں سند حاصل ہو شہرت کی
Tumhaaree shaaeri ko kyo(n) sanad haasil ho shohrat kee
حقیقت کا نہ افسانہ، کہانی ہے نہ الفت کی
Haqeeqat ka n(a) afsaana, kahaanee hai n(a) ulfat kee

جہانِ غمکدہ میں وجہ کیا ہوتی مسافت کی
Jahaan-e-ghamkada mein wajh(a) kya hotee masaafat kee
نہ پوچھ اے زندگی! اک داستاں ہے اپنی چاہت کی
N(a) pooch ayey zindagee! Ek daastaa(n) hai apni chaahat kee

سجا رکھّی ہے خود میں نے دُکاں اپنی مصیبت کی
Saja rakh-khee hai khud mainey dokaa(n) apnee moseebat kee
بھلا اس زندگی سے کس لئے اتنی محبت کی
Bhala is zindagee sey kis liyey itnee mohabbat kee

جنونِ عشق کا ہوں آئینہ گویا زمانے میں
Jonoon-e-ishq ka hoon aa-ina goya zamaaney mein
وہ جس نے غور سے دیکھا اسی نے مجھ پہ حیرت کی
Wo jisne ghaur sey deykha usee ney mujh pe hairat kee

نقابِ رخ الٹ اے زندگی ، جلوہ دکھا اپنا
Neqaab-e-rukh ulat ayey zindagee, jalwa dekha apna
تری خاطر ہی طے کی ہے یہ میں نے راہ غربت کی
Teree khaatir hi taey kee hai ye maine raah ghurbat kee

وہی ہیں پاسبانِ عظمتِ انسان دنیا میں
Wohee hain paasbaan-e-azmat-e-insaan dunya mein
جو گڑھتے ہیں ہتھیلی پر لکیریں اپنی قسمت کی
Jo gardhtey hain hathailee par lakeerey(n) apne qismat kee

کبھی چھیڑا تھا اس نے سازِ دل میرا اشارے سے
Kabhee cheyrdha th(a) usney saaz-e-dil meyra eshaarey sey
زباں سے عمر بھر میں نے وضاحت پر وضاحت کی
Zabaa(n) sey umr bhar mainey wazaahat par wazaahat kee

نظر کا زاویہ بدلا تو دل کی بھی ادا بدلی
Nazar ka zaawiya badla to dil kee bhee ada badlee
گھڑی کوئی نہیں ورنہ ہے دنیا میں مسرّت کی
Ghadee koyee nahee(n) warna hai dunya mein masarrat kee

جنازہ حسرتوں کا اب لئے پھرتا ہوں آوارہ
Janaaza hasrato(n) ka ab liyey phirta hoon aawaara
تھی میں نے کیا سنی ، کیا داستاں دیکھی محبت کی
Thi mainey kya sunee, kya daastaa(n) deykhee mohabbat kee

دیا تو نے جو غم مجھ کو چھپا رکّھا ہے سینے میں

Diya tooney jo gham mujh ko chupa rakh-kha hai seeney mein

امانت میں تری اے دوست! کب میں نے خیانت کی

Amaanat mein teri aye dost! Kab mainey kheyaanat kee

ہو تیرے دردِ دل کا اعتبار اے شوقؔ کیوں اُن کو

Ho teyrey dard-e-dil ka aitbaa(r) ayey Shauq kyo(n) unko

وہ واقف ہیں اداکاری سے ہر رسمِ محبت کی

Wo waaqif hain adaakaaree se har rasm-e-mohabbat kee

کہنے کو تو زلفوں کی مجھ پر بھی گھٹا چھائی
Kahney ko to zulfo(n) kee mujh par bhi ghata chayee
سیراب نہ ہو پائی لیکن مری تنہائی
Sairaab n(a) ho paayee leykin meri tanhaayee

یادوں کے ورق اُڑ کر آئے مرے پہلو میں
Yaado(n) ke waraq ud kar aayey mere pahloo mein
فرقت میں یہاں کس کے دامن کی ہوا آئی
Furqat mein yahaa(n) kis key daaman ki hawa aayee

وہ بات محبت کی افسوس ادھوری ہے
Wo baat mohabbat kee afsos adhooree hai
پابندِ وفا ہو کر لب تک جو نہ آ پائی
Paaband-e-wafa ho kar lab tak jo n(a) aa paayee

یہ پہلے پہل ان سے نظروں کا تصادم ہے
Yeh pahle pahal unsey nazro(n) k(a) tasaadum hai
لگتی ہے مگر ہم کو صدیوں کی شناسائی
Lagtee hai magar ham ko sadyo(n) ki shanaasaayee

فن کار غزل میری اب شوق سے سنتے ہیں
Fankaar ghazal meyree ab Shauq se suntey hain
کیا جانے تمسخر ہے یا حوصلہ افزائی
Kya jaane tamaskhur hai ya hausal(a) afzaayee

ہر موج سے دریا میں کشتی مری ٹکرائی

Har mauj se darya mein kashtee meri takraayee

ساحل پہ پہنچنے کی تب راہ نکل آئی

Saahil pe pahu(n)chney kee tab raah nikal aayee

ہر حال میں ہوتی ہے اپنی مری رسوائی

Har haal mein hotee hai apnee meri ruswaayee

کیا نام بتاؤں میں قاتل ہے مرا بھائی

Kya naam bataaoo(n) mai(n) qaatil hai mera bhaayee

کیا خوب ہی منظر تھا لٹنے کا مرے گھر کے

Kya khoob hi manzar tha lutney k(a) merey ghar key

احباب کا مجمع بھی تھا در پہ تماشائی

Ahbaab k(a) majma bhee tha dar pe tamaashaayee

کس طرح چھپائیں ہم اب دردِ نہاں اپنا

Kis tarh(a) chupaaey(n) ham ab dard-e-nehaa(n) apna

برسات کا موسم ہے چلنے لگی پُروائی

Barsaat k(a) mausim hai chalney lagi purwaayee

کرنا نہ بھروسا تم آنکھوں پہ کبھی اپنی

Karna n(a) bharosa tum aa(n)kho(n) pe kabhee apney

ظاہر میں جو پربت ہے باطن میں وہی رائی

Zaahir mein jo parbat hai baatin mein wohee raayee

باطل کہاں باطل ہے وہ حق کے مشابہ ہے

Baatil kaha(n) baatil hai who haq ke moshaabeh hai

کیسے کوئی پہچانے اس دور میں سچائی

Kaisey koi pahchaaney is daur mein sach-chaayee

ہم تجربہ کرتے کیا ہستی کے سمندر میں

Ham tajr(a)b(a) kartey kya hastee ke samundar mein

ناپی نہ گئی ہم سے اک قطرے کی گہرائی

Naapee n(a) gayee ham sey ek qatr(e) ki gahraayee

اے زیست! یہ انساں بھی لگتا ہے فرشتہ سا

Ayey zeest! Ye insaa(n) bhee lagta hai farishta sa

ہو جاتی ہے تجھ سے جب تھوڑی سی شناسائی

Ho jaati hai tujh sey jab thodee si shanaasaayee

اپنے کو بھلانے کا فن شوقؔ نے سکھلایا

Apney ko bhulaaney ka fan Shauq ne sikhlaaya

دیکھی نہ گئی مجھ سے جب اپنی ہی تنہائی

Deykhee n(a) gayee mujh sey jab apni hi tanhayee

ظاہر کسی پہ تلخ حقیقت نہ ہو سکی

Zaahir kisee pe talkh haqeeqat n(a) ho sakee

اس زندگی کی مجھ سے شکایت نہ ہو سکی

Is zindagee ki mujh se shikaayat n(a) ho sakee

فکر و نظر تمام ادھوری ہی رہ گئیں

Fikr-o-nazar tamaam adhooree hi rah gayee(n)

تیرے بغیر شرحِ محبت نہ ہو سکی

Teyrey baghair sharh-e-mohabbat n(a) ho sakee

مانا ترے بغیر ہی گمنام میں رہا

Maana terey baghair hi gumnaam mai(n) raha

میرے بغیر بھی تری شہرت نہ ہو سکی

Meyrey bagair bhee teri shohrat n(a) ho sakee

ٹھکرا دیا جب اس نے ہی جس کے لئے جیے

Thokra diya jab usne hi jis key liyey jiyey

پھر اور ہم کو جینے کی حسرت نہ ہو سکی

Phir aur hamko jeene ki hasrat n(a) ho sakee

راہِ فرارِ زیست سے واقف تھے ہم مگر

Raah-e-faraar-e-zeest se waaqif the ham magar

اپنی نظر سے گرنے کی جرأت نہ ہو سکی

Apnee nazar se girne ki jur-at n(a) ho sakee

چہرہ تو دیکھتے رہے آئینے میں مگر
Chehra to deykhatey rahe aa-eene mein magar
ملنے کی اپنے آپ سے صورت نہ ہو سکی
Milney ki apne aap se soorat n(a) ho sakee

گھبرا کے زندگی نے پکارا تھا موت کو
Ghabra ke zindagee ne pukaara tha maut ko
پھر کیا ہوا کسی سے وضاحت نہ ہو سکی
Phir kya hua kisi se wazaahat n(a) ho sakee

ہاتھوں کی ہر لکیر مٹائی گئی مگر
Haatho(n) ki har lakeer mitaayee gayee magar
تدبیر پھر بھی فاتحِ قسمت نہ ہو سکی
Tadbeer phir bhi faateh-e-qismat n(a) ho sakee

ایک اک بیان شوقؔ سے حاکم نے سن لیا
Eyk ek bayaan Shauq se haakim ne sun liya
انصاف کی مگر اسے ہمت نہ ہو سکی
Insaaf kee magar use himmat n(a) ho sakee

مری جیسی زمانے میں بہت کم ہی نظر ہو گی
Meree jaisee zamaaney mein bahut kam hee nazar hogee
جو اہلِ دل میں ، چشمِ ناز میں بھی معتبر ہو گی
Jo ahl-e-dil mein, chasm-e-naaz mein bhee motabar hogee

بلا سے یہ بہت دشوار ہو گی ، پُر خطر ہو گی
Bala sey yeh bahut dushwaar hogee, purkhatar hogee
گذر جاؤں گا ہنس ہنس کر جو تیری رہگذر ہو گی
Guzar jaaoo(n)ga ha(n)s ha(n)s kar jo teyree rahguzar hogee

نہ یہ سمجھو بدلتی رُت کی سازش کارگر ہو گی
N(a) yeh samjho badaltee rut ki saazish kaaragar hogee
مری آنکھوں سے ہوتی ہے جو بارش عمر بھر ہو گی
Meree aa(n)kho(n) se hotee hai jo baarish umr bhar hogee

ترے جلووں کی عظمت کے لئے یہ غم بھی سہہ لیں گے
Tere jalwo ki azmat key liyey yeh gham bhi sah ley(n)ge
بلا سے دید کی منزل میں توہینِ نظر ہو گی
Bala sey deed kee manzil mein tauheen-e-nazar hogee

زمانہ بن گیا کیسے اچانک مہرباں اپنا
Zamaana ban gaya kaisey achaanak mehrabaa(n) apna
کوئی تازہ مصیبت پھر یقیناً میرے سر ہو گی
Koi taaza moseebat phir yaqeenan meyre sar hogee

جہانِ ہجر میں عالم ہے ایسی کسمپرسی کا
Jahaan-e-hijr mein aalam hai aisee kasmapursee ka
یہاں امّید کی کوشش نہ کوئی کارگر ہوگی
Yahaa(n) ummeed kee koshish n(a) koyee kaaragar hogee

اسی تاریکیٔ شب میں چلو کوئی کرن ڈھونڈیں
Isee taareeki-e-shab mein chalo koyee kiran dhoondey(n)
خدا جانے چھٹے گا کب اندھیرا ، کب سحر ہوگی
Khoda jaaney chateyga kab andheyra, kab sahar hogee

غنیمت جان زنجیر انا میں قید ہے ہستی
Ghaneemat jaan zanjeer-e-ana mein qaid hai hastee
اگر آزاد ہو جائے تو ناحق دربدر ہوگی
Agar aazaad ho jaayey to naahaq dar-ba-dar hogee

سمجھ لیتی ہے مرکز رحم کا اونچی حویلی کو
Samajh leytee hai markaz rahm ka oo(n)chee haweylee ko
نظر نادار کی ، نا آشنائے اہلِ زر ہوگی
Nazar naadaar kee, naa-aashanaa-e-ahl-e-zar hogee

کھلائے گا زمانہ اس پہ صبح و شام گُل بوٹے
Khilaayey ga zamaana is pe subh-o-shaam gul bootey
خبر کیا تھی رِدائے وقت میرے خوں سے تر ہوگی
Khabar kya thee redaa-e-waqt meyrey khoo(n) se tar hogee

خموشی پر اُتر آئے ہیں ہم تو شوقؔ محفل میں
Khamoshee par utar aayey hain ham to Shauq mahfil mein
ہماری داستاں اب اور کتنی مختصر ہوگی
Hamaaree daastaa(n) ab aur ketnee mokhtasar hogee

نئے زمانے کی گھر گھر میں روشنی ہوگی

Nayey zamaane ki ghar ghar mein raushanee hogee

حیات خوف سے لیکن کراہتی ہوگی

Hayaat khauf se leykin karaahatee hogee

صدائے درد جہاں سے یہ آ رہی ہوگی

Sadaa-e-dard jahaa(n) sey ye aa rahee hogee

وہیں کہیں پہ ہماری بھی زندگی ہوگی

Wahee(n) kahee(n) pe hamaaree bhi zindagee hogee

مرے حبیب کے ہونٹوں پہ جب ہنسی ہوگی

Mere habeeb ke ho(n)to(n) pe jab ha(n)see hogee

مری حیات کا حاصل وہی گھڑی ہوگی

Meri hayaat k(a) haasil wohee ghadee hogee

جو زندگی کی طرح دل میں قیمتی ہوگی

Jo zindagee ki tarah dil mein qeematee hogee

یقین جانئے تصویر آپ کی ہوگی

Yaqeen jaaniye tasweer aapkee hogee

مری نظر سے جو پہنچی ہے ان کے دامن تک

Meri nazar se jo pahu(n)chee hai unke daaman tak

ضرور دیدۂ پُر شوق کی نمی ہوگی

Zaroor deeda-e-pur shauq kee namee hogee

سہا ہے ان کا تغافل یہ سوچ کر میں نے

Saha hai unk(a) taghaaful ye soch kar mainey

رہِ وفا میں یہ منزل حیات کی ہو گی

Rah-e-wafa mein ye manzil hayaat kee hogee

زمانہ ڈھونڈ رہا ہے وفا کو صدیوں سے

Zamaan(a) dhoond raha hai wafa ko sadiyo(n) sey

کسی کتاب میں شاید کہیں چھپی ہو گی

Kisi ketaab mein shaaed kahee(n) chupee hogee

جواہرات سمجھ کر نہ تم اٹھا لینا

Jawaahraat samajh kar n(a) tum utha leyna

پڑی ہوئی کہیں رستے میں کنکری ہو گی

Padee huyee kahi(n) rastey mein ka(n)karee hogee

نباہ خار سے کرنے کو باغِ دنیا میں

Nibaah khaar se karney ko baagh-e-dunya mein

بڑے ہی کام کی اپنی یہ خامشی ہو گی

Badey hi kaam ki apnee ye khaam(o)shee hogee

فلک پہ آگ، زمیں پر لہو، خلاء میں دھواں

Falak pe aag, zamee(n) par lahoo, khala mein dhuaa(n)

ترقی یافتہ دنیا عذاب کی ہو گی

Tarqqi-yaaft(a) dunya azaab kee hogee

ہے انجمن کے لئے لازمی کوئی جذبہ

Hai anjuman ke liyey laazmee koyee jazba

نہ ہو گا شوقؔ تو کس طرح شاعری ہو گی

N(a) hoga Shauq to kis tarh(a) shaaeree hogee

روتے گزر گئی کبھی ہنستے گزر گئی

Rotey guzar gayee kabhi ha(n)stey guzar gayee

کیا خوب زندگی مجھے مصروف کر گئی

Kya khoob zindagee mujhey masroof kar gayee

کیا بارِ زندگی سے جوانی بھی ڈر گئی

Kya baar-e-zindagee se jawaanee bhi dar gayee

آتے ہی دفعتاً وہ نہ جانے کدھر گئی

Aatey hi daf-atan wo n(a) jaaney kidhar gayee

اُڑ اُڑ کے سامنے سے جو گردِ سفر گئی

Ud ud ke saamney se jo gard-e-safar gayee

شرحِ حیات ، چپکے سے ، کر کے گزر گئی

Sharh-e-hayaat, chupke se, kar key guzar gayee

میرے لہو سے بزم میں جلتے رہے چراغ

Meyrey lahoo se bazm mein jaltey rahey charaagh

کیا کہیئے روشنی مگر اوروں کے گھر گئی

Kya kahye raushanee magar auro(n) ke ghar gayee

تاریکیوں سے زیست تھی مانوس اس قدر

Taareekiyo(n) se zeest thi maanoos is qadar

آیا کبھی جو لمحۂ روشن تو ڈر گئی

Aaya kabhee jo lamha-e-raushan to dar gayee

سب ہیں اسیرِ وہم جہانِ سراب میں

Sab hain aseer-e-wahm jahaan-e-saraab mein

اتنا ہی دیکھا جس کی جہاں تک نظر گئی

Otna hi deykh(a) jis ki jahaa(n) tak nazar gayee

ہر لحظہ اب تلاش ہے شہرِ حیات میں

Har lahz(a) ab talaash hai shahr-e-hayaat mein

آئی کدھر سے روح نہ جانے کدھر گئی

Aayee kidhar se rooh n(a) jaaney kidhar gayee

دنیا بگاڑتی بھی ہمارا تو اور کیا

Dunya bigaadtee bhi hamaara to aur kya

اک خاک کی قبا تھی اسے چاک کر گئی

Ek khaak kee qaba thi usey chaak kar gayee

جس کے ورق ورق پہ نشاں تھے لگے ہوئے

Jis key waraq waraq pe nishaa(n) they lagey huyey

اپنی وہی کتابِ محبّت بکھر گئی

Apnee wohee ketaab-e-mohabbat bikhar gayee

بزمِ سخن میں دیکھ کے رنگِ جدیدیّت

Bazm-e-sokhan mein deykh ke rang-e-jadeediat

اہلِ ہنر کے ساتھ ہی قدرِ ہنر گئی

Ahl-e-hunar ke saath hi qadr-e-hunar gayee

جس میں کہا تھا شوقؔ سے کچھ دل کا ماجرا

Jis mein kaha th(a) Shauq se kuch dil ka maajra

اپنی وہی غزل مجھے بدنام کر گئی

Apnee wohee ghazal mujhey badnaam kar gayee

دہکے ہوئے شعلوں کو ہَوا دیتی ہے تنہائی
Dahkey huyey sholo(n) ko hawa deyti hai tanhaayee
شاید کہ محبت کی سزا دیتی ہے تنہائی
Shaayad ke mohabbat ki saza deyti hai tanhaayee

سوئے ہوئے جذبوں کو جگا دیتی ہے تنہائی
Soyey huyey jazbo(n) ko jaga deyti hai tanhaayee
دردِ غم فرقت کو بڑھا دیتی ہے تنہائی
Dard-e-gham-e-furqat ko badha deyti hai tanhaayee

فُرقت کو بھی قُربت کی فضا دیتی ہے تنہائی
Furqat ko bhi qurbat ki faza deyti hai tanhaayee
یوں بزمِ تصوّر کو سَجا دیتی ہے تنہائی
Yoo(n) bazm-e-tasawwur ko saja deyti hai tanhaayee

یہ کس کو بتاؤں میں کیا دیتی ہے تنہائی
Yeh kis ko bataaoo(n) mai(n) kya deyti hai tanhaayee
مرتا ہوں تو جینے کی دعا دیتی ہے تنہائی
Marta hu(n) to jeeney ki doa deyti hai tanhaayee

اک ماں کی طرح مجھ سے جتاتی ہے محبت بھی
Ek maa(n) ki tarah mujh se jataatee hai mohabbat bhee
پھر لوریاں دے دے کے سُلا دیتی ہے تنہائی
Phir loriyaa(n) dey dey ke sola deyti hai tanhaayee

اک چاند بھی اُگتا ہے مرے شہرِ تصوّر میں

Ek chaand bhi ugta hai mere shahr-e-tasawwur mein

خلوت کو یہ اَنمول دیا دیتی ہے تنہائی

Khilwat ko ye anmol diya deyti hai tanhaayee

بھرتے ہوئے زخموں میں چبھوتی ہے یہ نشتر بھی

Bhartey huye zakhmo(n) mein chubhotee hai ye nishtar bhee

روتا ہوں تو مرہم بھی لگا دیتی ہے تنہائی

Rota hu(n) to marham bhi laga deyti hai tanhaayee

ہے دیر فقط اُس کے آغوش میں جانے کی

Hai deyr faqat uskey aaghosh mein jaaney kee

ہر خوف زمانے کا مٹا دیتی ہے تنہائی

Har khauf zamaaney k(a) mita deyti hai tanhaayee

شاید یہ محبت کا ہے شوقؔ اثر مجھ پر

Shaayad ye mohabbat ka hai Shauq asar mujh par

ویرانے میں گلشن کا مزا دیتی ہے تنہائی

Weerane mein gulshan k(a) maza deyti hai tanhaayee

هر دم ہے بھیڑ گھر پہ مرے غمگسار کی

Har dam hai bheed ghar pe merey ghamgusaar kee

رحمت ہے مجھ پہ یہ مرے پرور دگار کی

Rahmat hai mujh pe yeh merey parwardigaar kee

تاریخِ ظلم آج ایلورا کے غار کی

Taareekh-e-zulm aaj Elora ke ghaar kee

تفریح گاہ بن گئی سرمایہ دار کی

Tafreeh gaah ban gayi sarmaay(a) daar kee

کیا بات ان کے حُسنِ تغافل شعار کی

Kya baat unke husn-e-taghaaful shoaar kee

نازِ چمن ہیں ، روح ہیں، فصلِ بہار کی

Naaz-e-chaman hain, rooh hain, fasl-e-bahaar kee

تکمیلِ آرزو پہ تو قابو نہیں کوئی

Takmeel-e-aarazoo pe to qaaboo nahee(n) koyee

حسرت ہی ایک شئے ہے مرے اختیار کی

Hasrat hi eyk shai hai merey ekhteyaar kee

بجھنے لگے چراغِ سحر، صبح ہے قریب

Bujhney lagey charaagh-e-sahar, subh hai qareeb

شب انتظار میں ہی کٹی انتظار کی

Shab intezaar mein hi katee intezaar kee

سڑکوں پہ آج کل جو ہے نفرت تو کیا ہوا

Sadko(n) pe aajkal jo hai nafrat to kya hua

گلیوں میں آج بھی ہے وہی رسم پیار کی

Galio(n) mein aaj bhee hai wohee rasm pyaar kee

اب بھی تو حوصلوں کی مرے داد دے کوئی

Ab bhee to hausalo(n) ki merey daad dey koyee

بانہوں میں رہ کے خوش ہوں غمِ روز گار کی

Baa(n)ho(n) mein rah ke khush hoon gham-e-rozgaar kee

ہر گز کرو نہ شکوۂ وقتِ رواں اے شوقؔ

Hargiz karo n(a) shikwa-e-waqt-e-rawaa(n) aye Shauq

کیا ڈھونڈتے ہو راہ تم اپنے فرار کی؟

Kya dhoondatey ho raah tum apney faraar kee?

دیکھتا ہوں میں شکلِ یار ابھی
Deykhata hoon mai(n) shakl-e-yaar abhee

اپنی آنکھوں میں ہے بہار ابھی
Apni aa(n)kho(n) mein hai bahaar abhee

دل سے بارِ خودی اتار ابھی
Dil se baar-e-khudee utaar abhee

اپنا تن من کسی پہ وار ابھی
Apna tan man kisee pe waar abhee

ان کی یادوں پہ دل دھڑکتا ہے
Unki yaado(n) pe dil dhadakta hai

میرا زندوں میں ہے شمار ابھی
Meyra zindo(n) mein hai shomaar abhee

صبر سے کام لے غمِ ہستی
Sabr sey kaam ley gham-e-hastee

غم زدہ خود ہے غمگسار ابھی
Gham-zad(a) khud hai ghamgusaar abhee

حادثوں میں وجود ہے اپنا
Haadeso(n) mein wojood hai apna

مجھ کو بننا ہے اشتہار ابھی
Mujh ko ban-na hai ishtehaar abhee

275

اب تو وہ بھی درخت کٹتے ہیں

Ab to woh bhee darakht kat-tey hain

جن کو ہونا تھا سایہ دار ابھی

Jinko hona tha saay(a) daar abhee

مہر ہے ظلمتوں کے نرغے میں

Mehr hai zulmato(n) ke narghey mein

دور ہے صبح زر نگار ابھی

Door hai subh(e) zar-negaar abhee

تو ابھی داغِ آرزو مت دیکھ

Too abhee daagh-e-aarazoo mat deykh

اِن کو ہونا ہے لالہ زار ابھی

Inko hona hai laal(a) zaar abhee

بلبلِ خوشنوا سے خالی ہے

Bulbul-e-khushnawa se khaalee hai

شوق کے دل کا مرغزار ابھی

Shauq key dil k(a) murgh-zaar abhee

✦

دلِ حزیں نہ تسلی کو تو پکار ابھی

Dil-e-hazee(n) n(a) tasallee ko too pukaar abhee

خود اپنے غم میں ہی الجھا ہے غمگسار ابھی

Khud apne gham mein hi uljha hai gham-gusaar abhee

کلی امید کی کوئی، نہ آرزو کے گلاب

Kalee omeed ki koyee, n(a) aarazoo ke gulaab

حیات اپنی ہے مانندِ ریگ زار ابھی

Hayaat apni hai maanind-e-reygzaar abhee

قدم قدم پہ کچھ ایسے فریب کھائے ہیں

Qadam qadam pe kuch aisey fareyb khaayey hain

کہ رہنما پہ بھی مشکل ہے اعتبار ابھی

Ke rahnuma pe bhi mushkil hai aitabaar abhee

چمن پرستوں پہ پہرے ہیں، لگ رہا ہے یہی

Chaman parsto(n) pe pahrey hain, lag raha hai yahee

کہ ناشناسِ حفاظت ہے پہریدار ابھی

Ke naashanaas-e-hefaazat hai pahredaar abhee

نظر کسی کی، کسی وقت، چھین سکتی ہے

Nazar kisee ki, kisee waqt, cheen saktee hai

یہ کم نہیں ہے کہ دل پر ہے اختیار ابھی

Ye kam nahee(n) hai ke dil par hai ekhteyaar abhee

قضا کے بعد ہی عزّت نصیب ہو شاید

Qaza ke baad hi izzat naseeb ho shaayad

نہیں ہے اہلِ سخن میں مرا شمار ابھی

Nahee(n) hai ahl-e-sokhan mein mera shomaar abhee

ابھی تو شوق کا قطرہ ہوں مجھ کو بہنے دے

Abhee to Shauq k(a) qatra hu(n) mujhko bahney dey

ندی سمجھ کے سمندر نہ تو پکار ابھی

Nadee samajh ke samundar n(a) too pukaar abhee

تیری روداد کردوں رقم زندگی

Teyree roodaad kar doo(n) raqam zindagee

مجھ کو حاصل کہاں وہ قلم زندگی

Mujhko haasil kahaa(n) wo qalam zindagee

تجھ سے کیا کہہ گئی چشمِ نم زندگی

Tujhse kya kah gayee chashm-e-nam zindagee

بڑھ گیا اور بھی تیرا غم زندگی

Bardh gaya aur bhee teyra gham zindagee

میرے ہر حال میں تو مرے ساتھ ہے

Meyre har haal mein too merey saath hai

یہ بھی احساں نہیں تیرا کم زندگی

Yeh bhi ehsaa(n) nahee(n) teyr(a) kam zindagee

میں تو پیتا رہا دیکھ پایا نہ میں

Mai(n) to peeta raha deykh paaya nahee(n)

تو نے امرت پلایا کہ سَم زندگی

Tooney amrit pilaaya ke sam zindagee

راہ میں کھائیوں کے سوا کچھ نہیں

Raah mein khaa-io(n) key sewa kuch nahee(n)

دیکھ پھسلیں نہ تیرے قدم زندگی

Deykh phisley(n) n(a) teyrey qadam zindagee

در بہ در یوں ہی بھٹکے گی کب تک بتا

Dar-ba-dar yoo(n) hi bhatkey gi kab tak bata

لے کے کاندھوں پہ بارِ الم زندگی

Ley ke kaa(n)dho(n) pe baar-e-alam zindagee

میری فریاد ہے کر دے یارب عطا

Meyri faryaad hai kar de yaarab ata

معتبر زندگی محترم زندگی

Motabar zindagee mohataram zindagee

آخرت کے لئے نیک اعمال کو

Aakherat key liyey neyk aamaal ko

چار دن کی نہیں کوئی کم زندگی

Chaar din kee nahee(n) koyee kam zindagee

شوقؔ ہرگز کرے گا نہ رسوا تجھے

Shauq hargiz karey ga n(a) ruswa tujhey

بات ایماں کی ہے لے قسم زندگی

Baat eemaa(n) ki hai ley qasam zindagee

باتکچھ بھی نہ تھی کچھ مگر ہو گئی

Baat kuch bhee n(a) thee kuch magar ho gayee

مل گئی جب نظر آنکھ تر ہو گئی

Mil gayee jab nazar aa(n)kh tar ho gayee

عہدِ نو میں فسانے پنپتے رہے

Ahd-e-nau mein fasaaney panaptey rahey

جو حقیقت تھی وہ مختصر ہو گئی

Jo haqeeqat thi wo mokhtasar ho gayee

حق بیانی نے دشوار جینا کیا

Haq beyaanee ne dushwaar jeena kiya

زندگی مفت میں دردِ سر ہو گئی

Zindagee muft mein dard-e-sar ho gayee

مجھ کو تنہا رہِ شوق میں دیکھ کر

Mujh ko tanha rah-e-shauq mein deykh kar

ہر مصیبت مری ہم سفر ہو گئی

Har moseebat meree ham safar ho gayee

کس گھڑی ، کس جگہ ، کیا پتہ مات ہو

Kis ghadee, kis jagah, kya pata maat ho

زندگی اپنی جب بازیگر ہو گئی

Zindagee apni jab baazigar ho gayee

281

رات بھر تیرگی جو مٹاتے رہے
Raat bhar teeragee jo mitaatey rahey
ان کو بجھنا پڑا جب سحر ہو گئی
Unko bujhna pada jab sahar ho gayee

آج ہر گھر میں رونے کی آواز ہے
Aaj har ghar mein roney ki aawaaz hai
مفت بدنام یہ چشمِ تر ہو گئی
Muft badnaam yeh chashm-e-tar ho gayee

وصل کی شب کٹی کیسے مت پوچھئے
Wasl kee shab kati kaise mat poochiyey
دیکھتے دیکھتے ہی سحر ہو گئی
Deykhatey deykhatey hee sahar ho gayee

اب دہن کھُل گیا مِٹ گئی ہر جھجھک
Ab dahan khul gaya mit gayee har jhijhak
پھول بن کر کلی شوخ تر ہو گئی
Phool ban kar kalee shokh tar ho gayee

میرے اعمال اتنے تو اچھے نہ تھے
Meyre aamaal etney to ach-chey n(a) they
باپ ماں کی دعا کارگر ہو گئی
Baap maa(n) kee doa kaaragar ho gayee

شوق کے شہر میں وقت ساکت رہا
Shauq key shahr mein waqt saakit raha
یوں تو کہنے کو شام و سحر ہو گئی
Yoo(n) to kahney ko shaam-o-sahar ho gayee

جو محبت سے ملے تھے تم کو بے سودا کئے
Jo mohabbat sey miley they tum ko bey-sauda kiyey
وہ حسیں تحفے بتاؤ تم نے آخر کیا کئے
Wo hasee(n) tohfey bataao tumne aakhir kya kiyey

بغض و نفرت آج بھی پھرتے ہیں سر اونچا کئے
Boghz-o-nafrat aaj bhee phirtey hain sar oo(n)cha kiyey
یہ وہ شعلے ہیں جو ہر اک دور میں بھڑکا کئے
Yeh wo sholey hain jo har ek daur mein bhadka kiyey

ہم کو تھی جلتے مکاں میں اپنے دل کی جستجو
Ham ko thee jaltey makaa(n) mein apne dil kee justajoo
سخت دل جو تھے تماشہ شوق سے دیکھا کئے
Sakht dil jo they tamaasha shauq sey deykha kiyey

کشتِ ارماں میں ہماری صرف مایوسی اُگی
Kisht-e-armaa(n) mein hamaaree sirf maayoosee ugee
زندگی بھر ایک بنجر کھیت کو سینچا کئے
Zindagi bhar eyk banjar kheyt ko see(n)cha kiyey

زندگی پہنے رہی اک نامرادی کا کفن
Zindagee pahney rahee ek naa-muraadee ka kafan
لاش اپنی اپنے ہی کاندھوں پہ ہم ڈھویا کئے
Laash apnee apne hee kaandho(n) pe ham dhoya kiyey

امتحاں کیا کیا زمانے نے نہیں ہم سے لیا
Imtehaa(n) kya kya zamaaney ney nahee(n) ham sey liya
عمر بھر اپنے لہو سے داستاں لکھّا کئے
Umr bhar apney lahoo sey daastaa(n) likh-kha kiyey

اب تصوّر کا بھی ہنگامہ ہمیں بھاتا نہیں
Ab tasawwur ka bhi ha(n)gaama hamey bhaata nahee(n)
چُپ پڑے رہتے ہیں اپنے گھر میں سناٹا کئے
Chup padey rahtey hain apney ghar mein sannaata kiyey

شوقؔ اب کردار کی رسوائیوں کو کیا کروں
Shauq ab kirdaar kee ruswaaio(n) ko kya karoo(n)
جس طرف جاتا ہوں ، جاتی ہیں مرا پیچھا کئے
Jis taraf jaata hoon jaatee hai mera peecha kiyey

ہر محبت کرنے والے کو محبت چاہیئے
Har mohabbat karney waaley ko mohabbat chaahiyey
آدمی کی انجمن میں آدمیّت چاہیئے
Aadamee kee anjuman mein aadamee-at chaahiyey

لطفِ قربت لے چکی اب دردِ فرقت چاہیئے
Lutf-e-qurbat ley chukee ab dard-e-furqat chaahiyey
زندگی کو اس جہاں میں اپنی قیمت چاہیئے
Zindagee ko is jahaa(n) mein apni qeemat chaahiyey

ہے جو آزادی تو آزادی کی صورت چاہیئے
Hai jo aazaadee to aazaadee ki soorat chaahiyey
مذہبی جھگڑوں سے مجھ کو پاک بھارت چاہیئے
Mazhabi jhagdo(n) se mujh ko paak Bhaarat chaahiyey

مسئلوں سے دوسروں کے ہیں جو بالکل بے نیاز
Mas-alo(n) sey doosro(n) key hain jo bilkul bey-neyaaz
کچھ تو غور و فکر کی اُن کو بھی دعوت چاہیئے
Kuch to ghaur-o-fikr kee unko bhi daawat chaahiyey

روزگارِ زندگی سے مجھ کو ہوگی کب نجات
Rozagaar-e-zindagee sey mujh ko ho gee kab nejaat
سوچنے کو اپنی خاطر کچھ تو مہلت چاہیئے
Sochney ko apni khaatir kuch to mohlat chaahiyey

زندگی سے موت نے آکر یہ کانوں میں کہا

Zindagee sey maut ney aakar ye kaano(n) mein kaha

جب تھکن بڑھ جائے تو آرام و راحت چاہیئے

Jab thakan badh jaayey to aaraam-o-raahat chaahiyey

صاف گوئی شوقؔ کی اچھی تو لگتی ہے مگر

Saaf-goyee Shauq kee ach-chee to lagtee hai magar

بے وفا کو بے وفا کہنے کی جرأت چاہیئے

Beywafa ko beywafa kahney ki jur-at chaahiyey

بات سچّی جو ہو وہی کہیئے

Baat sach-chee jo ho wohee kahiyey

کیوں اندھیرے کو روشنی کہیئے

Kyo(n) andheyrey ko raushanee kahiyey

اپنی تہذیب کو نئی کہیئے

Apni tahzeeb ko nayee kahiyey

اِس کو اک پھول کاغذی کہیئے

Isko ek phool kaaghazee kahiyey

وصل میں دل کی بات کرنی ہے

Wasl mein dil ki baat karnee hai

اور کچھ بھی نہ اس گھڑی کہیئے

Aur kuch bhee n(a) us ghadee kahiyey

میں نہیں آپ کو بُرا کہتا

Mai(n) nahee(n) aap ko bura kahta

آپ کو حق ہے آپ ہی کہیئے

Aap ko haq hai aap hee kahiyey

دوسروں کے جو کام آجائے

Doosaro(n) key jo kaam aa jaayey

اس کو معراجِ زندگی کہیئے

Usko meyraaj-e-zindagee kahiyey

اب وہ الفت نہیں رہی لیکن

Ab wo ulfat nahee(n) rahee leykin

کیوں شناسا کو اجنبی کہیے

Kyo(n) shanaasa ko ajnabee kahiyey

بے وفاؤں سے پیار کرتا ہے

Bey-wafaao(n) se pyaar karta hoon

اس کو اس دل کی سادگی کہیے

Isko is dil ki saadagee kahiyey

دکھ میں پھیرے نگاہ عیش میں ساتھ

Dukh mein pheyrey nigaah, aish mein saath

اس کو مطلب کی دوستی کہیے

Isko matlab ki dosatee kahiyey

اور کہیئے گا کیا محبت کو

Aur kahiyeyg(a) kya mohabbat ko

اک تعلق ہے قدرتی کہیے

Ek ta-alluq hai qudratee kahiyey

کچھ ضرورت بھرے لفافوں میں

Kuch zaroorat bharey lifaafo(n) mein

آج لپٹی ہے دوستی کہیے

Aaj liptee hai dosatee kahiyey

صرف سنیئے نہ شوقؔ کی روداد

Sirf suniyey n(a) Shauq kee roodaad

بات اپنی بھی تو کبھی کہیے

Baat apnee bhi to kabhee kahiyey

کاروانِ اہلِ حق کی یہ عجب تصویر ہے

Kaarwaan-e-ahl-e-haq kee yeh ajab tasweer hai

ہر زباں کاٹی ہوئی ہے پاؤں میں زنجیر ہے

Har zabaa(n) kaatee huyee hai paao(n) mey zanjeer hai

جب کھلیں آنکھیں تو غائب خواب کی تعبیر ہے

Jab khulee(n) aa(n)khey(n) to ghaayab khwaab kee taabeer hai

اب وہ آئینہ نہ آئینے میں وہ تصویر ہے

Ab wo aa-eena n(a) aa-eeney mein wo tasweer hai

زندگی تیرے فنا ہونے میں کیا تاخیر ہے

Zindagee teyrey fana honey mein kya taakheer hai

کچّے دھاگے سے لٹکتی سر پہ اک شمشیر ہے

Kachchey dhaagey sey lataktee sar pe ek shamsheer hai

میرے گھر آنے میں کیا اب آپ کو تاخیر ہے

Meyrey ghar aaney mein kya ab aap ko taakheer hai

دل کی بستی میں محبّت کا محل تعمیر ہے

Dil ki bastee mein mohabbat ka mahal taameer hai

میں تو ایسا میل کا پتھر ہوں جس پر دوستو

Mai(n) to aisa meel ka pat-thar hoon jispar dosato

دوست و دشمن سب کی منزل کا پتہ تحریر ہے

Dost-o-dushman sabki manzil ka pata tahreer hai

اس خرابے میں ہماری زندگی تو کٹ گئی

Is kharaabey mein hamaaree zindagee to kat gayee

فکرِ مستقبل مگر بچوں کی دامنگیر ہے

Fikr-e-mustaqbil magar bachcho(n) ki daamangeer hai

مصلحت کی رسم جس بستی میں ہو مقبولِ عام

Maslehat kee rasm jis bastee mein ho maqbool-e-aam

اس جگہ سچ بولنے والے کی کیا توقیر ہے

Us jagah sach bolney waaley ki kya tauqeer hai

دردو غم کی اس فضا میں آج میری ہر غزل

Dard-o-gham kee is faza mein aaj meyri har ghazal

انقلابِ دہر کی منھ بولتی تصویر ہے

Inqelaab-e-dahr kee mu(n)h bolatee tasweer hai

شوقِ ناکارہ بھی ہے اب کامیابِ زندگی

Shauq-e-naakaara bhi hai ab kaamyaab-e-zindagee

یہ مری ماں کی دعا کی عظمتِ تاثیر ہے

Yeh meri maa(n) kee doa kee azmat-e-taaseer hai

غم بھلانے کو ترے ساز پہ گانا ہے مجھے

Gham bhulaaney ko tere saaz pe gaana hai mujhey

زندگی تجھ کو ہی عنوان بنانا ہے مجھے

Zindagi tujh ko hi unwaan banaana hai mujhey

اپنے سینے میں چھپے غم کو دبانا ہے مجھے

Apne seeney mein chupey gham ko dabaana hai mujhey

غم زدہ لوگوں کو اس وقت ہنسانا ہے مجھے

Gham-zada logo(n) ko is waqt ha(n)saana hai mujhey

اپنی صورت کو ذرا دیکھ لوں ہر گوشے سے

Apni soorat ko zara deykh lu(n) har goshey sey

اک حسیں بزم کو آئینہ دکھانا ہے مجھے

Ek hasee(n) bazm ko aa-een(a) dekhaana hai mujhey

کیا کروں آنکھ میں آنسو بھی نہیں ہیں باقی

Kya karoo(n) aa(n)kh mein aa(n)soo bhi nahee(n) hain baaqee

غم گساری کا مگر قرض چکانا ہے مجھے

Gham-gusaaree k(a) magar qarz chukaana hai mujhey

اب کہاں نوح کی کشتی جو بچائے آ کر

Ab kahaa(n) Nooh ki kashtee jo bachayey aakar

ایسا لگتا ہے کہ اب ڈوب ہی جانا ہے مجھے

Aisa lagt(a) hai ke ab doob hi jaana hai mujhey

صرف اس سال کی برسات ہی کٹ جائے خدا

Sirf is saal ki barsaat hi kat jaayey Khoda

پھر تو فٹ پاتھ سے گھر اپنا ہٹانا ہے مجھے

Phir to futpaath se ghar apn(a) hataana hai mujhey

اب حقیقت سے بہت اُوب چکی ہے دنیا

Ab haqeeqat se bahut oob chukee hai dunya

شوق افسانہ کوئی اِس کو سنانا ہے مجھے

Shauq afsaan(a) koee isko sunaana hai mujhey

آج مجبور ہے خود کُشی کے لئے

Aaj majboor hai khudkushee key liyey

جس نے سب کچھ کیا زندگی کے لئے

Jisne sab kuch kiya zindagee key liyey

شامِ فرقت کی اس تیرگی کے لئے

Shaam-e-furqat ki is teeragee key liyey

داغِ دل ہیں بہت روشنی کے لئے

Daagh-e-dil hain bahut raushanee key liyey

چلنے والوں کا جاری رہے گا سفر

Chalney waalo(n) k(a) jaaree raheyga safar

لوگ بیٹھے رہیں رہزنی کے لئے

Log baithey rahey(n) rahzanee key liyey

اس طرف تو اندھیروں کا اک شہر تھا

Us taraf to a(n)dheyro(n) k(a) ek shahr tha

ہم چلے تھے جدھر روشنی کے لئے

Ham chaley they jidhar raushanee key liyey

سچ ہے دنیا میں کیا اعتبارِ خوشی

Sach hai dunya mein kya aitbaar-e-khushee

آج میرے لئے کل کسی کے لئے

Aaj meyrey liyey kal kisee key liyey

کچھ نہ کچھ سوچ کر ہی بنائے گئے

Kuch n(a) kuch sochkar hee banaayey gayey

آپ رنگوں کے ، ہم سادگی کے لئے

Aap rango(n) ke, ham saadagee key liyey

اب ہماری ترقی کا یہ حال ہے

Ab hamaaree taraqqee k(a) yeh haal hai

لوگ مرنے لگے زندگی کے لئے

Log marney lagey zindagee key liyey

اب ستم وہ کریں یا کرم وہ کریں

Ab sitam woh karey(n) ya karam woh karey(n)

ذات اپنی تو ہے عاجزی کے لئے

Zaat apnee to hai aajezee key liyey

فکر کی ہے کمی ، علم کا قحط ہے

Fikr kee hai kamee, ilm ka qaht hai

وقت موزوں نہیں شاعری کے لئے

Waqt mauzoo(n) nahee(n) shaaeree key liyey

کیا عجب جاں بھی دینا پڑے شوقؔ کو

Kya ajab jaa(n) bhi deyna padey Shauq ko

اپنی روٹھی ہوئی زندگی کے لئے

Apni roothee huyee zindagee key liyey

294

ڈرتے ہیں انجمن کی اگر رسم و راہ سے
Dartey hain anjuman ki agar rasm-o-raah sey

کہہ دیجئے جو کہنا ہو اپنی نگاہ سے
Kah dijiyey jo kahn(a) ho apnee nigaah sey

دونوں پہنچ ہی جائیں گے منزل تو ایک ہے
Dono(n) pahu(n)ch hi jaaye(n)ge manzil to eyk hai

تم اپنے راستے سے تو ہم اپنی راہ سے
Tum apne raasatey se to ham apni raah sey

اس کو سمجھ سکے گی نہ دنیا ہے کم نظر
Isko samajh sakeygi n(a) dunya hai kam nazar

میری جبیں کو عشق ہے جس سجدہ گاہ سے
Meyree jabee(n) ko ishq hai jis sidjagaah sey

ایسے میں کون دیتا کسی کو بھلا پناہ
Aisey mein kaun deyt(a) kisi ko bhala panaah

سارے مکان شہر کے تھے بے پناہ سے
Saarey makaan shahr ke they bey-panaah sey

اپنے شعورِ غم کو سہارا بنائیے
Apney sha-oor-e-gham ko sahaara banaayiyey

یوں مانگئے نہ بھیک کسی خیر خواہ سے
Yoo(n) maa(n)gyey n(a) bheek kisee khair khwaah sey

لائے گی انقلاب بھی دنیا میں ایک دن

Laayeygi inqelaab bhi dunya mein eyk din

ظالم نہ بچ سکے گا غریبوں کی آہ سے

Zaalim n(a) bach sakeyga ghareebo(n) ki aah sey

میں پڑھ رہا تھا آہ میں ڈوبی ہوئی غزل

Mai(n) padh raha tha aah mein doobee huyee ghazal

ساری فضا تھی گونج رہی واہ واہ سے

Saaree faza thi goo(n)j rahee waah waah sey

ہے چل چلاؤ کی یہ گھڑی شوقؔ سوچیے

Hai chal chalaao kee ye ghadee Shauq sochyey

کب کیجئے گا، بولئے، توبہ گناہ سے

Kab kijiyeg(a), boliyey, tauba gunaah sey

راگ ہے سب کا اپنا اپنا اپنی اپنی ڈفلی ہے

Raag h(ai) sabka apna apna apnee apnee daflee hai

کون بتائے بازاروں میں کیا اصلی کیا نقلی ہے

Kaun bataayey baazaaro(n) mein kya aslee kya naqlee hai

چکما دینا کام ہے اس کا موہ کے دل معصوموں کا

Chakma deyna kaam hai iska moh ke dil maasoomo(n) ka

پاگل ہم کو کہتی ہے یہ دنیا خود جو پگلی ہے

Paagal ham ko kahtee hai ye dunya khud jo paglee hai

بچھڑا کیا اک ساتھی میرا دنیا نے منھ پھیر لیا

Bichda kya ek saathee meyra dunya ney mu(n)h pheyr liya

منظر سارے روٹھ گئے اب رُت بھی بدلی بدلی ہے

Manzar saarey rooth gayey ab rut bhee badlee badlee hai

جانے والا چلا گیا اب دل کی حالت مت پوچھو

Jaaney waala chala gaya ab dil kee haalat mat poocho

سورج تو روپوش ہوا آکاش میں کالی بدلی ہے

Sooraj to roo-posh hua aakaash mein kaalee badlee hai

تم کو بھی ارمان اگر ہے تم بھی کوشش کر دیکھو

Tumko bhee armaan agar hai tum bhee koshish kar deykho

کس کے بہلانے سے یہ بے چین طبیعت بہلی ہے

Kiskey bahlaaney se yeh bey-chain tabee-at bahlee hai

دل دے کر اک شوخ کو آخر میرا یہ انجام ہوا

Dil deykar ek shokh ko aakhir meyra yeh anjaam hua

اپنا جیون اب مت پوچھو بن پانی کی مچھلی ہے

Apna jeewan ab mat poocho bin paanee kee machlee hai

اس دنیا کے میلے میں ہے دل والوں کی بھیڑ بہت

Is dunya key meyley mein hai dilwaalo(n) kee bheed bahut

درد کی نیلامی ہے جہاں پر شوق کی بولی پہلی ہے

Dard ki neelaamee hai jahaa(n) par Shauq ki bolee pahlee hai

محبت کی ہم جو کہانی کہیں گے

Mohabbat ki ham jo kahaanee kahey(n)gey

غزل کو بھی وہ نوحہ خوانی کہیں گے

Ghazal ko bhi wo nauha khwanee kahey(n)gey

جفا کر رہے ہیں جو اپنا سمجھ کر

Jafa kar rahey hain jo apna samajh kar

اسے آپ کی مہربانی کہیں گے

Usey aap kee mehrabaanee kahey(n)gey

میں جھوٹوں کی محفل میں سچ کہہ رہا ہوں

Mai(n) jhooto(n) ki mahfil mein sach kah raha hoon

اسے سب مری بدزبانی کہیں گے

Isey sab meri badzubaanee kahey(n)gey

کہیں گے نہ ہم بے حیائی کو فیشن

Kahey(n)gey n(a) ham bey-hayaayee ko faishan

گرا سب کی آنکھوں کا پانی کہیں گے

Gira sab ki aakho(n) k(a) paanee kahey(n)gey

یہ جاں اپنی دے دیں اگر ان کی خاطر

Ye jaa(n) apni dey dey(n) agar unki khaatir

اِسے ہم خطائے جوانی کہیں گے

Isey ham khataa-e-jawaanee kahey(n)gey

بہاروں میں بھی پھول ہیں زخمی زخمی

Bahaaro(n) mein bhi phool hain zakhmi zakhmee

اِسے کیا بھلا باغبانی کہیں گے

Isey kya bhala baaghbaanee kahey(n)gey

نہ اب تک جنہیں زندگی راس آئی

N(a) ab tak jinhey(n) zindagee raas aayee

وہ کیا قصّہٗ زندگانی کہیں گے

Wo kya qissa-e-zindagaanee kahey(n)gey

ابھی دوست کی آستیں نے ڈسا ہے

Abhee dost kee aasatee(n) ney dasa hai

بچیں گے تو ساری کہانی کہیں گے

Bachey(n)ge to saaree kahaanee kahey(n)gey

ابھی کشت شاداب ہے کُشت و خوں کی

Abhi kisht shaadaab hai kusht-o-khoo(n) kee

اسے دورِ نو کی نشانی کہیں گے

Isey daur-e-nau ki nishaanee kahey(n)gey

وہ بچپن کے قصّے ، شرارت کی باتیں

Wo bachpan ke qissey, sharaarat ki baatey(n)

کبھی شوقؔ سے ہم زبانی کہیں گے

Kabhee Shauq sey ham zabaanee kahey(n)gey

وہ دیا نہ کوئی دیا کرے

Wo diya n(a) koyi diya karey

جو جلا کرے نہ بجھا کرے

Jo jala karey n(a) bujha karey

وہ وفا کرے کہ جفا کرے

Wo wafa karey key jafa karey

جو اسیرِ عشق ہو کیا کرے

Jo aseer-e-ishq ho kya karey

مری زندگی پہ جو قرض ہے

Meri zindagee pe jo qarz hai

ہو ادا یہ مجھ سے خدا کرے

Ho ada ye mujhse Khoda karey

وہ نگاہ کیا جو ہو بے اثر

Wo nigaah kya jo ho bey asar

وہ نشانہ کیا جو خطا کرے

Wo nishaan(a) kya jo khata karey

کہو برہمن سے یہ ، شیخ کے

Kaho barhaman se ye, sheykh key

کبھی ساتھ مل کے پیا کرے

Kabhi saath mil ke piya karey

مجھے آپ کہئیے نہ بے وفا
Mujhe aap kahiyey n(a) bey-wafa
کوئی کہہ رہا ہے کہا کرے
Koi kah raha hai kaha karey

جسے منزلوں کا ہو شوق وہ
Jise manzilo(n) k(a) ho Shauq wo
مری رہبری میں چلا کرے
Meri rahbaree mein chala karey

خون سے سینچا ہے ہستی کا شجر تیرے لئے
Khoon sey see(n)cha hai hastee ka shajar teyrey liyey
اس کا اک اک پھول تیرا ہے ثمر تیرے لئے
Isk(a) ek ek phool teyra hai samar teyrey liyey

جس کا جیسا ظرف ہے قدرت کی ویسی ہے عطا
Jisk(a) jaisa zarf hai qudrat ki waisee hai ata
مفلسی میرے لئے ہے سیم و زر تیرے لئے
Muflisee meyrey liyey hai seem-o-zar teyrey liyey

پھول ہے تو کیا بچھاؤں پھول تیری راہ میں
Phool hai too kya bichaaoo(n) phool teyree raah mein
میں بچھائے ہوں محبت کی نظر تیرے لئے
Mai(n) bichaayey hoon mohabbat kee nazar teyrey liyey

ہیں محبّت میں لگی دونوں طرف پابندیاں
Hain mohabbat mein lagee dono(n) taraf paa-bandiyaa(n)
کچھ اِدھر میرے لئے ہیں کچھ اُدھر تیرے لئے
Kuch idhar meyrey liyey hain kuch udhar teyrey liyey

کب کوئی دیتا ہے کانٹوں کا کبھی گُل سے جواب
Kab koee deyta hai kaa(n)to(n) ka kabhee gul sey jawaab
سیکھنا ہوگا مگر یہ بھی ہنر تیرے لئے
Seekhana hoga magar yeh bhee hunar teyrey liyey

اُس کو بھی شاید ہے تیری چاند سی صورت پسند

Usko bhee shaayad hai teyree chaand see soorat pasand

چرخ پر ہر شب نکلتا ہے قمر تیرے لئے

Charkh par har shab nikalta hai qamar teyrey liyey

بن گیا شعلہ تو دنیا دیکھ کر جلنے لگی

Ban gaya shola to dunya deykh kar jalney lagee

شوق کے سینے میں جو بھڑکا شرر تیرے لئے

Shauq key seeney mein jo bhadka sharar teyrey liyey

مرا غم وہ سُن کے بڑھا نہ دے

Mer(a) gham wo sunke badha n(a) dey

کہیں مسکرا کے سزا نہ دے

Kahi(n) muskura ke saza n(a) dey

کبھی ایسی کوئی سزا نہ دے

Kabhi aisee koyi saza n(a) dey

مجھے خط لکھے تو پتا نہ دے

Mujhe khat likhey to pata n(a) dey

مجھے زندگی کی دعا نہ دے

Mujhe zindagee ki doa n(a) dey

کوئی درد دیدے دوا نہ دے

Koi dard dey de dawa n(a) dey

رہے یاد میری وفا اُسے

Rahey yaad meyri wafa usey

وہ بلا سے کوئی صلا نہ دے

Wo bala se koyee sela n(a) dey

مرا خواب میری حیات ہے

Mer(a) khwaab meyri hayaat hai

کوئی صبح کہہ کے جگا نہ دے

Koi subh kah ke jaga n(a) dey

لگیں لوگ مجھ کو حقیر سے

Lage(n) log mujhko haqeer sey

مجھے مرتبہ وہ خدا نہ دے

Mujhe martaba wo Khoda n(a) dey

میں ہوں حق نوا یہی خوف ہے

Mai(n) hoon haq-nawa yehi khauf hai

کوئی سولیوں پہ چڑھا نہ دے

Koi sooliyo(n) pe chadha n(a) dey

کوئی شام ایسی کہاں ہوئی

Koi shaam aisi kahaa(n) huyee

کسی صبح کا جو پتا نہ دے

Kisi subh(a) ka jo pata n(a) dey

مجھے اپنے ضبط کا خوف ہے

Mujhey apne zabt k(a) khauf hai

کوئی درد اُٹھ کے رُلا نہ دے

Koi dard uth ke rola n(a) dey

ابھی غم بہت ہیں بچا کے رکھ

Abhi gham bahut hain bacha ke rakh

یونہی آنسوؤں کو لٹا نہ دے

Yu(n)hi aa(n)suo(n) ko luta n(a) dey

کوئی بھیک دے کہ نہ دے اُسے

Koi bheek dey ke n(a) dey usey

وہ گدا ہی کیا جو دعا نہ دے

Wo gada hi kya jo doa n(a) dey

ابھی شوق کا ہی خمار ہے

Abhi Shauq ka hi khomaar hai

مجھے اور کوئی نشہ نہ دے

Mujhe aur koyi nasha n(a) dey

✦

یہ ضروری ہے حبّ وطن کے لئے
Yeh zaroori hai hubb-e-watan key liyey
شیخ کا دل دُکھے برہمن کے لئے
Shaikh ka dil dukhey barhaman key liyey

ہیں یہ ریشم کے پردے چمن کے لئے
Hain ye reysham ke pardey chaman key liyey
اور ترستی ہیں لاشیں کفن کے لئے
A(ur) tarastee hain laashey(n) kafan key liyey

بیچ کر خود کو اس کے تلک کے عوض
Beych kar khud ko iskey tilak ke ewaz
جان بھائی نے دے دی بہن کے لئے
Jaan bhaaee ne dey dee bahan key liyey

دستِ گلچیں کے ہاتھوں کہیں بک گئیں
Dast-e-gulchee(n) ke haatho(n) kahee(n) bik gayee(n)
جو بھی کلیاں کھلیں اس چمن کے لئے
Jo bhi kaliyaa(n) khilee(n) is chaman key liyey

ظرف ہے اپنا اپنا پریشاں ہیں سب
Zarf hai apn(a) apna pareyshaa(n) hain sab
کوئی فن کے لئے کوئی دَھن کے لئے
Koyee fan key liyey koyee dhan key liyey

بھیک دیتا کہاں سے اُجالوں کی وہ

Bheek deyta kahaa(n) sey ujaalo(n) ki woh

خود جو محتاج ہے اک کرن کے لئے

Khud jo mohtaaj hai ek kiran key liyey

درد کی دھوپ میں ہم تو مُرجھا گئے

Dard kee dhoop mein ham to murjha gayey

آرزو رکھ کے حُسنِ چمن کے لئے

Aarazoo rakh ke husn-e-chaman key liyey

ہار گوندھے ہیں اشکوں کے ہی شوق نے

Haar goondhey hain ashko(n) ke hee Shauq ney

آرزوؤں کی روٹھی دُلہن کے لئے

Aarazoo-o(n) ki roothee dulhan key liyey

رہِ حیات میں ہم پیچ و تاب سے گذرے

Rah-e-hayaat mein ham peych-o-taab sey guzrey

تمام عمر سوال و جواب سے گذرے

Tamaam umr sawaal-o-jawaab sey guzrey

ملا نہ کوئی بھی عنوانِ زندگی دلکش

Mila n(a) koyee bhi unwaan-e-zindagee dilkash

تلاشِ حُسن میں اک اک کتاب سے گذرے

Talaash-e-husn mein ek ek ketaab sey guzrey

نہ احتیاط میں الجھے نہ مصلحت میں پھنسے

N(a) ehteyaat mein uljhey n(a) maslehat mein pha(n)sey

وفا کی راہ میں ہم کامیاب سے گذرے

Wafa ki raah mein ham kaameyaab sey guzrey

بہت تلاش تھی خوشبو کی باغِ ہستی میں

Bahut talaash thi khushboo ki baag-e-hastee mein

ہم اپنے زخموں کے تازہ گلاب سے گذرے

Ham apney zakhmo(n) ke taaza gulaab sey guzrey

اُسی کی یاد سے اب تک حیات ہے رنگیں

Usee ki yaad se ab tak hayaat hai rangee(n)

ہم ایک بار جو باغِ شباب سے گذرے

Ham eyk baar jo baagh-e-shabaab sey guzrey

سکوں کی کھوج میں بھٹکے کہاں کہاں لیکن
Sakoo(n) ki khoj mein bhatkey kahaa(n) kahaa(n) leykin
قدم قدم پہ کسی انقلاب سے گذرے
Qadam qadam pe kisee inqelaab sey guzrey

ہمیں پسند نہ آیا مصاحبی کا چلن
Hamey(n) pasand n(a) aaya masaahebee ka chalan
امیرِ شہر کے ہر دم عتاب سے گذرے
Ameer-e-shahr ke har dam ataab sey guzrey

ضعیف ہو گئے بچپن کے بعد ہی مفلس
Za-eef ho gayey bachpan ke baad hee muflis
ذرا پتہ نہ چلا کب شباب سے گذرے
Zara pata n(a) chala kab shabaab sey guzrey

نظر کی بات پہ دریا سمجھ کے دوڑ پڑے
Nazar ki baat pe darya samajh ke daud padey
تلاشِ آب میں کتنے سراب سے گذرے
Talaash-e-aab mein ketney saraab sey guzrey

کتابِ وقت سے نفرت سی ہو گئی دل کو
Ketaab-e-waqt se nafrat si ho gayee dil ko
وفا پرست جو نفرت کے باب سے گذرے
Wafa parast jo nafrat ke baab sey guzrey

کتابِ شوق کوئی پڑھ رہا ہے، ڈرتا ہوں
Ketaab-e-Shauq koi padh raha hai, darta hoon
کہیں نہ اُس کی نظر انتساب سے گذرے
Kahee(n) n(a) us ki nazar intesaab sey guzrey

فضا دلوں کی ہی بدلی ہوئی لگے ہے مجھے
Faza dilo(n) ki hi badlee huyee lagey hai mujhey
خلوصِ دل میں بھی اک بے دلی لگے ہے مجھے
Kholoos-e-dil mein bhi ek bey dilee lagey hai mujhey

نئی کرن میں بھی تھوڑی کمی لگے ہے مجھے
Nayee kiran mein bhi thodee kamee lagey hai mujhey
سحر ہوئی ہے مگر رات سی لگے ہے مجھے
Sahar huyee hai magar raat see lagey hai mujhey

ہے زندگی سے زمانے کا ساتھ کیا کہیۓ
Hai zindagee se zamaaney k(a) saath kya kahiyey
نہ جانے پھر بھی یہ کیوں اجنبی لگے ہے مجھے
N(a) jaaney phir bhi ye kyo(n) ajnabee lagey hai mujhey

وہ جب بھی آتے ہیں اس گھر میں چاندنی بن کر
Wo jab bhi aate hain is ghar mein chaandanee bankar
سیاہ رات پگھلتی ہوئی لگے ہے مجھے
Seyaah raat pighaltee huyee lagey hai mujhey

خدا ہی جانے ترے نام میں ہے کیا جادو
Khoda hi jaane terey naam mein hai kya jaadoo
لبوں پہ غیر کے ہے گُدگُدی لگے ہے مجھے
Labo(n) pe ghair ke hai gudgudee lagey hai mujhey

کسی کے پیار کا سورج ہے جب سے آنگن میں
Kisi ke pyaar k(a) sooraj hai jab se aa(n)gan mein
یہ دھوپ دھوپ نہیں چاندنی لگے ہے مجھے
Ye dhoop dhoop nahee(n) chaandanee lagey hai mujhey

ذرا سنبھال لوں دیوارِ زندگی کو میں
Zara sa(n)bhaal lu(n) deewaar-e-zindagee ko mai(n)
یہ عنقریب ہی گرتی ہوئی لگے ہے مجھے
Ye anqareeb hi girtee huyee lagey hai mujhey

ہر ایک پہلو سے ہر زاوئے سے دیکھ لیا
Har eyk pahlu se har zaawiyey sey deykh liya
ہر ایک بات تری دو رُخی لگے ہے مجھے
Har eyk baat teri do rukhee lagey hai mujhey

شکستہ اپنی حویلی کو اب تو بھول گیا
Shikast(a) apnee haweylee ko ab to bhool gaya
بہت عزیز مری جھونپڑی لگے ہے مجھے
Bahut azeez meri jho(n)padee lagey hai mujhey

شعورِ گفتگو لازم ہے شوقؔ سے کہہ دو
Shaoor-e-guftagu laazim h(ai) Shauq sey kah do
ہر اچھی بات بھی اس کی بُری لگے ہے مجھے
Har achchi baat bhi uskee buree lagey hai mujhey

اپنی پہچان سب ہیں بُھلائے ہوئے

Apni pahchaan sab hain bhulaayey huyey

لوگ دنیا سے ہیں دل لگائے ہوئے

Log dunya se hain dil lagaayey huyey

صبر کی آبرو ہوں بچائے ہوئے

Sabr kee aabaroo hoon bachaayey huyey

دل میں سوزِ دروں ہوں چھپائے ہوئے

Dil mein soz-e-daroo(n) hoon chupaayey huyey

حادثوں پر ہے اپنی نظر ہر گھڑی

Haadeso(n) par hai apnee nazar har ghadee

حوصلہ اپنا ہم ہیں بنائے ہوئے

Hausal(a) apn(a) ham hain banaayey huyey

مُفت میں کچھ بھی ملتا نہیں ہے یہاں

Muft mein kuch bhi milta nahee(n) hai yahaa(n)

کچھ گنوا کر ہی ہیں لوگ پائے ہوئے

Kuch ga(n)wa kar hi hain log paayey huyey

خشک پتّے کی منزل ہے جانے کہاں

Khushk pattey ki manzil hai jaaney kahaa(n)

لے چلی ہیں ہوائیں اُڑائے ہوئے

Ley chalee hain hawaayey(n) udaayey huyey

آرزو رنگ و بو کی ہمیں ڈس گئی
Aarazoo rang-o-boo kee hamey(n) das gayi
ہم تو پھولوں سے ہیں زخم کھائے ہوئے
Ham to phoolo(n) se hain zakhm khaayey huyey

آبرو اپنے آباء و اجداد کی
Aabaroo apne aabaa-o-ajdaad kee
اپنی غربت میں ہیں ہم بچائے ہوئے
Apni ghurbat mein hain ham bachaayey huyey

غیر اپنے تھے جب وقت تھا مہرباں
Ghair apney the jab waqt tha mehrabaa(n)
میرے اپنے بھی اب تو پرائے ہوئے
Meyre apney bhi ab to paraayey huyey

وقتِ رخصت انہیں دیکھ پایا نہ میں
Waqt-e-rokhsat unhey(n) deykh paaya n(a) mai(n)
میری آنکھوں میں آنسو تھے آئے ہوئے
Meyri aa(n)kho(n) mein aa(n)soo they aayey huyey

شوق گذرا ہے شاید اسی راہ سے
Shauq guzra hai shaayad isee raah sey
راستے کے ہیں پتّھر ہٹائے ہوئے
Raasatey ke hain pat-thar hataayey huyey

ہے بزمِ شوق یہاں دل کی داستاں کہیئے
Hai bazm-e-shauq yahaan dil ki daastaa(n) kahiyey
اگر یہاں بھی نہ کہیئے تو پھر کہاں کہیئے
Agar yahaa(n) bhi n(a) kahiyey to phir kahaa(n) kahiyey

نہ کہیئے کچھ تو جدائی کی داستاں کہیئے
N(a) kahiyey kuch to judaaee ki daastaa(n) kahiyey
شبِ وصال ہے کچھ بھی تو مہرباں کہیئے
Shab-e-wesaal hai kuch bhee to mehrabaa(n) kahiyey

پسند جن کو نہیں اس زمین کا قصّہ
Pasand jinko nahee(n) is zameen ka qissa
ان ہی سے آپ یہ روودادِ آسماں کہیئے
Unhee se aap ye roodaad-e-aasmaa(n) kahiyey

یہ حق ہے آپ کو کہیئے بُرا بھلا مجھ کو
Ye haq hai aap ko kahiyey bura bhala mujh ko
مگر نہ بھول کے غیروں کے درمیاں کہیئے
Magar n(a) bhool ke ghairo(n) ke darmeyaa(n) kahiyey

جدھر بھی جاییئے جھونکے ہیں تیز نفرت کے
Jidhar bhi jaayiyey jho(n)key hain teyz nafrat key
فضائے اُنس و محبت گئی کہاں کہیئے
Faza-e-uns-o-mohabbat gayee kahaa(n) kahiyey

حیا کو بیچ کے بچوں کا پیٹ بھرتی ہے
Haya ko beych ke bachcho(n) k(a) peyt bhartee hai
نہ کہیے بد چلن اُس کو غریب ماں کہیے
N(a) kahye badchalan usko ghareeb maa(n) kahiyey

جدا ہے طرزِ بیاں ورنہ فرق ہی کیا ہے
Juda hai tarz-e-beyaa(n) warn(a) farq hee kya hai
کہوں میں جور و جفا آپ امتحاں کہیے
Kahoo(n) mai(n) jaur-o-jafa aap imtehaa(n) kahiyey

بہار کب کی گئی اَب جو اک امنگ کے ساتھ
Bahaar kab ki gayee ab jo ek uma(n)g ke saath
چمن میں کھیل رہی ہے اسے خزاں کہیے
Chaman mein kheyl rahee hai usey khazaa(n) kahiyey

ہُنر کہیں گے نہ ہم عیب کو جنابِ شوقؔ
Hunar kahey(n)ge n(a) ham aib ko janaab-e-Shauq
اب آپ بد زباں کہیے کہ حق بیاں کہیے
Ab aap bad-zabaa(n) kahiyey ke haq bayaa(n) kahiyey

حوصلہ دیکھ چکے سارے زمانے والے

Hausala deykh chukey saare zamaaney waaley

ہم ہیں ساحل پہ سفینوں کو جلانے والے

Ham hain saahil pe safeeno(n) ko jalaaney waaley

نقشِ پا ڈھونڈتے پھرتے ہیں زمانے والے

Naqsh-e-pa Dhoondate phirtey hain zamaaney waaley

یوں مقام اپنا بناتے ہیں بنانے والے

Yoo(n) maqaam apn(a) banaatey hain banaaney waaley

شوق سے جائیں مجھے چھوڑ کے جانے والے

Shauq sey jaaye(n) mujhey chod ke jaaney waaley

خود بھی روئیں گے بہت مجھ کو رُلانے والے

Khud bhi royey(n) ge bahut mujh ko rolaaney waaley

سب سمجھتے ہیں انہیں ہنسنے ہنسانے والے

Sab samajhtey hain unhey(n) ha(n)sne ha(n)saaney waaley

باسلیقہ ہیں بہت غم کے چھپانے والے

Baa-saleeqa hain bahut gham ke chupaaney waaley

ہے مرے شہر تصوّر میں چراغاں کا سماں

Hai merey shahr-e-tasawwur mein charaaghaa(n) k(a) samaa(n)

آج آئے ہوئے لگتے ہیں نہ آنے والے

Aaj aayey huyey lagtey hain n(a) aaney waaley

318

عیش و عشرت کا تماشہ نہ دکھاؤ ہم کو

Aish-o-ishrat k(a) tamaasha n(a) dekhaao hamko

ہم گناہوں سے ہیں دامن کو بچانے والے

Ham gunaaho(n) se hain daaman ko bachaaney waaley

یا خدا ظلم کے یہ ہاتھ تھکیں گے کب تک

Ya Khoda zulm ke yeh haath thakey(n)gey kab tak

کب اماں پائیں گے دکھ درد اٹھانے والے

Kab amaa(n) paa-ey(n)ge dukh dard uthaaney waaley

حوصلہ دل میں ، نگاہوں میں اگر ہو منزل

Hausala dil mein, nigaaho(n) mein agar ho manzil

راہ خود اپنی بنا لیں گے بنانے والے

Raah khud apni bana ley(n)ge banaaney waaley

شوقؔ تم لفظِ محبت کو بھلا کیا جانو

Shauq tum lafz-e-mohabbat ko bhala kya jaano

کر سکے جس کی نہ تشریح زمانے والے

Kar sakey jiski n(a) tashreeh zamaaney waaley

دل میں چاہت کے شعلے مچلتے رہے

Dil mein chaahat ke sholey machaltey rahey

اپنی ہی آگ میں ہم تو جلتے رہے

Apni hi aag mein ham to chaltey rahey

لاکھ طوفاں زمانے میں چلتے رہے

Laakh toofaa(n) zamaane mein chaltey rahey

جن چراغوں کو جلنا تھا جلتے رہے

Jin charaagho(n) ko jalna th(a) jaltey rahey

مسکراتی رہی بسترے کی شکن

Muskuraatee rahee bistarey kee shikan

کروٹیں رات بھر ہم بدلتے رہے

Karwatey(n) raat bhar ham badaltey rahey

آپ کے وصل و فرقت کے سائے میں ہم

Aap key wasl-o-furqat ke saayey mein ham

نور و ظلمت کے سانچے میں ڈھلتے رہے

Noor-o-zulmat ke saa(n)chey mein dhaltey rahey

کوئی ساتھی نہ تھا راہِ دشوار میں

Koyee saathee n(a) tha raah-e-dushwaar mein

حوصلے ہی فقط ساتھ چلتے رہے

Hausaley hee faqat saath chaltey rahey

320

ہم نے جامِ محبّت پلایا جنہیں
Ham ne jaam-e-mohabbat pilaaya jinhey
زہر نفرت کا وہ بھی اُگلتے رہے
Zahr nafrat k(a) wo bhee ugaltey rahey

مفلسی اپنی شفقت دکھاتی رہی
Muflisee apni shafqat dekhaatee rahee
گود میں اس کی ہم لوگ پلتے رہے
God mein uski ham log paltey rahey

سبز ہونے نہ پائی زمینِ سخن
Sabz honey n(a) paayee zameen-e-sokhan
گرچہ غزلوں کے چشمے اُبلتے رہے
Garch(a) ghazlo(n) ke chashmey ubaltey rahey

شوقؔ دیتا رہا ہر قدم حوصلہ
Shauq deyta raha har qadam hausala
ٹھوکریں کھا کے بھی ہم سنبھلتے رہے
Thokarey(n) kha ke bhee ham sa(n)bhaltey rahey

دشمنوں سے بھی دوستانہ ہے
Dushmano(n) sey bhi dostaana hai
میری فطرت ہی مخلصانہ ہے
Meyri fitrat hi mukhlisaana hai

اس سے واقف کہاں زمانہ ہے
Is se waaqif kahaa(n) zamaana hai
خود کو کھونا ہی ان کو پانا ہے
Khud to khona hi unko paana hai

آپ جلتے ہیں اپنی آگ میں وہ
Aap jaltey hain apni aag mein woh
عاشقوں کا عجب فسانہ ہے
Aashiqo(n) ka ajab fasaana hai

پوچھتے ہیں وہ حال ،سوچ میں ہوں
Poochtey hain wo haal soch mein hoon
کیا چھپانا ہے ، کیا بتانا ہے
Kya chupaana hai, kya bataana hai

ملنے جلنے میں اب خلوص کہاں
Milne julney mein ab kholoos kahaa(n)
جو تعلق ہے تاجرانہ ہے
Jo ta-alluq hai taajeraana hai

ظلم سہنے کو ذات ہے میری
Zulm sahney ko zaat hai meyree

ظلم کرنے کو یہ زمانہ ہے
Zulm karney ko yeh zamaana hai

کھو کے تہذیب سب مہذب ہیں
Kho ke tahzeeb sab mohazzab hain

یہ زمانہ عجب زمانہ ہے
Yeh zamaana ajab zmaana hai

قبرِ ماضی میں جھانکنا بے سود
Qabr-e-maazi mein jhaa(n)kna bey-sood

بیٹھے بیٹھائے دل دُکھانا ہے
Baithey baithaayey dil dukhaana hai

لفظ در لفظ ہے تری خوشبو
Lafz dar lafz hai teree khushboo

شوق کے فن کا یہ فسانا ہے
Shauq key fan k(a) yeh fasaana hai

نسلِ نو نا آشنا ہے زیست کے پیغام سے
Nasl-e-nau naa-aashana hai zeest key paighaam sey
کچھ سبق لینے دو اس کو تلخیٔ ایاّم سے
Kuch sabaq leyney do isko talkhi-e-ayyaam sey

ہے عبث الجھی ہوئی یہ آرزوئے خام سے
Hai abas uljhee huyee ye aarazoo-e-khaam sey
زندگی واقف نہیں شاید ابھی انجام سے
Zindagee waaqif nahee(n) shaayad abhee anjaam sey

کون دیکھے گا کسی کی چشمِ نم میں جھانک کر
Kaun deykheyga kisee kee chashm-e-nam mein jhaa(n)k kar
اس زمانے میں کسے فرصت ہے اپنے کام سے
Is zamaaney mein kisey fursat hai apney kaam sey

کس زبان سے، بولئے اُس کو بھلا قاتل کہیں
Kis zabaa(n) se boliyey, usko bhala qaatil kahey(n)
یاد کرتے ہیں جسے ہم زندگی کے نام سے
Yaad kartey hain jisey ham zindagee key naam sey

اپنی ناکامی پہ شکوہ کر کے ہم تقدیر کا
Apni naakaamee pe shikwa kar ke ham taqdeer ka
بچ گئے کوتاہیٔ تدبیر کے الزام سے
Bach gayey kotaahi-e-tadbeer key elzaam sey

ہے وہی دوری حیات و موت کے بھی درمیاں
Hai wohee dooree hayaat-o-maut ke bhee darmeyaa(n)
مختصر سا فاصلہ جو صبح کا ہے شام سے
Mokhtasar sa faasela jo subh ka hai shaam sey

سیکھ لیتا ہے سلیقہ زندگی کا ، آدمی
Seekh leyta hai saleeqa zindagee ka, aadamee
انقلابِ آسماں سے ، دورِ صبح و شام سے
Inqelaab-e-aasmaa(n) sey, daur-e-subh-o-shaam sey

کیوں سکوں کی آرزو کوئی کرے ایسے میں جب
Kyo(n) sakoo(n) kee aarazoo koyee karey aisey mein jab
بزمِ ہستی میں ہے رونق شورشِ ہنگام سے
Bazm-e-hastee mein hai raunaq shorish-e-ha(n)gaam sey

مل ہی جائے شوقؔ کو معراجِ فنّ ِ شاعری
Mil hi jaayey Shauq ko meyraaj-e-fann-e-shayaree
جھانک لیں وہ گر ذرا چلمن اُٹھا کر بام سے
Jhaa(n)k ley(n) wo gar zara chilman utha kar baam sey

دل غمزدہ ہے پھر بھی بہت شاد کام ہے
Dil ghamzada hai phir bhi bahut shaad kaam hai
ان کی خوشی کا بھی تو مجھے احترام ہے
Unkee khushee k(a) bhee to mujhey ehteraam hai

ہم غمزدوں کے غم کا مداوا ہی جام ہے
Ham ghamzado(n) ke gham k(a) madaawa hi jaam hai
پینا ہے گر حرام تو جینا حرام ہے
Peena hai gar haraam to jeena haraam hai

ظلمت کا سلسلہ یہ، عجب نا تمام ہے
Zulmat ka silsila ye, ajab naa-tamaam hai
روشن سحر کے بعد بھی تاریک شام ہے
Raushan sahar ke baad bhi taareek shaam hai

جب چاہو جس جگہ سے پڑھو اس کتاب کو
Jab chaaho jis jagah se padho is ketaab ko
دل کے ورق ورق پہ تمہارا ہی نام ہے
Dil key waraq waraq pe tumhaara hi naam hai

ذرّے بھی آفتاب کی صورت چمک اٹھے
Zarrey bhi aaftaab ki soorat chamak uthey
یہ فیضِ چشمِ عشق علیہ السلام ہے
Yeh faiz-e-chashm-e-ishq alaihissalaam hai

آ جاؤ تم زبانِ حقیقت لئے ہوئے
Aa jaao tum zabaan-e-haqeeqat liyey huyey
افسانہٗ حیات ابھی نا تمام ہے
Afsaana-e-hayaat abhee naa-tamaam hai

کیوں جھک رہے ہیں لوگ اُسی کے حضور میں
Kyo(n) jhuk rahe hain log usee key hozoor mein
کیا وقت ہی جہاں میں بشر کا امام ہے
Kya waqt hee jahaa(n) mein bashar ka imaam hai

موت آ گئی سکون کا لمحہ لئے ہوئے
Maut aa gayee sakoon ka lamha liyey huyey
ہنگامہٗ حیات ! تجھے اب سلام ہے
Hangaama-e-hayaat! tujhey ab salaam hai

وہ کون آرزو تھی جو پوری نہ ہو سکی
Wo kaun aarazoo thi jo poori n(a) ho sakee
پھر بھی جنابِ شوقؔ کا جینا حرام ہے
Phir bhee janaab-e-Shauq k(a) jeena haraam hai

جب وقت مسیحا ہے سب کا ہر درد کا درماں ہونا ہے
Jab waqt maseeha hai sabka har dard k(a) darmaa(n) hona hai

مشکل بھی کوئی مشکل کب تک ، مشکل کو بھی آساں ہونا ہے
Mushkil bhi koi mushkil kab tak, mushkil ko bhi aasaa(n) hona hai

ہے موسمِ گل تو گلشن میں اک جشنِ چراغاں ہونا ہے
Hai mausim-e-gul to gulshan mein ek jashn-e-charaaghaa(n) hona hai

سینے میں چراغوں کی صورت زخموں کو فروزاں ہونا ہے
Seeney mein charaagho(n) kee soorat zakhmo(n) ko farozaa(n) hona hai

ہر صبر کی مدّت ہے کوئی ، ہر ضبط کی اک حد ہوتی ہے
Har sabr ki muddat hai koyee, har zabt ki ek had hotee hai

جو کرب ہے سینے کے اندر چہرے پہ نمایاں ہونا ہے
Jo karb hai seeney key andar chehrey pe numaayaa(n) hona hai

قسمت کا لکھا کب مٹتا ہے کوشش سے مگر تو باز نہ رہ
Qismat k(a) likha kab mit-ta hai koshish se magar too baaz n(a) rah

تدبیر کے سرمایہ پر ہی انسان کو نازاں ہونا ہے
Tadbeer ki hee tahreer pe har insaan ko naazaa(n) hona hai

تم پھول کی دھیمی خوشبو ہو ، میں پیڑ کا سوکھا پتّہ ہوں
Tum phool ki dheemee khushboo ho, mai(n) peyd k(a) sookha patta hoon

تم کو بھی پریشاں ہونا ہے مجھ کو بھی پریشاں ہونا ہے
Tumko bhi pareyshaa(n) hona hai mujhko bhi pareyshaa(n) hona hai

پوچھو نہ پریشانی میری عاجز ہے سخن دانی میری

Poocho n(a) pareyshaanee meyree aajiz hai sokhandaanee meyree

غزلوں کا ہنر معلوم نہیں محفل میں غزلخواں ہونا ہے

Ghazlo(n) k(a) hunar maaloom nahee(n) mahfil mein ghazal khaa(n) hona hai

جس راہ پہ ہم چلتے آئے مشکل ہے تو کوئی بات نہیں

Jis raah pe ham chaltey aayey mushkil hai to koyee baat nahee(n)

اے شوقؔ ہماری دشواری اُس راہ کا آساں ہونا ہے

Ayey Shauq hamaaree dushwaaree us raah ka aasaa(n) hona hai

کہہ رہی تھی ساری خلقت پیار کا دریا مجھے
Kah rahee thee saari khilqat pyaar ka darya mujhey
زندگی! تونے مگر رکھّا سدا پیاسا مجھے
Zindagee! Tooney magar rakh-kha sada pyaasa mujhey

وقت نے تو ہر گھڑی آئینہ دکھلایا مجھے
Waqt ney to har ghadee aa-een(a) dekhlaaya mujhey
میری اپنی ہی نظر دیتی رہی دھوکا مجھے
Meyri apnee hee nazar deytee rahee dhoka mujhey

مجھ میں پھونکی اُس نے روحِ عظمتِ انسانیت
Mujh mein phoo(n)kee us ne rooh-e-azmat-e-insaaniat
مل گیا روزِ ازل جو درد کا حصا مجھے
Mil gaya roz-e-azal jo dard ka hissa mujhey

دھیرے دھیرے ہی سہی ہونا تھا الفت کا اثر
Dheere dheerey hee sahee hona tha ulfat ka asar
غیر بھی کہنے لگے اب دیکھیئے اپنا مجھے
Ghair bhee kahney lagey ab deykhiyey apna mujhey

زندگی! میں ہوں سلامت فکرِ بارِ غم نہ کر
Zindagee! Mai(n) hoon salaamat fikr-e-baar-e-gham n(a) kar
کس لئے بخشے گئے ہیں بازو و شانا مجھے
Kis liyey bakhshey gayey hain bazu-o-shaana mujhey

کون دیتا ہے خوشی سے حق کسی کو اب یہاں
Kaun deyta hai khushee sey haq kisee ko ab yahaa(n)
لڑ کے خود لینا پڑے گا اپنا ہر حصا مجھے
Lad ke khud leyna padeyga apn(a) har hissa mujhey

چند قطرے ہی لہو کے بچ گئے ہیں کیا کروں
Chand qatrey hee lahoo key bach gayey hain kya karoo(n)
خون کا ہر شخص لگتا ہے یہاں پیاسا مجھے
Khoon ka har shakhs lagta hai yahaa(n) pyaasa mujhey

دوست کی صورت مکاں میں گھس نہ آئیں حادثے
Dost kee soorat makaa(n) mein ghus n(a) aayey(n) haadesey
دن کو بھی اب بند ہی رکھنا ہے دروازا مجھے
Din k(o) bhi ab band hee rakhna hai darwaaza mujhey

آج مانا اُس کو میری کوئی بھی حاجت نہیں
Aaj maana usko meyree koyee bhee haajat nahee(n)
کل کتابِ شوق میں ڈھونڈے گی یہ دنیا مجھے
Kal ketaab-e-Shauq mein dhoo(n)deygi yeh dunya mujhey

یقیناً یہ قصّہ وفا کا نہیں ہے
Yaqeenan ye qissa wafa ka nahee(n) hai
ہمارا کہیں بھی حوالا نہیں ہے
Hamaara kahee(n) bhee hawaala nahee(n) hai

جوانی کا کوئی بھروسا نہیں ہے
Jawaanee k(a) koyee bharosa nahee(n) hai
امنگوں نے لیکن یہ سوچا نہیں ہے
Uma(n)go(n) ne leykin ye socha nahee(n) hai

یہ غم بھی اٹھا لیں تو بیجا نہیں ہے
Ye gham bhee utha ley(n) to beyja nahee(n) hai
ہمیشہ تو دنیا میں رہنا نہیں ہے
Hameysha to dunya mein rahna nahee(n) hai

لہو ہم نے دل کا نچوڑا نہیں ہے
Lahoo ham ney dil ka nichoda nahee(n) hai
ابھی قرضِ ہستی اتارا نہیں ہے
Abhee qarz-e-hastee utaara nahee(n) hai

یہاں دورِ عشرت کے ساتھی بہت ہیں
Yahaa(n) daur-e-ishrat ke saathee bahut hain
مصیبت میں کوئی کسی کا نہیں ہے
Moseebat mein koyee kisee ka nahee(n) hai

بوقتِ مصیبت بھی ہاتھوں نے میرے

Ba-waqt-e-moseebat bhi haatho(n) ne meyrey

شرافت کے دامن کو چھوڑا نہیں ہے

Sharaafat ke daaman ko choda nahee(n) hai

کہیں کُھل نہ جائے یہ رازِ محبت

Kahee(n) khul n(a) jaayey ye raaz-e-mohabbat

جو لکھنا تھا خط میں وہ لکھا نہیں ہے

Jo likhna tha khat mein wo likhkha nahee(n) hai

کوئی تو ہے جس کے لئے جی رہا ہوں

Koee to hai jiskey liyey jee raha hoon

یہ کیسے کہوں کوئی میرا نہیں ہے

Ye kaisey kahoo(n) koyi meyra nahee(n) hai

کوئی ان کی یادوں کے شامل ہی جی لے

Koee unki yaado(n) ke shaamil hi jee ley

زمانے کو یہ بھی گوارا نہیں ہے

Zamaaney ko yeh bhee gawaara nahee(n) hai

نکالیں ہیں لوگوں نے کیا کیا نہ مطلب

Nikaaley(n) hain logo(n) ne kya kya n(a) matlab

بھلائی کا شاید زمانا نہیں ہے

Bhalaayee k(a) shaayad zamaana nahee(n) hai

خطا کار سے کچھ خطائیں تو ہوں گی

Khata kaar sey kuch khataayey(n) to ho(n)gee

بشر پھر بشر ہے فرشتا نہیں ہے

Bashar phir bashar hai farishta nahee(n) hai

مرے دل سے ہی گردشیں کیوں نہ کھیلیں

Merey dil se hee gardishey(n) kyo(n) n(a) kheyley(n)

کوئی اور ایسا کھلونا نہیں ہے

Koyee aur aisa khelauna nahee(n) hai

کڑی دھوپ میں اور چلنا پڑے گا

Kadee dhoop mein aur chalna padeyga

رگوں میں ابھی خون کھولا نہیں ہے

Rago(n) mein abhee khoon khaula nahee(n) hai

خدا جانے کیا حادثہ پیش آیا

Khoda jaane kya haadesa peysh aaya

نشیمن میں پر ہے ، پرندا نہیں ہے

Nasheyman mein par hai, parinda nahee(n) hai

یہ کیا شوقؔ پھیکی غزل کہہ رہے ہو

Ye kya Shauq pheekee ghazal kah rahey ho

کہیں ذکرِ جانِ تمنّا نہیں ہے

Kahee(n) zikr-e-jaan-e-tamanna nahee(n) hai

حدیثِ عشق مری چشمِ اشکبار میں ہے

Hadees-e-ishq meri chashm-e-ashkbaar mein hai

فسانہ اہلِ محبت کا اختصار میں ہے

Fasaan(a) ahl-e-mohabbat k(a) ekhtesaar mein hai

نہ جانے کون رُکاوٹ بنا بہار میں ہے

N(a) jaaney kaun rokaawat bana bahaar mein hai

خزاں رسیدہ چمن کب سے انتظار میں ہے

Khazaa(n) raseed(a) chaman kab se intezaar mein hai

بجھا رہا ہے زمیں کی یہ تشنگی کب سے

Bujha raha hai zamee(n) kee ye tishnagee kab sey

غضب کی دریا دلی قلبِ آبشار میں ہے

Ghazab ki daryadili qalb-e-aabshaar mein hai

ہوئے ہیں پیار کی بازی لگا کے ہم رسوا

Huyey hain pyaar ki baazee laga ke ham ruswa

خوشی نہ جیت میں حاصل نہ رنج ہار میں ہے

Khushee n(a) jeet mein haasil n(a) ranj haar mein hai

نظر کو خون رُلاتی ہے وہ فضائے چمن

Nazar ko khoon rolaatee hai wo fazaa-e-chaman

ردا خزاں کی جو اوڑھے ہوئے بہار میں ہے

Reda khazaa(n) ki jo odhey huyey bahaar mein hai

سکوں کی کھوج میں دنیا ہے بے قرار مگر
Sakoo(n) ki khoj mein dunya hai bey-qaraar magar
نہ اب یہ شہر، نہ صحرا، نہ کوہسار میں ہے
N(a) ab ye shahr, n(a) sahra, n(a) kohasaar mein hai

پلٹ کے جانا ہے گھر مجھ کو شام سے پہلے
Palat ke jaan(a) hai ghar mujh ko shaam sey pahley
میں جانتا ہوں کوئی شوقؔ انتظار میں ہے
Mai(n) jaanta hoon koee Shauq intezaar mein hai

کشمکش میں یہ زمیں ہے آسماں مشکل میں ہے
Kashmakash mein yeh zamee(n) hai aasmaa(n) mushkil mein hai
وقت کی گردش نہ جانے کون سی منزل میں ہے
Waqt kee gardish n(a) jaaney kaun see manzil mein hai

دیکھ لو پڑھ کر، کہاں افسانہ و ناول میں ہے
Deykh lo padhkar kahaa(n) afsaana-o-nauvil mein hai
بابِ الفت کی جو رنگینی کتابِ دل میں ہے
Baab-e-ulfat kee jo rangeeni ketaab-e-dil mein hai

موجِ دریا پوچھتی ہے چوم کر کشتی مری
Mauj-e-darya poochtee hai choom kar kashtee meri
عافیت دریا میں ہے یا دامنِ ساحل میں ہے
Aafiat darya mein hai ya daaman-e-saahil mein hai

زندگی اپنی نہ اس میں ڈوب ہی جائے کہیں
Zindagee apnee n(a) ismey doob hee jaayey kahee(n)
آرزوؤں کا سمندر اب ہمارے دل میں ہے
Aarazoo-o(n) ka samundar ab hamaarey dil mein hai

اپنی رودادِ محبت ہے ادھوری آج تک
Apni roodaad-e-mohabbat hai adhooree aaj tak
کچھ لبوں تک آچکی ہے کچھ ابھی بھی دل میں ہے
Kuch labo(n) tak aa chukee hai kuch abhee bhee dil mein hai

اِس طرف ذوقِ طلب ہے اُس طرف شرطِ طلب

Is taraf zauq-e-talab hai us taraf shart-e-talab

زندگی جہدِ مسلسل بن کے اس محفل میں ہے

Zindagee jahd-e-mosalsal ban ke is mahfil mein hai

کچھ حیا کے ساتھ شوخی بھی ہے چشمِ ناز میں

Kuch haya key saath shokhee bhee hai chashm-e-naaz mein

آب ہی کچھ اور اب تو خنجرِ قاتل میں ہے

Aab hee kuch aur ab to khanjar-e-qaatil mein hai

چلنے والے بے خبر ہیں وقت کی رفتار سے

Chalne waaley bey-khabar hain waqt kee raftaar sey

ہر قدم عمرِ رواں کا اک نئی منزل میں ہے

Har qadam umr-e-rawaa(n) ka ek nayee manzil mein hai

ان دنوں انسانیت دونوں سے ہے سہمی ہوئی

In dino(n) insaaniat dono(n) se hai sahmee huyee

فرق شاید کچھ نہیں اب عالم و جاہل میں ہے

Farq shaaed kuch nahee(n) ab aalim-o-jaahil mein hai

آدمی کردار ہے بس اپنے اپنے دور کا

Aadamee kirdaar hai bas apne apney daur ka

جنگ تو روزِ ازل سے ہی حق و باطل میں ہے

Jang to roz-e-azal sey hee haq-o-baatil mein hai

338

زندگی کو مل رہا ہے میرے ہونے کا ثبوت

Zindagee ko mil raha hai meyrey honey ka saboot

ایک شمعِ جستجو روشن رہِ منزل میں ہے

Eyk sham(a)-e-justajoo raushan rah-e-manzil mein hai

محفلیں سجتی ہیں دنیا میں ہزاروں ہی مگر

Mahfiley(n) sajtee hain dunya mein hazaaro(n) hee magar

لذّتِ شعر و سخن بس شوقؔ کی محفل میں ہے

Lazzat-e-sher-o-sokhan bas Shauq kee mahfil mein hai

✦

نغمے ہیں بلبلوں کے نہ گُل پر نِکھار ہے
Naghmey hain bulbulo(n) ke n(a) gul par nikhaar hai
کیسے کہوں کہ باغ میں آئی بہار ہے
Kaisey kahoo(n) ke baagh mein aayee bahaar hai

سینہ گلوں کا چاک ، کلی ہے لہو لہو
Seena gulo(n) k(a) chaak, kali hai lahoo lahoo
کیا ہو گیا کہ سارا چمن سوگوار ہے
Kya ho gaya ke saar(a) chaman sogawaar hai

کیا کیا نہ آج بھیس بنائے ہوئے ہیں لوگ
Kya kya n(a) aaj bheys banaayey huyey hain log
دشمن بھی لگ رہا ہے کوئی غمگسار ہے
Dushman bhi lag raha hai koi ghamgusaar hai

ایسا نہیں کہ میں ہوں اکیلا گناہگار
Aisa nahee(n) ke mai(n) hoon akeyla gunaahagaar
اس دور میں تو سب کی قبا داغدار ہے
Is daur mein to sab ki qaba daaghadaar hai

اس کی زباں پہ کوئی حقیقت نہیں ہے کیوں
Us kee zabaa(n) pe koyee haqeeqat nahee(n) hai kyo(n)
کیا آئینہ بھی کوئی فسانہ نگار ہے
Kya aa-ina bhi koyee fasaana nigaar hai

لفظوں کے تیر ہوں کہ یہ نشتر ہوں طنز کے

Lafzo(n) ke teer ho(n) ke ye nishtar ho(n) tanz key

شاید سبھوں کو میرے کلیجے سے پیار ہے

Shaayad sabho(n) ko meyre kaleyjey se pyaar hai

یہ بھی ہے اک اُداس خوشی کا شکار اب

Yeh bhee hai ek udaas khushee ka shikaar ab

لگتا ہے دل نہیں ہے چراغِ مزار ہے

Lagta hai dil nahee(n) hai charaagh-e-mazaar hai

گذرا تھا دل کی راہ سے اک کاروانِ شوق

Guzra th(a) dil ki raah se ek kaarwaan-e-Shauq

آنکھوں میں اس کی یاد کا چھایا غبار ہے

Aankho(n) mein us ki yaad k(a) chaaya ghobaar hai

341

کوئی ہے عشرت کدے میں کوئی غم خانے میں ہے

Koyee hai ishrat kade mein koyee gham khaaney mein hai

ہر کوئی مصروف اپنے جی کے بہلانے میں ہے

Har koee masroof apney jee ke bahlaaney mein hai

کم ہے آنے میں زیادہ آپ کے جانے میں ہے

Kam hai aaney mein zeyaada aap key jaaney mein hai

درد کا چرچا مسلسل دل کے افسانے میں ہے

Dard ka charcha mosalsal dil ke afsaaney mein hai

گوہر دریائے دل ہیں اپنی چاہت کے ثبوت

Gauhar-e-daryaa-e-dil hain apni chaahat key saboot

عظمتِ اشکِ گراں دامن پہ پھیلانے میں ہے

Azmat-e-ashk-e-geraa(n) daaman pe phailaaney mein hai

ضابطوں کو توڑ کر ، آداب سے منھ موڑ کر

Zaabeto(n) ko tod kar aadaab se mu(n)h mod kar

انتہائے عاشقی حد سے گزر جانے میں ہے

Intehaa-e-aashiqee had sey guzar jaaney mein hai

درد میں ڈوبے ہوئے لمحوں کا ہر روشن چراغ

Dard mein doobey huyey lamho(n) k(a) har raushan charaagh

کس قدر مسحور کن دل کے سیہ خانے میں ہے

Kis qadar mas-hoor-kun dil key seyah khaaney mein hai

جوش ساحل پر دکھاتے ہیں خرد والے مگر
Josh saahil par dekhaatey hain kherad waaley magar
حوصلہ موجوں سے ٹکرانے کا دیوانے میں ہے
Hausala maujo(n) se takraaney k(a) deewaaney mein hai

پوچھتا پھرتا تھا کل تک جو بہاروں کا پتہ
Poochata phirta th(a) kal tak jo bahaaro(n) ka pata
آج کیوں بیٹھا ہوا خاموش ویرانے میں ہے
Aaj kyo(n) baitha hua khaamosh weeraaney mein hai

ڈھونڈتی آئی فلک سے اور یہیں پر رک گئی
Dhoondatee aayee falak sey a(ur) yahee(n) par ruk gayee
منزلِ برقِ تپاں کیا میرے کاشانے میں ہے
Manzil-e-barq-e-tapaa(n) kya meyrey kaashaaney mein hai

ایک ہی لہجہ ہے سب سے ایک ہی جیسا سلوک
Eyk hee lahja hai sab sey eyk hee jaisa solook
فرق کچھ بھی شوقؔ کو اپنے نہ بیگانے میں ہے
Farq kuch bhee Shauq ko apney n(a) beygaaney mein hai

جینے کی آرزو سے کنارا نہ کر سکے

Jeeney ki aarazoo se kinaara n(a) kar sakey

کیسے کہیں کہ خواہشِ دنیا نہ کر سکے

Kaisey kahey(n) ke khwaahish-e-dunya n(a) kar sakey

جب خواب بھی ہمارا ادھورا ہی رہ گیا

Jab khwaab bhee hamaar(a) adhoora hi rah gaya

آنکھوں سے اپنی نیند کا رشتا نہ کر سکے

Aa(n)kho(n) se apni neend k(a) rishta n(a) kar sakey

اپنی نظر اِدھر تھی ، اُدھر اُن کا آئینہ

Apnee nazar idhar thi, udhar unka aa-ina

ہم درمیاں کسی کو گوارا نہ کر سکے

Ham darmeyaa(n) kisi ko gawaara n(a) kar sakey

رقصِ حیات سے ہمیں مہلت کہاں ملی

Raqs-e-hayaat sey hame(n) mohlat kahaa(n) milee

کچھ اہتمامِ ساغر و مینا نہ کر سکے

Kuch ehtemaam-e-saaghar-o-meena n(a) kar sakey

ہر ہاتھ میں تھا جام لبوں سے لگا ہوا

Har haath mein tha jaam labo(n) sey laga hua

ایسے میں ہم بھی اپنے کو تنہا نہ کر سکے

Aisey mein ham bhi apne ko tanha n(a) kar sakey

خواہش تو آسمان کو چھونے کی تھی مگر
Khwaahish to aasamaan ko chooney ki thee magar
ہم اپنے قد میں کوئی اضافا نہ کر سکے
Ham apne qad mein koyee ezaafa n(a) kar sakey

بن کر چراغِ راہ ضیا بانٹتے رہے
Ban kar charaagh-e-raah zeya baa(n)t-tey rahey
لیکن ہم اپنے گھر میں اجالا نہ کر سکے
Leykin ham apne ghar mein ujaala n(a) kar sakey

اپنا سفر ازل سے ابد کا طویل تھا
Apna safar azal se abad ka taweel tha
اس عمرِ مختصر پہ بھروسا نہ کر سکے
Is umr-e-mokhtasar pe bharosa n(a) kar sakey

کرتے رہے گناہ مروّت میں شوق کی
Kartey rahey gunaah marawwat mein Shauq kee
کھا کر قسم بھی ہم کبھی توبا نہ کر سکے
Khaakar qasam bhi ham kabhi tauba n(a) kar sakey

نہ جانے شوق سے اپنے وہ کیا عطا کرتے

N(a) jaane shauq se apney wo kya ata kartey

’’ہمیں حجاب سا ہونے لگا دعا کرتے‘‘

'Hamey(n) hejaab s(a) honey laga doa kartey'

ہم اپنے آپ سے پیدا جو رابطا کرتے

Ham apne aap se paida jo raabeta kartey

تو خود کو رازِ حقیقت سے آشنا کرتے

To khud ko raaz-e-haqeeqat se aashana kartey

تمام عمر ہی گزری خدا خدا کرتے

Tamaam umr hi guzree Khoda Khoda kartey

غمِ حیات کا کیا اور تذکرا کرتے

Gham-e-hayaat k(a) kya aur tazkera kartey

وہ قتل کرنے کا کس طرح حوصلا کرتے

Wo qatl karne k(a) kis tarh(a) hausala kartey

زمیں پہ گر کے بھی میرے لہو صدا کرتے

Zamee(n) pe gir ke bhi meyrey lahoo sada kartey

جو دوسروں کے لئے دہر میں جیا کرتے

Jo doosro(n) ke liyey dahr mein jiya kartey

وہ اپنے واسطے کیوں کر کبھی دعا کرتے

Wo apne waastey kyo(n)kar kabhee doa kartey

ہم آشنا جو نہ ہوتے فریبِ ہستی سے

Ham aashana jo n(a) hotey fareb-e-hastee sey

کچھ اور جینے کا دنیا میں حوصلا کرتے

Kuch aur jeene k(a) dunya mein hausala kartey

بدلتے رہتے ہیں موسم یہاں کے صبح و شام

Badalte rahte hain mausim yahaa(n) ke subh-o-shaam

ہم اپنے کل کا بھی کیا آج فیصلا کرتے

Ham apne kal k(a) bhi kya aaj faisala kartey

سمجھ رہے ہیں جو اپنے کو پاسبانِ حق

Samajh rahey hain jo apney ko paasabaan-e-haq

وہ لوگ آج ذرا یادِ کربلا کرتے

Wo log aaj zara yaad-e-Karbala kartey

ستم کے بعد ستم کا ہی سلسلا کرتے
Sitam ke baad sitam ka hi silsila kartey
اسی کو رسمِ محبت ہیں وہ کہا کرتے
Isee ko rasm-e-mohabbat hain woh kaha kartey

ہم اپنا زخم دکھا کر کسی کو کیا کرتے
Ham apn(a) zakhm dekha kar kisee ko kya kartey
کچھ اور درد بڑھاتے جو تبصرا کرتے
Kuch aur dard badhaatey jo tabsera kartey

فسانے اپنی محبت کے ہم جو لکھتے ہیں
Fasaane apni mohabbat ke ham jo likhtey hain
اُسی کو اہلِ ادب ہیں غزل کہا کرتے
Usee ko ahl-e-adab hain ghazal kaha kartey

جلا کے شمع وہ رکھ دیتے اپنی چوکھٹ پر
Jala ke sham(a) wo rakh deyte apni chaukhat par
کسی کا کر کے بھلا اپنا بھی بھلا کرتے
Kisee k(a) kar ke bhala apn(a) bhee bhala kartey

ادا جو رسمِ وفا اشک سے ہی کر لیتے
Ada jo rasm-e-wafa ashk sey hi kar leytey
کسی کی بزم میں کیوں شوقؔ کا گلا کرتے
Kisi ki bazm mein kyo(n) Shauq ka gila kartey

زبان چاہیے شیریں کسی سخن کے لئے
Zabaan chaahiye sheeree(n) kisee sokhan ke liyey
عزیز کیوں نہ ہو اردو کمالِ فن کے لئے
Azeez kyo(n) n(a) ho Urdu kamaal-e-fan ke liyey

نہیں ہے سہل کوئی نسخہ حسنِ ظن کے لئے
Nahee(n) hai sahl koee nuskh(a) husn-e-zan ke liyey
''تمام فن ہیں ضروری اس ایک فن کے لئے''
'Tamaam fan hain zarooree is eyk fan ke liyey'

مرا مزاج نہ بدلا مزاجِ وقت کے ساتھ
Mera mizaaj n(a) badla mizaaj-e-waqt ke saath
حروفِ نو نہ ملے قصۂ کہن کے لئے
Horoof-e-nau n(a) miley qissa-e-kohan ke liyey

نہ پوچھو حال زمانے کا مجھ سے اے لوگو
N(a) pooch(o) haal zamaaney k(a) mujh se ayey logo
ترس رہا ہے اجالے کی اک کرن کے لئے
Taras raha hai ujaaley ki ek kiran ke liyey

جھلس کے رہ گئے پودے ہرے بھرے سارے
Jhulas ke rah gaye paudey harey bharey saarey
ہوا چلی ہے عجب گلشنِ وطن کے لئے
Hawa chalee hai ajab gulshan-e-watan ke liyey

سحر کے وقت ہی دم ٹوٹا ظلمتِ شب کا
Sahar ke waqt hi dam toot(a) zulmat-e-shab ka
تھا انتظار جسے صبح کی کرن کے لئے
Th(a) intezaar jisey subh(a) kee kiran ke liyey

لباسِ فاخرہ دیتا نہیں ہے زیب تمہیں
Lebaas-e-faakhera deyta nahee(n) hai zeyb tumhey(n)
پڑی ہیں سامنے لاشیں ابھی کفن کے لئے
Padee hain saamaney laashey(n) abhee kafan ke liyey

کسی بہار کی ہم آرزو بھی کیا کرتے
Kisee bahaar ki ham aarazoo bhi kya kartey
فضا ہر آن بدلتی رہی چمن کے لئے
Faza har aan badaltee rahee chaman ke liyey

اس انجمن میں ملے شوؔق کو بھی دادِ ہنر
Is anjuman mein mile Shauq ko bhi daad-e-hunar
نئی ہو فکر ، نیا لہجہ گر سخن کے لئے
Nayee ho fikr, naya lahj(a) gar sokhan ke liyey

نمی مٹی کی کوئی کم نہیں ہے

Namee mittee ki koee kam nahee(n) hai

''گلوں کو حاجتِ شبنم نہیں ہے''

' Gulo(n) ko haajat-e-shabnam nahee(n) hai'

اندھیرا ہے تو کوئی غم نہیں ہے

Andheyra hai to koyee gham nahee(n) hai

چراغِ شوق تو مدھم نہیں ہے

Charaagh-e-shauq to mad-dham nahee(n) hai

قدم اپنا بڑھاؤ دیکھ سن کر

Qadam apna badhaao deykh sun kar

رہِ ہستی کہاں پُرخم نہیں ہے

Rah-e-hastee kahaa(n) purkham nahee(n) hai

ہے صبر و شکر اب ہر حادثے پر

H(ai) sabr-o-shukr ab har haadsey par

تباہی کا کوئی ماتم نہیں ہے

Tabaahee ka koee maatam nahee(n) hai

دکھائی دیتے ہیں نشتر ہی نشتر

Dekhaayee deyte hain nishtar hi nishtar

کسی کے ہاتھ میں مرہم نہیں ہے

Kisee ke haath mein marham nahee(n) hai

مبارک اے غرورِ سر فروشی

Mobaarak ayey ghoroor-e-sarfaroshee

ترا مقتل میں بھی سر خم نہیں ہے

Tera maqtal mein bhee sar kham nahee(n) hai

ثبوتِ قتل کا رونا ہے یارو

Saboot-e-qatl ka rona h(ai) yaaro

ہمارے قتل کا ماتم نہیں ہے

Hamaarey qatl ka maatam nahee(n) hai

نظر دوڑا چکے ہر قافلے پر

Nazar dauda chukey har qaafeley par

کہیں اخلاص کا پرچم نہیں ہے

Kahee(n) ekhlaas ka parcham nahee(n) hai

وہی ہے ساقی و جام و صراحی

Wohee hai saaqi-o-jaam-o-suraahee

مگر محفل کا وہ عالم نہیں ہے

Magar mahfil k(a) wo aalam nahee(n) hai

تمہارے غم کا ہی اک غم ہے مجھ کو

Tumhaarey gham k(a) hi ek gham hai mujh ko

ہمارا غم تو کوئی غم نہیں ہے

Hamaara gham to koyee gham nahee(n) hai

352

بھڑک اٹھیں گے شعلے اور گُل کے

Bhadak uth-they(n)ge sholey aur gul key

یہ جامِ اشک ہے شبنم نہیں ہے

Ye jaam-e-ashk hai shabnam nahee(n) hai

جنابِ شوقؔ سے کہہ دے یہ کوئی

Janaab-e-Shauq sey kah dey ye koyee

کسی کا شوق بھی کچھ کم نہیں ہے

Kisee ka shauq bhee kuch kam nahee(n) hai

"وہ آنکھ رکھتے ہیں لیکن نظر نہیں رکھتے"

'Wo aa(n)kh rakhtey hain leykin nazar nahee(n) rakhtey'

بشر بھی ہو کے جو پاسِ بشر نہیں رکھتے

Bashar bhi ho ke jo paas-e-bashar nahee(n) rakhtey

رہِ حیات کے شکوے لبوں پہ ہیں ان کے

Rah-e-hyaat ke shikwey labo(n) pe hain unkey

قدم جو وقتِ سفر دیکھ کر نہیں رکھتے

Qadam jo waqt-e-safar deykh kar nahee(n) rakhtey

چلی کہاں سے کہاں جا کے رکنے والی ہے

Chalee kahaa(n) se kahaa(n) ja ke rukne waalee hai

ہم اس حیات کی کوئی خبر نہیں رکھتے

Ham is hayaat ki koyee khabar nahee(n) rakhtey

حیات اپنی تو ہے مختصر بہت لیکن

Hayaat apni to hai mokhtasar bahut leykin

ہم آرزو تو کوئی مختصر نہیں رکھتے

Ham aarazoo to koi mokhtasar nahee(n) rakhtey

نہ سن سکے گا کوئی اور نہ کہہ سکیں گے ہم

N(a) sun sakeyg(a) koi a(ur) n(a) kah sakey(n)ge ham

کہ ہم فسانۂ غم مختصر نہیں رکھتے

Ke ham fasaana-e-gham mokhtasar nahee(n) rakhtey

حسین ماضی کے قصے ابھی ادھورے ہیں

Haseen maazi ke qissey abhee adhoorey hain

ہم اپنے حال کی کوئی خبر نہیں رکھتے

Ham apne haal ki koyee khabar nahee(n) rakhtey

وہ اس جہان میں کیا خاک مسکرائیں گے

Wo is jahaan mein kya khaak muskuraaye(n)ge

جو مسکرانے کا کوئی ہنر نہیں رکھتے

Jo muskuraane k(a) koyee hunar nahee(n) rakhtey

سفر وہ کرتے ہیں ناکامیوں کے صحرا میں

Safar wo karte hain naakaamio(n) ke sahra mein

جو اپنی منزلیں پیشِ نظر نہیں رکھتے

Jo apni manziley(n) peysh-e-nazar nahee(n) rakhtey

فریب کھائے ہیں اتنے کہ سر پہ اب ہم تو

Fareyb khaate hain itney ke sar pe ab ham to

کوئی بھی سایۂ دیوار و در نہیں رکھتے

Koee bhi saaya-e-deewaar-o-dar nahee(n) rakhtey

اٹھا کے ہاتھ دعا مانگتے ہیں ہم لیکن

Utha ke haath doa maa(n)gtey hain ham leykin

دعا کے واسطے دستِ اثر نہیں رکھتے

Doa ke waastey dast-e-asar nahee(n) rakhtey

اڑان شوق کی اونچی بہت ہی اونچی ہے

Udaan Shauq ki oo(n)chee bahut hi oo(n)chee hai

عجیب بات ہے وہ بال و پر نہیں رکھتے

Ajeeb baat hai wo baal-o-par nahee(n) rakhtey

355

دنیا نے وفاؤں کا صلہ خوب دیا ہے

Dunya ne wafaao(n) k(a) sela khoob diya hai

پھلدار درختوں پہ سدا سنگ چلا ہے

Phaldaar darakhto(n) pe sada sang chala hai

اس بات پہ ہی چلتے ہیں ہر سمت سے پتّھر

Is baat pe hi chalte hain har simt se pat-thar

دیواروں پہ لکھتا ہوں نام اُن کا یہ خطا ہے

Deewaaro(n) pe likhta hoon naam unka ye khata hai

دیکھیں تو ذرا شہرِ محبت میں ٹھہر کر

Deykhey(n) to zara shahr-e-mohabbat mein thahar kar

سنتے ہیں کہ دروازۂ دل سب کا کھلا ہے

Suntey hain ke darwaaza-e-dil sab k(a) khula hai

ہستی کے حقائق سے جو واقف نہ ہو انساں

Hastee ke haqaa-eq se jo waaqif n(a) ho insaa(n)

جینے میں کوئی لطف نہ مرنے میں مزا ہے

Jeeney mein koi lutf n(a) marney mein maza hai

جتنی ہی بلندی سے گرا ہے کوئی انساں

Jetnee hi bulandee se gira hai koi insaa(n)

اتنا ہی اُسے چوٹ کا احساس ہوا ہے

Utna hi usey chot k(a) ehsaas hua hai

مٹھی میں یہ روشن ہیں مرے شوق کے جگنو
Mut-thee mein ye raushan hain merey shauq ke jugnoo
منزل کی مری راہ اندھیری ہے تو کیا ہے
Manzil ki meree raah andheyree hai to kya hai

کیسے یہ کہوں جان لیا شوقؔ کو میں نے
Kaisey ye kahoo(n) jaan liya Shauq ko mainey
دو چار قدم ہی تو مرے ساتھ چلا ہے
Do chaar qadam hee to merey saath chala hai

اہلِ وفا کا آج سفر سوئے دار ہے
Ahl-e-wafa k(a) aaj safar soo-e-daar hai
سنتا ہوں سولیوں کو بہت انتظار ہے
Sunta hoon soolio(n) ko bahut intezaar hai

غم سازگار تھا نہ خوشی سازگار ہے
Gham saaz-gaar tha n(a) khushee saaz-gaar hai
تھا بے قرار دل جو مرا بے قرار ہے
Tha bey-qaraar dil jo mera bey-qaraar hai

دل میں بہار ہے تو چمن میں بہار ہے
Dil mein bahaar hai to chaman mein bahaar hai
گر مطمئن نہ ہو تو ہر اک پھول خار ہے
Gar mutma-in n(a) ho to har ek phool khaar hai

بکھری ہے قوم دانۂ تسبیح کی طرح
Bikhree hai qaum daana-e-tasbeeh kee tarah
ناکامیوں کی وجہ یہی انتشار ہے
Naa-kaamiyo(n) ki wajh(a) yehee inteshaar hai

رشتوں سے اب فریب نہ کھائیں گے اور ہم
Rishto(n) se ab fareyb n(a) khaaye(n)ge aur ham
اپنا وہی ہے جس پہ کوئی اختیار ہے
Apna wohee hai jis pe koi ekhteyaar hai

یارب قبول کر لے مری امن کی دعا

Yaarab qabool kar le meri amn kee doa

سارے جہاں میں جنگ کی چیخ و پکار ہے

Saarey jahaa(n) mein jang ki cheekh-o-pukaar hai

یہ شوقؔ دے رہا ہے جو دامن کی دھجیاں

Yeh Shauq dey raha hai jo daaman ki dhaj-jiyaa(n)

گلشن قبول کر کہ خراجِ بہار ہے

Gulshan qabool kar ke kheraaj-e-bahaar hai

اُجالوں کا اک سلسلا بن گیا ہے
Ujaalo(n) k(a) ek silsila ban gaya hai
جدھر وہ چلے راستا بن گیا ہے
Jidhar wo chaley raasata ban gaya hai

بھلا بن گیا ہے بُرا بن گیا ہے
Bhala ban gaya hai bura ban gaya hai
یہ انساں بھی موسم نما بن گیا ہے
Ye insaa(n) bhi mausim-numa ban gaya hai

حسیں پیرہن درد کا بن گیا ہے
Hasee(n) pairahan dard ka ban gaya hai
ہماری چہیتی قبا بن گیا ہے
Hamaaree chaheetee qaba ban gaya hai

نہیں کوئی حاجت مجھے چارہ گر کی
Nahee(n) koyee haajat mujhey chaaragar kee
مرا درد ہی خود دوا بن گیا ہے
Mera dard hee khud dawa ban gaya hai

فسانہ ہی خود میری بربادیوں کا
Fasaana hi khud meyri barbaadio(n) ka
مری شہرتوں کی ادا بن گیا ہے
Meri shohrato(n) kee ada ban gaya hai

بھلا لگ رہا ہے بُرا ہے جو منظر
Bhala lag raha hai bura hai jo manzar
نظر کا عجب زاویا بن گیا ہے
Nazar ka ajab zaawiya ban gaya hai

نہ ڈھونڈو وہ اخلاص کا پیرہن اب
N(a) dhoondo wo ekhlaas ka pairahan ab
لباسِ زمانہ نیا بن گیا ہے
Lebaas-e-zamaana naya ban gaya hai

یہاں آدمی بن کے ہے کوئی رُسوا
Yahaa(n) aadamee ban ke hai koyi ruswa
کوئی ہو کے پتّھر خدا بن گیا ہے
Koi ho ke pat-thar Khoda ban gaya hai

خدا ہی نگہباں ہے اب قافلے کا
Khoda hee nigahbaa(n) hai ab qaafeley ka
تھا گمراہ جو رہنما بن گیا ہے
Tha gumraah jo rahnuma ban gaya hai

محبت ہے وہ نور کا جام یارو
Mohabbat hai wo noor ka jaam yaaro
جسے پی کے دل آئنا بن گیا ہے
Jisey pee ke dil aa-ina ban gaya hai

ہے کب سے بِنا تیل محفل میں روشن
Hai kab sey bina teyl mahfil mein raushan
یہ دل شوقؔ سے جو دیا بن گیا ہے
Ye dil Shauq sey jo diya ban gaya hai

جستجو اس کی ہے جو گمنام ہے

Justajoo uskee hai jo gumnaam hai

اور دنیا میں بھلا کیا کام ہے

Aur dunya mein bhala kya kaam hai

زیرِ خنجر بھی وفا کی راہ میں

Zeyr-e-khanjar bhee wafa kee raah mein

آہ کرنا باعثِ الزام ہے

Aah karna baa-esey elzaam hai

کیا کروں دِکھلا کے میں خونِ جگر

Kya karoo(n) dekhla ke mai(n) khoon-e-jigar

آنسوؤں کا بھی کوئی کیا دام ہے

Aa(n)suo(n) ka bhee koi kya daam hai

کچھ بھی ہو یہ شعر گوئی کا سبب

Kuch bhi ho yeh sheyr goyee ka sabab

لوگ کہتے ہیں دلِ ناکام ہے

Log kahtey hain dil-e-naa-kaam hai

ہاتھ میں جس کے ہو اس کا جانئے

Haath mein jiskey ho uska jaaniyey

پوچھتے کیا ہیں یہ کس کا جام ہے

Poochatey kya hain ye kiska jaam hai

زندگی رقصاں ہے بزمِ عیش میں
Zindagee raqsaa(n) hai bazm-e-aish mein
شکر ہے نا واقفِ انجام ہے
Shukr hai naa-waaqif-e-anjaam hai

ملنے جُلنے کا ہے اب تک سلسلہ
Milne julney ka hai ab tak silsila
''دوستی باقی برائے نام ہے''
'Dosatee baaqee bara-e-naam hai'

کس طرح تنہا ملوں اے زندگی!
Kis tarah tanha milu(n) ayey zindagee
ہم سفر جب گردشِ ایّام ہے
Hamsafar jab gardish-e-ayiaam hai

ہو مبارک شوقؔ کو اونچا محل
Ho mobaarak Shauq ko oo(n)cha mahal
جھونپڑے میں ہی مجھے آرام ہے
Jho(n)padey mein hee mujhey aaraam hai

یہ آرزو نہیں ہے کہ اونچا مکاں رہے
Yeh aarazoo nahee(n) hai ke oo(n)cha makaa(n) rahey

خواہش ہے سر چھپانے کو بس سائباں رہے
Khwaahish hai sar chupaane ko bas saa-ebaa(n) rahey

دنیائے رنگ و بو سے تعلق ہی جب نہیں
Dunyaa-e-rang-o-boo se ta-alluq hi jab nahee(n)

گلشن میں اب بہار رہے یا خزاں رہے
Gulshan mein ab bahaar rahey ya khazaa(n) rahey

جانے بنے تھے کون سی مٹی سے لوگ وہ
Jaaney baney the kaun si mittee se log woh

سُن سُن کے گالیاں جو یہاں خوش بیاں رہے
Sun sun ke gaaliyaa(n) jo yahaa(n) khush bayaa(n) rahey

سچ ہے کہ جذبِ شوق نے کھائی وہیں شکست
Sach hai ke jazb-e-shauq ne khaayee wahee(n) shikast

چھوڑا جہاں یقیں کو قریبِ گماں رہے
Choda jahaa(n) yaqee(n) ko qareeb-e-gumaa(n) rahey

یوں زندگی گذاری ہے شہرِ حیات میں
Yoo(n) zindagee guzaari hai shahr-e-hayaat mein

اپنے ہی گھر میں جیسے کوئی میہماں رہے
Apney hi ghar mein jaise koi meyhamaa(n) rahey

ماضی کی آگئی جو کبھی یادِ جانگداز
Maazee ki aa gayee jo kabhee yaad-e-jaa(n)gudaaz
آنسو ہماری آنکھ سے پہروں رواں رہے
Aa(n)soo hamaari aa(n)kh se pahro(n) rawaa(n) rahey

سیلاب نفرتوں کے بڑھے ہیں، ہوا ہے تیز
Sailaab nafrato(n) ke badhe hain, hawa hai teyz
یارب بچا ہوا مرا شہر اماں رہے
Yaarab bacha hua mera shahr-e-amaa(n) rahey

پہچان آدمی کی یہی شوقؔ جانئے
Pahchaan aadamee ki yahee Shauq jaaniyey
لب پر اگر نہیں تو نہیں ، ہاں تو ہاں رہے
Lab par agar nahee(n) to nahee(n), haa(n) to haa(n) rahey

شیشہ و جام کی حُرمت کو سلام آیا ہے
Sheesha-o-jaam ki hurmat ko salaam aaya hai
آج مے خانے میں مسجد کا امام آیا ہے
Aaj maikhaane mein masjid k(a) imaam aaya hai

ناشناسائے ہنر ہے یہ زمانہ افسوس
Naashanasaa-e-hunar hai ye zamaana afsos
نیک ناموں کا ہی ہر جُرم میں نام آیا ہے
Neyk naamo(n) k(a) hi har jurm mein naam aaya hai

کوئی لکڑی کی بھی شمشیر تو رکھتا ناداں
Koyi lakdee ki bhi shamsheyr to rakhta naadaa(n)
لے کے خالی ہی جو میداں میں نیام آیا ہے
Leyke khaalee hi jo maidaa(n) mein neyaam aaya hai

گل ہیں نوچے ہوئے، کلیاں ہیں چمن میں بکھری
Gul hain nochey huyey, kalyaa(n) hain chaman mein bikhree
کوئی طوفانِ بلا آج کی شام آیا ہے
Koyi toofaan-e-bala aaj ki shaam aaya hai

کھلکھلاہٹ تری اشکوں میں نہ ڈھل جائے کہیں
Khilkilaahat teri ashko(n) mein n(a) dhal jaayey kahee(n)
کس کے حصّے میں بھلا عیشِ دوام آیا ہے
Kiske hissey mein bhala aish-e-dwaam aaya hai

دل مرے پاس جو رہتا بھی تو میں کیا کرتا

Dil mere paas jo rahta bhi to mai(n) kya karta

خوش نصیبی ہے کسی اور کے کام آیا ہے

Khush-naseebee hai kisi aur ke kaam aaya hai

میری تربت پہ چراغاں کا ہے منظر اے شوقؔ

Meyree turbat pe charaagaa(n) k(a) hai manzar ayey Shauq

لے کے اشکوں کے دیئے وہ سر شام آیا ہے

Ley ke ashko(n) ke diyey wo sar-e-shaam aaya hai

دریا کو اپنی خشک زباں کیوں دکھایئے
Darya ko apni khushk zabaa(n) kyo(n) dekhaaiyey
اپنی نظر سے آپ نہ خود کو گرایئے
Apnee nazar se aap n(a) khud ko giraaiyey

شرحِ غزل کا مجھ سے تقاضہ ہے ان دنوں
Sharhey ghazal k(a) mujh se taqaaza hai in deno(n)
اپنی کتابِ حسن مجھے بھی پڑھایئے
Apnee ketaab-e-husn mujhey bhee padhaaiyey

چلنا ہے مجھ کو راہِ محبت میں کس طرح
Chalna hai mujhko raah-e-mohabbat mein kis tarah
دو گام ساتھ چل کے کبھی تو بتایئے
Do gaam saath chal ke kabhee to bataaiyey

چلتے ہی چلتے عمر ہماری نہ ہو تمام
Chaltey hi chalte umr hamaaree n(a) ho tamaam
اتنا بھی فاصلہ نہ خدارا بڑھایئے
Itna bhi faasela n(a) Khodaara badhaaiyey

کرنا بھی کیا ہے اس کے سوا اور دہر میں
Karna bhi kya hai iske sewa aur dahr mein
رقصِ حیات دیکھئے سب کو دکھایئے
Raqs-e-hayaat deykhiyey sab ko dekhaaiyey

گرد و غبار جب ہیں فضاؤں میں ہر طرف

Gard-o-ghobaar jab hain fazaao(n) mein har taraf

آئینۂ حیات کہاں تک بچائیے

aa-eena-e-hayaat kahaa(n) tak bachaaiyey

دیکھی ہے جس نظر نے کبھی روشنی نہیں

Deykhee h(ai) jis nazar ne kabhee raushanee nahee(n)

تاریکیوں سے اس کو بھلا کیا ڈرائیے

Taareekio(n) se usko bhala kya daraaiyey

سب کے ہی پیرہن پہ ہیں رسوائیوں کے داغ

Sab key hi pairahan pe hain ruswaaio(n) ke daagh

کس کس پہ آج بزم میں انگلی اٹھائیے

Kis kis pe aaj bazm mein unglee uthaaiyey

چھائی ہوئی ہے تیرگی شہرِ حیات میں

Chaayee huyee hai teeragi shahr-e-hayaat mein

ایسے میں منزلوں کا پتہ کیا بتائیے

Aisey mein manzilo(n) k(a) pata kya batayiyey

لہجہ نیا نیا ہو غزل بھی نئی نئی

Lahja naya naya ho ghazal bhee nayee nayee

جب دورِ نو کو حُسن کا قصہ سنائیے

Jab daur-e-nau ko husn k(a) qissa sunaaiyey

کیا شوق سے سنے گا کوئی داستانِ غم

Kya Shauq sey suneyg(a) koi daastaan-e-gham

اک شور ہر طرف ہے کہ ہنسئے ہنسائیے

Ek shor har taraf hai ke ha(n)syey ha(n)saaiyey

ماں کی دعائیں لے کے جو گھر سے چلا کرے

Maa(n) kee doaaey(n) leyke jo ghar sey chala karey

اس کے سفر کی کیوں نہ حفاظت خدا کرے

Us key safar ki kyo(n) n(a) hefaazat Khoda karey

اس طرح کوئی حقِّ رفاقت ادا کرے

Is tarh(a) koyee haqq-e-rafaaqat ada karey

اپنی کہا کرے کبھی میری سنا کرے

Apnee kaha karey kabhi meyree suna karey

دل سے زباں کے رشتۂ نازک کو کیا کرے

Dil sey zabaa(n) ke rishta-e-naazuk ko kya karey

کب تک کسی کی سُن کے کوئی چپ رہا کرے

Kab tak kisee ki sun ke koee chup raha karey

انسانیت کا آئینہ رکھ کر ہی سامنے

Insaaniat k(a) aa-in(a) rakh kar hi saamaney

دنیا میں جو بھی کرنا ہو خلقِ خدا کرے

Dunya mein jo bhi karn(a) ho khalq-e-Khoda karey

جب حال کے ہی رحم و کرم پر ہو زندگی

Jab haal key hi rahm-o-karam par ho zindagee

ماضی کے در پہ جا کے کوئی کیا صدا کرے

Maazee ke dar pe ja ke koi kya sada karey

سب ہیں اسیرِ گردشِ ایام ان دنوں
Sab hain aseer-e-gardish-e-ayiaam in dino(n)
رسمِ خوشی یہاں کوئی کیسے ادا کرے
Rasm-e-khushee yahaa(n) koi kaisey ada karey

دنیا میں خو کسی کی بدلتی نہیں ہے خود
Dunya mein khoo kisee ki badaltee nahee(n) hai khud
پتھر کسی کی راہ سے کیوں کر ہٹا کرے
Pat-thar kisee ki raah se kyo(n)kar hata karey

ٹھکرا رہے ہیں راہ کا پتھر سمجھ کے سب
Thokra rahe hain raah k(a) pat-thar samajh ke sab
کوئی تراش کر تو مجھے آئنا کرے
Koyee taraash kar to mujhey aa-ina karey

زخموں کے پھول ، درد کی خوشبو ، بہارِ غم
Zakhmo(n) ke phool, dard ki khushboo, bahaar-e-gham
میری حیات اور مجھے کیا عطا کرے
Meyree hayaat aur mujhey kya ata karey

کب تک نبھے گا ساتھ یہ کہنا محال ہے
Kab tak nibhey g(a) saath ye kahna mohaal hai
اے شوقؔ ! زندگی سے کوئی کیا گلا کرے
Ayey Shauq! Zindagee se koi kya gila karey

شرحِ شبابِ عشق و محبت نہ پوچھئے

Sharh-e-shabaab-e-ishq-o-mohabbat n(a) poochiyey

مجھ سے مری غزل کی عبارت نہ پوچھئے

Mujhsey meri ghazal ki ebaarat n(a) poochiyey

ترکِ تعلقات پہ جینے کی شرط ہے

Tark-e-ta-alluqaat pe jeeney ki shart hai

نبھتی ہے کیسے رسمِ محبت نہ پوچھئے

Nibhtee hai kaise rasm-e-mohabbat n(a) poochiyey

اک دوسرے کے واسطے سب ہیں جہان میں

Ek doosrey ke waastey sab hain jahaan mein

کب کس سے کس کو ہو کوئی حاجت نہ پوچھئے

Kab kis se kis ko ho koi haajat n(a) poochiyey

بازارِ دہر میں نہیں ممکن خریدنا

Baazaar-e-dahr mein nahi(n) mumkin khareedana

آبِ گہر کی کتنی ہے قیمت نہ پوچھئے

Aab-e-gohar ki ketnee hai qeemat n(a) poochiyey

بے عکس آئینہ ہے تو بے چہرہ آدمی

Bey-aks aa-ina hai to bey-chehr(a) aadamee

کیا کیا ہے اس زمانے کی جدّت نہ پوچھئے

Kya kya hai is zamaane ki jiddat n(a) poochiyey

اس درجہ زندگی کی قبا چاک چاک ہے
Is darj(a) zindagee ki qaba chaak chaak hai
پیوند بھی لگانے کی صورت نہ پوچھئے
Paiwand bhee lagaane ki soorat n(a) poochiyey

ہر کوئی چلتے چلتے ہوا تھک کے چور چور
Har koyi chalte chalte hua thak ke choor choor
کیسی ہے زندگی کی مسافت نہ پوچھئے
Kaisee hai zindagee ki masaafat n(a) poochiyey

ٹیلے پہ جس کو وقت نے لا کر کھڑا کیا
Teeley pe jis ko waqt ne laakar khada kiya
اس شخص سے کبھی قد و قامت نہ پوچھئے
Us shakhs sey kabhee qad-o-qaamat n(a) poochiyey

سب کے بدن میں ایک ہی آدمؑ کا خون ہے
Sab key badan mein eyk hi aadam k(a) khoon hai
ہے کس سے کس کو کون سی نسبت نہ پوچھئے
Hai kis se kis ko kaun si nisbat n(a) poochiyey

منصف کے ہاتھ میں ہے تعصب بھرا قلم
Munsif ke haath mein hai ta-assub bhara qalam
کیا فیصلہ کرے گی عدالت نہ پوچھئے
Kya faisala kareygi adaalat n(a) poochiyey

اصرار ہے تو سنئے غزل شوقؔ سے مگر
Esraar hai to suniye ghazal Shauq sey magar
کیا کیا کریں گے لوگ وضاحت نہ پوچھئے
Kya kya karey(n)ge log wazaahat n(a) poochiyey

رتبۂ اعلیٰ کی خاطر حوصلہ درکار ہے
Rutba-e-aala ki khaatir hausala darkaar hai

سر کی بازی جو لگاتا ہے وہی سردار ہے
Sar ki baazee jo lagaata hai wohee sardaar hai

غنچہ و گل کی چمن میں آرزو بےکار ہے
Ghuncha-o-gul kee chaman mein aarazoo beykaar hai

حکمرانی ہے خزاں کی ہر کلی اک خار ہے
Hukhmraanee hai khazaa(n) kee har kalee ek khaar hai

دورِ نو اب اپنے ہی ماحول سے بیزار ہے
Daur-e-nau ab apne hi maahaul sey beyzaar hai

آئینے کے سامنے رسوا ہر اک کردار ہے
aa-iney key saamaney ruswa har ek kirdaar hai

شہر میں چاروں طرف ہے گھپ اندھیرے کا سماں
Shahr mein chaaro(n) taraf hai ghup andherey ka sama(n)

کس لئے اب امتیازِ کوچہ و بازار ہے
Kis liye ab imteyaaz-e-koocha-o-baazaar hai

آسماں ہو یا زمیں ہو یا خلاؤں کا جہاں
Aasmaa(n) ho ya zamee(n) ho ya khalaao(n) ka jahaa(n)

زندگی کی سرحدوں تک یورشِ افکار ہے
Zindagee kee sarhado(n) tak yoorish-e-efkaar hai

ایک کاغذ کے مکاں میں ڈھیر ہے بارود کا
Eyk kaaghaz key makaa(n) mein dheyr hai baarood ka
دورِ حاضر کا یہ خاکہ باعثِ افکار ہے
Daur-e-haazir ka ye khaak(a) baaes-e-afkaar hai

بزمِ ہستی کو ملا ہے آسماں سے یہ سبق
Bazm-e-hastee ko mila hai aasmaa(n) sey yeh sabaq
شوق ہو ہمراہ تو ہر راستہ ہموار ہے
Shauq ho hamraah to har raasta hamwaar hai

ڈوبنے والے بھی کیا اور تمنا کرتے

Doobaney waale bhi kya aur tamanna kartey

لڑ کے موجوں سے فقط جان بچایا کرتے

Lad ke maujo(n) se faqat jaan bachaaya kartey

اپنی خو دونوں بہر حال دکھایا کرتے

Apni khoo dono(n) bahar haal dekhaaya kartey

سنگ وہ پھینکتے ہم ان کو تراشا کرتے

Sang wo phei(n)katey ham un ko taraasha kartey

چند قطرے ہی لہو کے تھے ہمارے تن میں

Chand qatrey hi lahoo key the hamaarey tan mein

شہر کی بھیڑ میں ہم کتنے کو بانٹا کرتے

Shahr ki bheed mein ham ketney ko baa(n)ta kartey

بے حسی کا جنہیں کہتے ہو سمندر لوگو

Bey-hisi ka jinhe(n) kahtey ho samundar logo(n)

بستیوں میں وہی طوفان بھی لایا کرتے

Bastio(n) mein wohee toofaan bhi laaya kartey

گھر پہنچ کر ہوا احساس یہ کیوں کر ہم کو

Ghar pahu(n)ch kar hua ehsaas ye kyo(n) kar ham ko

ہوتا بہتر جو سفر اور بھی لمبا کرتے

Hot(a) behtar jo safar aur bhi lamba kartey

خواہ جتنی ہو ضخامت وہ ادھوری ہوگی

Khwaah jetnee ho zakhaamat wo adhoori hogi

شرحِ ہستی کو قلم سب ہیں اٹھایا کرتے

Sharh-e-hastee ko qalam sab hain uthaaya kartey

شوقؔ نے تو رخِ اصلی کبھی دیکھا ہی نہیں

Shauq ney to rukh-e-aslee kabhee deykha hi nahee(n)

عمر گزری ہے عبث زیست کا پیچھا کرتے

Umr guzree hai abas zeest k(a) peecha kartey

پہلے نفرت کی ہر اک کھائی کو پاٹا کرتے

Pahle nafrat ki har ek khaayee ko paata kartey

پھر مرے دل میں بصد شوق وہ آیا کرتے

Phir mere dil mein basad shauq wo aaya kartey

آئینہ دیکھ کے خود ، مجھ کو دکھایا کرتے

aa-ina deykh ke khud, mujh ko dekhaaya kartey

سنگِ تنقید نہ پہلے وہ اٹھایا کرتے

Sang-e-tanqeed n(a) pahley wo uthaaya kartey

زندگی کو ہم اگر اتنا نہ چاہا کرتے

Zindagee ko ham agar etn(a) n(a) chaaha kartey

خود سے ہی ڈر کے ، نہ جانے کہاں ، بھاگا کرتے

Khud se hi dar ke, n(a) jaane kahaa(n), bhaaga kartey

ہوتے انجام محبت سے اگر ہم واقف

Hotey anjaam-e-mohabbat se agar ham waaqif

آستینوں میں کبھی سانپ نہ پالا کرتے

Aasteeno(n) mein kabhee saa(n)p n(a) paala kartey

شکوۂ وقت کبھی قلب و نظر پر الزام

Shikwa-e-waqt kabhee qalb-o-nazar par elzaam

زندگی بیت نہ جائے یہ بہانا کرتے

Zindagee beet n(a) jaayey ye bahaana kartey

ہیں اگر اہلِ ہنر دہر میں اب بھی باقی

Hain agar ahl-e-hunar dahr mein ab bhee baaqee

دورِ حاضر کو کسی سانچے میں ڈھالا کرتے

Daur-e-haazir ko kisi saa(n)che mein dhaala kartey

انتظار ان کا اگر شوق تھا دھوکا پھر بھی

Intezaa(r) un k(a) agar Shauq th(a) dhoka phir bhee

سلسلہ جینے کا اس طرح نہ توڑا کرتے

Silsil(a) jeene k(a) is tarh(a) n(a) toda kartey

یارب اماں جہاں کو ملے انقلاب سے
Yaarab amaa(n) jahaa(n) ko miley inqelaab sey

دریا لرز رہا ہے یہاں اب حباب سے
Darya laraz raha hai yahaa(n) ab hobaab sey

یہ زہر پی رہا ہوں بڑے آب و تاب سے
Yeh zahr pee raha hoon badey aab-o-taab sey

مرتا نہیں ہے کوئی نظر کی شراب سے
Marta nahee(n) hai koyee nazar kee sharaab sey

کیوں مبتلا فریب میں ہے اپنی تشنگی
Kyo(n) mobtala fareyb mein hai apni tishnagee

بجھتی نہیں ہے پیاس کسی کی سراب سے
Bujhtee nahee(n) hai pyaas kisee kee saraab sey

اس دور میں لئے ہوں میں اک جذبۂ خلوص
Is daur mein liyey hoon mai(n) ek jazba-e-kholoos

سوچو تو کم نہیں ہے یہ کارِ ثواب سے
Socho to kam nahee(n) hai ye kaar-e-swaab sey

روداد زندگی میں بھلا اور کیا بچا
Roodaad-e-zindagee mein bhala aur kya bacha

گم ہو گیا جو بابِ وفا ہی کتاب سے
Gum ho gaya jo baab-e-wafa hee ketaab sey

نیکی جو کر رہے ہو تو دریا میں ڈال دو

Neykee jo kar rahe ho to darya mein daal do

کچھ فائدہ نہیں ہے حساب و کتاب سے

Kuch faa-eda nahee(n) hai hesaab-o-ketaab sey

بن کر ہے خود سوال جہاں میری گفتگو

Ban kar hai khud sawaal jahaa(n) meyri guftagoo

بہتر ہے خامشی ہی وہاں پر جواب سے

Behtar hai khaam(o)shee hi wahaa(n) par jawaab sey

فصلِ بہار کا ہے سماں سر سے پاؤں تک

Fasl-e-bahaar ka hai samaa(n) sar se paao(n) tak

عضوِ بدن کوئی بھی نہیں کم گلاب سے

Uzw-e-badan koi bhi nahee(n) kam gulaab sey

بدلا ہے شوقؔ نے ہی مری زندگی کا رُخ

Badla hai Shauq ney hi meri zindagee k(a) rukh

منزل پہ لے چلا ہے وہ اپنے حساب سے

Manzil pe ley chala hai wo apney hesaab sey

وہ حُسن کے بادل تھے جو دریاؤں میں برسے
Wo husn ke baadal they jo daryaao(n) mein barsey
ہم عشق کے غنچے ہیں جو اک بوند کو ترسے
Ham ishq ke ghunchey hain jo ek boond ko tarsey

لیتی ہے جنم میری وفا خونِ جگر سے
Leytee hai janam meyri wafa khoon-e-jigar sey
تولے نہ کوئی اس کو کبھی لعل و گُہر سے
Tauley n(a) koi is ko kabhee laal-o-gohar sey

ڈرتا ہوں میں اب ان کے ہر اک لفظِ مگر سے
Darta hoon mai(n) ab un ke har ek lafz-e-magar sey
انکار بھی کرتے ہیں وہ اندازِ دگر سے
Inkaar bhi karte hain wo andaaz-e-degar sey

کہنے کو تو کہہ دیتے انہیں حالِ پریشاں
Kahney ko to kah deyte unhe(n) haal-e-pareyshaa(n)
گر جاتے مگر آپ ہی ہم اپنی نظر سے
Gir jaate magar aap hi ham apni nazar sey

ہر روز یہی سوچ کے بہلاتا ہوں دل کو
Har roz yahi soch ke bahlaat(a) hoon dil ko
کل دیکھیں وہ شاید مجھے مشتاق نظر سے
Kal deykhe(n) wo shaaed mujhey mushtaaq nazar sey

دو گام بھی ہم چل نہ سکے ان کی گلی میں

Do gaam bhi ham chal n(a) sakey unki galee mein

نکلے تھے مگر سوچ کے کچھ اور ہی گھر سے

Nikley the magar soch ke kuch aur hi ghar sey

بتلاؤں میں کیا کون ہوں منزل پہ پہنچ کر

Batlaau(n) mai(n) ky(a), kaun hoon, manzil pe pahu(n)ch kar

رسوا مرا آئینہ بھی ہے گردِ سفر سے

Ruswa mer(a) aa-een(a) bhi hai gard-e-safar sey

کیا معرکہ درپیش ہے معلوم نہیں کچھ

Kya maark(a) darpeysh hai maaloom nahee(n) kuch

باندھے ہوئے جاتا ہے کفن ہر کوئی سر سے

Baandhey huey jaata hai kafan har koi sar sey

دنیا میں بہت مثلِ گہر ملتے ہیں لیکن

Dunya mein bahut misl-e-gohar milte hain leykin

پہچان میں آ جاتے ہیں سب آبِ گہر سے

Pahchaan mein aa jaate hain sab aab-e-gohar sey

اک کھیل ہے چادر کا جو ہم کھیل رہے ہیں

Ek kheyl hai chaadar k(a) jo ham kheyl rahey hain

پاؤں کو چھپاتے ہیں تو کھل جاتے ہیں سر سے

Paao(n) ko chupaatey hain to khul jaate hain sar sey

میں شوق سے کہتا ہوں غزل یاد میں ان کی

Mai(n) Shauq se kahta hoon ghazal yaad mein un kee

تعبیر اسے کرتے ہیں وہ ذوقِ ہنر سے

Taabeer use karte hain wo zauq-e-hunar sey

یہ ہزار بار سوچا تجھے مانگ لوں خدا سے

Ye hazaar baar socha tujhey maa(n)g loo(n) Khoda se

رکھا روک کر خودی نے سدا مجھ کو اِس دعا سے

Rakha rok kar khudee ney sad(a) mujh ko is doa se

مرے آنسوؤں کی قیمت کوئی کیا لگا سکے گا

Mere aa(n)suo(n) ki qeemat koi kya laga sakeyga

کوئی آشنا نہیں ہے مرے جوہر وفا سے

Koi aashana nahee(n) hai mere jauhar-e-wafa se

کوئی نور ہے نہ ظلمت مری صبح و شام کیسی

Koi noor hai n(a) zulmat meri subh-o-shaam kaisee

یہ نگاہ مضطرب ہے بڑی دل شکن فضا سے

Ye nigaah muztarib hai badi dil-shikan faza se

دلِ مضطرب ٹھہر جا ، یہ خلافِ عاشقی ہے

Dil-e-muztarib thahar ja, ye khelaaf-e-aashiqee hai

نہ زبان آشنا ہو کبھی حرفِ مدّعا سے

N(a) zabaan aashana ho kabhi harf-e-mudda-aa se

مرے دل میں جل رہا ہے جو چراغ دوستی کا

Mere dil mein jal raha hai jo charaagh dosatee ka

نہ بجھا سکیں گے دشمن اسے بغض کی ہوا سے

N(a) bujha sakey(n)ge dushman ise boghz kee hawa se

مری اپنی بے بسی کا ہے گماں اسی سے مجھ کو
Meri apni beybasee ka hai gumaa(n) isee se mujhko
کہ حیات بھی ملی ہے مجھے آپ کی دعا سے
Ke hayaat bhee milee hai mujhe aap kee doa se

میں وہی حروف لے کر ترا نام لکھ رہا ہوں
Mai(n) wohi horoof leykar ter(a) naam likh raha hoon
مری لوحِ زندگی پر جو لکھے ہیں ابتدا سے
Meri lauh-e-zindagee par jo likhey hain ibteda se

گلہ ، نفرتیں ، تغافل ، تری دل شکن ادائیں
Gil(a), nafratey(n), taghaaful, teri dil-shikan adaayey(n)
ملے مجھ کو بس یہ تحفے تری بزمِ دلرُبا سے
Mile mujh ko bas ye tohfey teri bazm-e-dilroba sey

ذرا ضبط بھی سکھاؤ کبھی اپنی آرزو کو
Zar(a) zabt bhee sikhaao kabhi apni aarazoo ko
کہیں ہو نہ جائے برہم کوئی شوقؔ التجا سے
Kahi(n) ho n(a) jaayey barham koyi Shauq ilteja sey

فکرِ سخن میں اور نہ نقدِ سخن میں ہے
Fikr-e-sokhan mein aur n(a) naqd-e-sokhan mein hai

رعنائی غزل تو ترے بانکپن میں ہے
Raanaai-e-ghazal to terey baa(n)kapan mein hai

نازاں جدیدیت پہ ہیں اہلِ قلم عبث
Naazaa(n) jadeediat pe hain ahl-e-qalam abas

ہر رسمِ نو کی روح تو رسمِ کہن میں ہے
Har rasm-e-nau ki rooh to rasm-e-kohan mein hai

شکوہ نہ سُن سکوں گا کبھی میں حیات کا
Shikwa n(a) sun sakoo(n)g(a) kabhee mai(n) hayaat ka

وہ بھی تو میرے ساتھ اِسی انجمن میں ہے
Wo bhee to meyre saath isee anjuman mein hai

رنگینیٔ حیات ہی کیا دے گئی فریب
Rangeeni-e-hayaat hi kya dey gayee fareyb

کیوں منہ چھپائے آج وہ سادہ کفن میں ہے
Kyo(n) mu(n)h chupaaye aaj wo saada kafan mein hai

ایک ایک پھول توڑ کے مالی چلا گیا
Ek eyk phool tod ke maalee chala gaya

میرے لئے بچا ہوا کانٹا چمن میں ہے
Meyrey liyey bacha hu(a) kaa(n)ta chaman mein hai

اے باغباں! تباہی کا پوچھوں نہ کیوں سبب

Ayey baaghabaa(n)! Tabaahi k(a) poochoo(n) n(a) kyo(n) sabab

میرا ہی خون ہر رگِ شاخِ چمن میں ہے

Meyra hi khoon har rag-e-shaakh-e-chaman mein hai

وہ آدمی ہے آدمی ہرگز خدا نہیں

Wo aadamee hai aadami hargiz Khoda nahee(n)

چھیڑو نہ اُسکو شوقؔ کہ دیوانہ پن میں ہے

Cheydo n(a) usko Shauq ke deewaana-pan mein hai

دل میں درد و غم ، نظر میں گردشِ ایام ہے
Dil mein dard-o-gham, nazar mein gardish-e-ayiaam hai
گلشنِ ہستی میں آنے کا یہی انجام ہے
Gulshan-e-hastee mein aaney ka yehee anjaam hai

کیف و مستی سے بھرا گو زندگی کا جام ہے
Kaif-o-mastee sey bhara go zindagee ka jaam hai
تشنہ کامی جس کی قسمت میں ہے تشنہ کام ہے
Tishna-kaami jis ki qismat mein hai tishna kaam hai

چاند ، تارے ہوں نہ ہوں ان سے مجھے کیا کام ہے
Chaand, taarey ho(n) n(a) ho(n) unsey mujhey kya kaam hai
ان کی یادوں کے دیئے روشن ہیں وقتِ شام ہے
Unki yaado(n) key diyey raushan hain waqt-e-shaam hai

روکنے دو راستہ ، دنیا کی ہے عادت یہی
Rokaney do raasata, dunya ki hai aadat yahee
جستجوئے منزلِ ارماں ہمارا کام ہے
Justajoo-e-manzil-e-armaa(n) hamaara kaam hai

اے مسیحا چھوڑ دے ، تجھ کو محبت کی قسم
Ayey maseeha chod dey, tujhko mohabbat kee qasam
درد ہی وجہِ سکوں ہے اب مجھے آرام ہے
Dard hee wajh-e-sakoo(n) hai ab mujhey aaraam hai

قبر میں آرام سے سوئی ہوئی ہیں حسرتیں
Qabr mein aaraam sey soyee huyee hain hasratey(n)
عمر بھر کی محنتوں کا واہ ! کیا انعام ہے
Umr bhar kee mehnato(n) ka waah! Kya eenaam hai

ہر گھڑی بدنامیاں، رسوائیاں، ناکامیاں
Har ghadee badnaamiya(n), ruswaaiyaa(n), naakaamiyaa(n)
شوقِ بے چارہ ہمیشہ موردِ الزام ہے
Shauq beychaara hameysha maured-e-elzaam hai

پھر ہوا سنکی ، فضا مہکی ، گھٹا چھائی ہے
Phir haw(a) sank(i), faza mahk(i), ghat(a) chaayee hai

میرے حصّے میں مگر موسمِ تنہائی ہے
Meyre hissey mein magar mausim-e-tanhaayee hai

پھول کہنے کو ہیں ، رنگت ہے نہ رعنائی ہے
Phool kahne ko hain, rangat hai n(a) raanaayee hai

لوگ کہتے ہیں کہ گلشن میں بہار آئی ہے
Log kahte hain ke gulshan mein bahaar aayee hai

انجمن ہے نہ وہ اب انجمن آرائی ہے
Anjuman hai n(a) wo ab anjuman-aaraayee hai

بس ادب گاہِ تصوّر میں جبیں سائی ہے
Bas adabgaah-e-tasawwur mein jabee(n) saayee hai

اب نظر آتے ہیں دن کے بھی اُجالے تاریک
Ab nazar aate hain din key bhi ujaaley taareek

چشمِ احساس سے روٹھی ہوئی بینائی ہے
Chashm-e-ehsaas se roothee hui beenaayee hai

آئینہ کر دیا دل اپنا سنورنے کو ترے
aa-in(a) kar diy(a) dil apn(a) sa(n)warne ko tere

جانتا ہوں کہ تجھے شوقِ خود آرائی ہے
Jaanta hoon ke tujhey Shauq-e-khud aaraayee hai

اب کہاں دل کی حویلی میں کوئی نقش و نگار

Ab kahaa(n) dil ki haweyli mein koi naqsh-o-negaar

صحن و دیوار پہ مدّت سے لگی کائی ہے

Sahn-o-deewaar pe muddat se lagi kaayee hai

زندگی نے تو مجھے چین سے جینے نہ دیا

Zindagee ney to mujhey chain se jeeney n(a) diya

"موت آئی ہے تو کیا جان میں جان آئی ہے"

'maut aayee hai to kya jaan me jaan aayee hai'

کی ہے اس جانِ غزل نے بھی غزل کی تعریف

Kee hai us jaan-e-ghazal ney bhi ghazal kee taareef

جانے سچ ہے کہ مری حوصلہ افزائی ہے

Jaaney sach hai ke meri hausala-afzaayee hai

منزلِ شوق پہ پہنچوں تو ہے قسمت میری

Manzil-e-Shauq pe pahu(n)choo(n) to hai qismat meyree

رستے آساں ہیں نہ اب تابِ شکیبائی ہے

Raste aasaa(n) hain n(a) ab taab-e-shakeybaayee hai

گزری ہوئی بہار کا چرچا نہ کیجیے
Guzree hui bahaar ka charcha n(a) kijiyey
اب زخم سوکھنے کو ہیں تازا نہ کیجیے
Ab zakhm sookhne ko hain taaza n(a) kijiyey

اپنے ہنر کو آپ ہی رسوا نہ کیجیے
Apney hunar ko aap hi ruswa n(a) kijiyey
احسان کیجیے تو جتایا نہ کیجیے
Ehsaan kijiyey to jataaya n(a) kijiyey

گیسو سنوارنے ہیں عروسِ حیات کو
Geysoo sa(n)waarney hain oroos-e-hayaat ko
آئینہ خلوص کو میلا نہ کیجیے
aa-eena-e-kholoos ko maila n(a) kijiyey

قدروں کا امتیاز ہے گلشن میں لازمی
Qadro(n) k(a) emteaaz hai gulshan mein laazimee
کانٹوں کے ساتھ پھولوں کو تولا نہ کیجیے
Kaato(n) ke saath phoolo(n) ko taula n(a) kijiyey

مشتاق ہوں گے اس کے مگر بے ضمیر لوگ
Mushtaaq ho(n)ge is ke magar bey-zameer log
سکّوں کے گیت سب کو سُنایا نہ کیجیے
Sikko(n) ke geet sab ko sunaaya n(a) kijiyey

مانا بڑی حسیں ہے تبسم کی یہ زباں

Maana badee hasee(n) hai tabassum ki yeh zabaa(n)

سمجھے نہ کوئی ایسا اشارا نہ کیجئے

Samjhey n(a) koyi aisa eshaara n(a) kijiyey

بن جائے گا یہ ذوقِ طلب ایک دن عذاب

Ban jaaega ye zauq-e-talab eyk din azaab

دامن کو زندگی کے کشادا نہ کیجئے

Daaman ko zindagee ke kushaada n(a) kijiyey

چہرے پہ ہے لکھی ہوئی سب داستانِ شوق

Chehrey pe hai likhee hui sab daastaan-e-Shauq

پڑھ لیجئے بیاں کا تقاضا نہ کیجئے

Pardh lijiyey bayaa(n) k(a) taqaaza n(a) kijiyey

میرے بارے میں ہے کیا سوچا ذرا فرمایئے
Meyre baarey mein hai kya socha zara farmaaiyey
چھوڑیئے لوگوں کو اپنا فیصلا فرمایئے
Chodiyey logo(n) ko apna faisala farmaaiyey

دل کے ویرانے میں کیسے کھل اُٹھے تازہ گلاب
Dil ke weeraaney mein kaisey khil uthey taaza gulaab
کون ایسے وقت میں یاد آ گیا فرمایئے
Kaun aisey waqt mein yaad aa gaya farmaaiyey

وہ غزل بن کر چلے آئیں گے خود ہی بزم میں
Wo ghazal bankar chaley aaey(n)ge khud hi bazm mein
آپ ان کی ہر ادا کا قافیا فرمایئے
Aap unkee har ada ka qaafiya farmaaiyey

آپ ہم سے دور کب ہیں ہر نفس کے ساتھ ہیں
Aap ham sey door kab hain har nafas key saath hain
آپ کو کیسے کہیں خود سے جدا فرمایئے
Aapko kaisey kahey(n) khud sey juda farmaaiyey

کس کا دل دُکھتا ہے اب حالت کسی کی دیکھ کر
Kisk(a) dil dukhta hai ab haalat kisee kee deykh kar
اپنے حق میں آپ خود ہی کچھ دعا فرمایئے
Apne haq mein aap khud hee kuch doa farmaaiyey

دشمنی کا زہر بھر کر دوستی کے جام میں
Dushmanee ka zahr bhar kar dosatee key jaam mein
کس نے الفت کو یہاں رسوا کیا فرمائیے
Kisne ulfat ko yahaa(n) ruswa kiya farmaaiyey

کھولئے مت زندگی تو مسئلوں کی ہے کتاب
Kholiyey mat zindagee to mas-alo(n) kee hai ketaab
جو ابھی درپیش ہے وہ مسئلہ فرمائیے
Jo abhee darpeysh hai wo mas-ala farmaaiyey

کھینچتی تھی ہر قدم پر راہ میں زنجیر شوق
Khai(n)chatee thee har qadam par raah mein zanjeer-e-shauq
راستہ منزل کا کب دشوار تھا فرمائیے
Raasta manzil k(a) kab dushwaar tha farmaaiyey

شوق کی محفل پہ اب حسنِ غزل ہے بے اثر
Shauq kee mahfil pe ab husn-e-ghazal hai bey-asar
دورِ حاضر کا ہی کوئی مرثیہ فرمائیے
Daur-e-haazir ka hi koyee marsiya farmaaiyey

ہر چند چاہتا ہے کہ زیر و زبر کرے
Har chand chaaht(a) hai ke zeyr-o-zabar karey
کشتی پہ ہے خدا کا کرم کیا بھنور کرے
Kashtee pe hai Khoda k(a) karam kya bha(n)war karey

اب اپنے آشیاں کی طرف بھی نظر کرے
Ab apne aashyaa(n) ki taraf bhee nazar karey
ہے وقتِ شام ختم پرندہ سفر کرے
Hai waqt-e-shaam khatm parinda safar karey

کیسے شبِ فراق کو وہ در گذر کرے
Kaisey shab-e-feraaq ko wo dar-guzar karey
پہلو بدل بدل کے جو راتیں بسر کرے
Pahloo badal badal ke jo raatey(n) basar karey

کس نے کہا طویل کرے ، مختصر کرے
Kisne kaha taweel karey, mokhtasar karey
منزل کی آرزو ہے تو عزم سفر کرے
Manzil ki aarazoo hai to azm-e-safar karey

اب غم کی داستاں سے مری تھک گئی زباں
Ab gham ki daastaa(n) se meri thak gayee zabaa(n)
جو رہ گئی ہے اس کو بیاں چشمِ تر کرے
Jo rah gayi hai usko bayaa(n) chasm-e-tar karey

جلوہ تو اس کا عام ہے ہر سمت ، ہر گھڑی

Jalwa to usk(a) aam hai har simt har ghadee

جس کو ہو شوقِ دید وہ پیدا نظر کرے

Jisko h(o) shauq-e-deed w(o) paida nazar karey

میں سنگِ میل بن کے ہوں راہِ حیات میں

Mai(n) sang-e-meel ban ke hoon raah-e-hayaat mein

ممکن نہیں کہ مجھ کو کوئی در بدر کرے

Mumkin nahee(n) ke mujhko koi dar-ba-dar karey

اب صبحِ معتبر نہیں اک شامِ غم ہوں میں

Ab subh-e-motabar nahi(n) ek shaam-e-gham hu(n) mai(n)

کیسے نگاہ مجھ پہ کوئی دیدہ ور کرے

Kaisey nigaah mujh pe koi deedawar karey

حاجت خلوص کی ہے تری التجا کو شوقؔ

Haajat kholoos kee hai teree ilteja ko Shauq

دل سے نہ ہو تو کوئی دعا کیا اثر کرے

Dil sey n(a) ho to koyi doa kya asar karey

ہے قناعت تو پھر کمی کیا ہے

Hai qana-at to phir kamee kya hai

مفلسی کیا ہے ، بے زری کیا ہے

Muflisee kya hai, bey-zaree kya hai

اوڑھے ظلمت ہے چادرِ زرّیں

Odhe zulmat hai chaadar-e-zarree(n)

اس زمانے کی روشنی کیا ہے

Is zamaaney ki raushanee kya hai

آسمانوں کی خاک کیوں چھانیں

Aasmaano(n) ki khaak kyo(n) chaaney(n)

اس زمیں پر بھلا کمی کیا ہے

Is zamee(n) par bhala kamee kya hai

لوگ پینے لگے لہو اپنا

Log peeney lage lahoo apna

ایک وحشت ہے تشنگی کیا ہے

Eyk wahshat hai tishnagee kya hai

کیوں نہ خونِ جگر بچا رکھوں

Kyo(n) n(a) khoon-e-jigar bacha rakh-khoo(n)

یہ ستم کوئی آخری کیا ہے

Ye sitam koyi aakehree kya hai

ایک ہی بار آزما لیتے

Eyk hi baar aazama leytey

امتحاں یہ گھڑی گھڑی کیا ہے

Imtehaa(n) yeh ghadee ghadee kya hai

دولتِ زندگی تجھے دے دی

Daulat-e-zindagee tujhey dey dee

اے قضا اور ڈھونڈتی کیا ہے

Ayey qaza aur dhoondatee kya hai

کوئی یہ آج تک نہیں سمجھا

Koyee yeh aaj tak nahee(n) samjha

کیا ہے انسان آدمی کیا ہے

Kya hai insaan, aadamee kya hai

اک بہانہ ہے غم بھلانے کا

Ek bahaan(a) hai gham bhulaaney ka

ورنہ یہ شوقِ شاعری کیا ہے

Warn(a) ye Shauq-e-shaaeree kya hai

کیا وہ جانیں کہ عبادت کی حقیقت کیا ہے

Kya wo jaaney(n) ke ebaadat ki haqeeqat kya hai

جن کو معلوم نہیں حرفِ محبت کیا ہے

Jinko maaloom nahi(n) harf-e-mohabbat kya hai

دل میں پوشیدہ کدورت ہے محبت کیا ہے

Dil me posheed(a) kadoorat hai mohabbat kya hai

ورنہ اخلاق کی بدلی ہوئی صورت کیا ہے

Warn(a) ekhlaaq ki badlee hui soorat kya hai

جس نے ناموس کو کتنوں کی ہے نیلام کیا

Jis ne naamoos ko ketno(n) ki hai neelaam kiya

مجھ سے وہ پوچھنے آیا ہے شرافت کیا ہے

Mujhse wo poochne aaya hai sharaafat kya hai

آنکھ والوں کے لئے وہ تو جلاتے ہیں چراغ

Aa(n)kh waalo(n) ke liye wo to jalaatey hain charaagh

ورنہ اندھوں کو اُجالے کی ضرورت کیا ہے

Warn(a) andho(n) ko ujaaley ki zaroorat kya hai

بس پسینے کے ہی قطرے تو ہیں دہقانوں کو

Bas paseeney ke hi qatrey to hain dehqaano(n) ko

اور بے چاروں کو انعام مشقّت کیا ہے

Aur beychaaro(n) ko enaam-e-mashaqqat kya hai

ہم جہاں جائیں گے، جائے گا مقدّر اپنا
Ham jahaa(n) jaae(n)ge, jaaeyg(a) moqaddar apna
رنج قسمت میں ہے، خوشیوں سے شکایت کیا ہے
Ranj qismat mein hai, khushio(n) se shekaayat kya hai

کوئی دکھ، کوئی بھی غم پاس نہ تیرے آئے
Koyi dukh, koyi bhi gham paas n(a) teyrey aayey
اور کیا ہے مرا ارماں، مری حسرت کیا ہے
Aur kya hai mer(a) armaa(n), meri hasrat kya hai

اِن کو تربت پہ بھی جلنے نہیں دیتا کچھ دیر
Inko turbat pe bhi jalney nahi(n) deyta kuch deyr
جانے طوفاں کو چراغوں سے عداوت کیا ہے
Jaane toofaa(n) ko charaagho(n) se adaawat kya hai

ہنس کے کہتی ہے ہوا اب بھی تو رشتہ توڑیں
Ha(n)s ke kahtee hai hawa ab bhi to rishta todey(n)
زرد پتّوں کو ہرے پیڑ سے نسبت کیا ہے
Zard patto(n) ko hare peyd se nisbat kya hai

یہ محبت کا تقاضہ ہے کہ لب بند رہیں
Yeh mohabbat k(a) taqaaza hai ke lab band rahey(n)
شوقؔ کیسے کہے کیا رنج ہے راحت کیا ہے
Shauq kaisey kahey kya ranj hai raahat kya hai

کر دیا دل کو محبّت کا خزانا ہم نے
Kar diya dil ko mohabbat k(a) khazaana ham ney
ایک کوزے میں چھپا رکھّا ہے دریا ہم نے
Eyk kooze mein chupa rakh-kh(a) hai darya ham ne

سارے الزام تباہی کے لئے سر اپنے
Saare elzaam tabaahee ke liyey sar apney
تجھ کو ہونے نہ دیا خلق میں رسوا ہم نے
Tujhko honey n(a) diya khalq mein ruswa ham ney

پی گئے پیاس میں کچھ لوگ سمندر کتنے
Pee gaye pyaas mein kuch log samundar ketney
ایک قطرے کا نہ احسان اٹھایا ہم نے
Eyk qatre k(a) n(a) ehsaan uthaaya ham ney

زندگی دی ہے تو جینے کی ادا بھی دے دے
Zindagee dee hai to jeeney ki ada bhee dey dey
میرے اللہ کہاں مانگا خزانا ہم نے
Meyre Allaah kahaa(n) maa(n)g(a) khazaan(a) ham ney

تجربہ دینے کو آئے تھے بُرے دن شاید
Tajreba deyne ko aayey the burey din shaayad
آپ پہچان لیا اپنا پرایا ہم نے
Aap pahchaan liya apn(a) paraaya ham ney

زندگی سے تو بھلی موت ہی اپنی نکلی

Zindagee sey to bhalee maut hi apnee niklee

منتظر اس کے لئے خود کو نہ رکھا ہم نے

Muntazir iske liye khud ko n(a) rakh-kha ham ney

آتے جاتے رہے یہ ہاتھ ہمارے خالی

Aatey jaate rahe yeh haath hamaarey khaalee

شہرِ ہستی میں نہ کچھ کھویا نہ پایا ہم نے

Shahr-e-hastee mein n(a) kuch khoy(a) n(a) paaya ham ney

گردشِ وقت کو تیری ہے حمایت حاصل

Gardish-e-waqt ko teyree hai hemaayat haasil

خوب پہچان لیا تجھ کو بھی دنیا ہم نے

Khoob pahchaan liya tujh k(o) bhi dunya ham ney

شوقِ کمبخت نے مانا ہے ضرورت کو خدا

Shauq-e-kambakht ne maana hai zaroorat ko Khoda

ہو کے مجبور نہ سر اپنا جھکایا ہم نے

Ho ke majboor n(a) sar apn(a) jhukaaya ham ney

انسانیت تھی مدِّ نظر دیکھتے رہے

Insaaniat thi madd-e-nazar deykhatey rahey

پہنچے نہ دشمنوں کو ضرر دیکھتے رہے

Pahu(n)chey n(a) dushmano(n) ko zarar deykhatey rahey

دکھلا رہی تھی راہِ وفا دل کی روشنی

Dekhla rahee thi raah-e-wafa dil ki raushanee

منزل تھی اپنے پیشِ نظر دیکھتے رہے

Manzil thi apne peysh-e-nazar deykhatey rahey

تیغِ ستم کے آگے ذرا بھی نہیں جھکا

Teygh-e-sitam ke aage zara bhee nahee(n) jhuka

حیرت سے لوگ جرأتِ سر دیکھتے رہے

Hairat se log jur-at-e-sar deykhatey rahey

ہر دن نیا لباس بدلتی رہی حیات

Har din naya lebaas badaltee rahee hayaat

تا عمر ایک زیر و زبر دیکھتے رہے

Ta umr eyk zeyr-o-zabar deykhatey rahey

جلتا رہا چراغ ترے انتظار کا

Jalta raha charaagh tere intezaar ka

شعلوں میں اپنا خونِ جگر دیکھتے رہے

Sholo(n) mein apn(a) khoon-e-jigar deykhatey rahey

404

سارے جہاں میں جشنِ چراغاں تھا ہم مگر

Saarey jahaa(n) mein jashn-e-charaaghaa(n) tha ham magar

بجھتا ہوا چراغِ سحر دیکھتے رہے

Bujhta hua charaagh-e-sahar deykhatey rahey

کیا آسمان دے گا یہ ہم کو خبر نہ تھی

Kya aasmaan dey g(a) ye ham ko khabar n(a) thee

سب دیکھتے تھے ہم بھی اُدھر دیکھتے رہے

Sab deykhate the ham bhi udhar deykhatey rahey

ہر سو لگی تھی آگ کسے دیکھتا کوئی

Har soo lagee thi aag kise deykhata koee

سب لوگ اپنا اپنا ہی گھر دیکھتے رہے

Sab log apn(a) apn(a) hi ghar deykhatey rahey

مدّت کے بعد آئے وطن لوٹ کر جو شوقؔ

Muddat ke baad aaye watan laut kar j(o) Shauq

گھنٹوں حویلیوں کے کھنڈر دیکھتے رہے

Ghanto(n) haweylio(n) ke kha(n)dar deykhatey rahey

405

کب سکوں پایا کہاں اپنے مقدّر بدلے
Kab sakoo(n) paay(a) kahaa(n) apne moqaddar badley

آپ کے شہر میں ہم نے تو بہت گھر بدلے
Aapke shahr mein ham ney to bahut ghar badley

وقت کے ساتھ ہی میخانے کے تیور بدلے
Waqt key saath hi maikhaane ke teywar badley

رند بدلے کبھی ساقی کبھی ساغر بدلے
Rind badley kabhi saaqee kahbi saaghar badley

غم کے ماروں کو جو آرام سے نیند آ جائے
Gham ke maaro(n) ko jo aaraam se neend aa jaayey

کس لئے کوئی بھلا درد کا بستر بدلے
Kis liye koyi bhala dard k(a) bistar badley

میں بدل جاؤں زمانے میں مگر ناممکن
Mai(n) badal jaau(n) zamaane mein magar naa-mumkin

جو شرافت ہے مری ذات کے اندر بدلے
Jo sharaafat hai meri zaat ke andar badley

سخت جاں ہوں ، نہیں آسان کوئی قتل مرا
Sakht jaa(n) hoon, nahi(n) aasaan koi qatl mera

کہہ دو قاتل سے کوئی دوسرا خنجر بدلے
Kah do qaatil se koi doosar(a) khanjar badley

اپنی خدمت پہ کیا ذات کو اپنی ماموُر

Apni khidmat pe kiya zaat ko apnee maamoor

وقت بدلا تو رئیسوں نے بھی نوکر بدلے

Waqt badla to ra-eeso(n) ne bhi naukar badley

معتبر آج کی دنیا میں وہی ہے شاید

Motabar aaj ki dunya mein wohi hai shaaed

اپنا چہرہ جو یہاں شوقؔ برابر بدلے

Apn(a) chehra jo yahaa(n) Shauq baraabar badley

نہ ہے ردیف کی خاطر نہ قافیئے کے لئے

N(a) hai radeef ki khaatir n(a) qaafiyey ke liyey

غزل ہے میری محبّت کے سلسلے کے لئے

Ghazal hai meyri mohabbat ke silsiley ke liyey

وہ لائے سنگ مرے دل کے آئینے کے لئے

Wo laaye sang mere dil ke aa-iney ke liyey

بہانہ کوئی ضروری تھا حادثے کے لئے

Bahaan(a) koyi zarooree th(a) haadesey ke liyey

انہیں کے ساتھ ہوں منزل کی جستجو میں رواں

Inhee(n) ke saath hoon manzil ki justajoo mein rawaa(n)

ہیں ہم سفر مرے غم میرے راستے کے لئے

Hain hamsafar mere gham meyre raasatey ke liyey

وہ دور رہ کے بھی رہتا ہے شیشۂ دل میں

Wo door rah ke bhi rahta hai sheesha-e-dil mein

یہ قربتوں کا ہے پیمانہ فاصلے کے لئے

Ye qurbato(n) ka hai paimaan(a) faaseley ke liyey

نظارہ دیکھ لے اپنا ذرا مرے دل میں

Nazaar(a) deykh le apna zara merey dil mein

نگاہ ترسے گی پھر ایسے آئینے کے لئے

Nigaah tarsegi phir aise aa-iney ke liyey

بُرا ضرور ہوں اتنا بُرا نہیں لیکن
Bura zaroor hoon etna bura nahee(n) leykin
بُرا کسی کا کروں اپنے فائدے کے لئے
Bura kisee k(a) karoo(n) apne faayedey ke liyey

مری نظر میں وہ دشمن ہے قابلِ تعریف
Meri nazar mein wo dushman hai qaabil-e-taareef
جو میرے سامنے آیا مقابلے کے لئے
Jo meyre saamne aaya moqaabeley ke liyey

کسے خبر ہے میری ذات ہے وہی ہیرا
Kisey khabar hai meri zaat hai wohee heera
تمام عمر جو ترسا ترے گلَے کے لئے
Tamaam umr jo tarsa tere galey ke liyey

ذرا بھی غور نہ اس پر تو کر سکا افسوس
Zara bhi ghaur n(a) us par tu kar saka afsos
جو بات میں نے کہی تھی ترے بھلے کے لئے
Jo baat maine kahee thee terey bhaley ke liyey

یہ شہرِ شوق تو ویران ہو چکا کب کا
Ye shahr-e-Shauq to weeraan ho chuka kab ka
اب آئے ہو تو یہاں کیا ہے دیکھنے کے لئے
Ab aaey ho to yahaa(n) kya hai deykahney ke liyey

گر پریشان ہو بقا کے لئے

Gar pareyshan ho baqa ke liyey

مَر کے زندہ رہو سدا کے لئے

Mar ke zinda raho sada ke liyey

بزمِ دنیا جو ہے خطا کے لئے

Bazm-e-dunya jo hai khata ke liyey

قید خانہ ہے پارسا کے لئے

Qaid-khaana hai paarsa ke liyey

توبہ کب تک کریں خطا کے لئے

Taub(a) kab tak karey(n) khata ke liyey

ہے بُلاہٹ چلیں سزا کے لئے

Hai bolaahat chaley(n) saza ke liyey

ہے محبت کی روشنی درکار

Hai mohabbat ki raushanee darkaar

زندگی جیسی رہنما کے لئے

Zindagee jaisi rahnuma ke liyey

پیار رکھ دیتے ہیں بساط پہ وہ

Pyaar rakh deyte hain besaat pe woh

میرے ہر مہرۂ وفا کے لئے

Meyre har mohra-e-wafa ke liyey

اس زمانے کو ہے نصیب کہاں
Is zamaaney k(o) hai naseeb kahaa(n)
چاہیے سر جو کربلا کے لئے
Chaahiye sar jo Karbala ke liyey

جس نے دشوار زندگی کر دی
Jisne dushwaar zindagee kar dee
ہم ہیں زندہ اُسی اَنا کے لئے
Ham hain zinda usee ana ke liyey

زخم خوردہ زبان ہے مجبور
Zakhm-khurda zabaan hai majboor
شکوۂ عہدِ حاضرہ کے لئے
Shikwa-e-ahd-e-haazera ke liyey

حسنِ کردار بھی ضروری ہے
Husn-e-kirdaar bhee zarooree hai
زندگی کی حسیں قبا کے لئے
Zindagee kee hasee(n) qaba ke liyey

دل کی پاکیزگی ہے آبِ گہر
Dil ki paakeezagee hai aab-e-gohar
حُسن ہے زیورِ حیا کے لئے
Husn hai zeywar-e-haya ke liyey

ہو حقیقت کی ایک زباں اُردو

Ho haqeeqat ki ek zabaa(n) Urdu

لازمی ہے یہ ارتقاء کے لئے

Laazemee hai ye irteqa ke liyey

جو ہیں روشن ضمیر دنیا میں

Jo hain raushan zameer dunya mein

شوقؔ ڈھونڈو انہیں ضیاء کے لئے

Shauq dhoondo unhey(n) zeya ke liyey

مت اُٹھا ہاتھ تو خدا کے لئے

Mat utha haath too Khoda ke liyey

جو نہ جائز ہو اُس دعا کے لئے

Jo n(a) jaaez ho us doa ke liyey

مجھ سے روٹھے ہو کس خطا کے لئے

Mujh se roothey ho kis khata ke liyey

جھوٹ مت بولنا خدا کے لئے

Jhoot mat bolna Khoda ke liyey

کس نے بخشا شعور تجھ کو حیات!

Kisne bakhsha shaoor tujh ko hayaat!

یہ سلیقے کہاں سے جا کے لئے

Yeh saleeqey kahaa(n) se ja ke liyey

ظلم کرتا نہیں ہوں ، سہتا ہوں

Zulm karta nahee(n) hu(n) sahta hoon

دے کوئی داد اِس ادا کے لئے

Dey koi daad is ada ke liyey

سادگی کا ہی رنگ ہے افضل

Saadagee ka hi rang hai afzal

خوش لباسوں کی ہر قبا کے لئے

Khush lebaaso(n) ki har qaba ke liyey

413

بستے بستے بسا ہے خانۂ دل

Baste bastey basa hai khaana-e-dil

مت اُجاڑو اسے خُدا کے لئے

Mat ujaado isey Khoda ke liyey

گھر میں رہ کر ترس رہے ہیں لوگ

Ghar mein rahkar taras rahey hain log

گھر کی چاہت بھری فضا کے لئے

Ghar ki chaahat bharee faza ke liye

خوش وہ رہتے تو حوصلہ کرتا

Khush wo rahtey to hausala karta

غم کے اظہارِ برملا کے لئے

Gham ke ezhaar-e-barmala ke liyey

وقت کہتا ہے جُھوٹ ہی بولو

Waqt kahta hai jhoot hee bolo

یہ تو ہے موت حق نوا کے لئے

Yeh to hai maut haq nawa ke liyey

ہم نے دل میں دیے جلائے ہیں

Ham ne dil mein diyey jalaayey hain

امتحاں سخت ہے ہوا کے لئے

Imtehaa(n) sakht hai hawa ke liyey

ان کی مدحت کا باب ہو جائے

Unki midhat k(a) baab ho jaayey

دل وفا کی کتاب ہو جائے

Dil wafa kee ketaab ho jaayey

زندگی ہے اُمید پر قائم

Zindagee hai umeed par qaayam

ورنہ جینا عذاب ہو جائے

Warn(a) jeena azaab ho jaayey

مت بجھا تو ابھی نظر کے دیے

Mat bujha too abhee nazar ke diyey

میرا پورا تو خواب ہو جائے

Meyr(a) poora to khwaab ho jaayey

باغ میں تم جو ہنس کے بات کرو

Baagh mein tum jo ha(n)s ke baat karo

میرا حاسد گلاب ہو جائے

Meyr(a) haasid gulaab ho jaayey

توبہ کر لو گُناہ سے، کب جانے

Taub(a) kar lo gunah se kab jaaney

بند توبہ کا باب ہو جائے

Band tauba ka baab ho jaayey

لاش اپنی اُٹھا لوں کاندھے پر
Laash apnee utha lu(n) kaandhey par
کچھ تو کارِ ثواب ہو جائے
Kuch to kaar-e-sawaab ho jaayey

کون جانے سکوں کے نام پہ ہی
Kaun jaaney sakoo(n) ke naam pe hee
کب کہاں انقلاب ہو جائے
Kab kahaa(n) Inqelaab ho jaayey

ہم جو دے دیں لہو گلستاں کو
Ham jo dey dey(n) lahoo gulistaa(n) ko
کانٹا کانٹا گلاب ہو جائے
Kaa(n)t(a) kaa(n)ta gulaab ho jaayey

زندگی کا ہے قرض اب کتنا
Zindagee ka hai qarz ab ketna
کچھ حساب و کتاب ہو جائے
Kuch hesaab-o-ketaab ho jaayey

صحبتِ بد میں کیا تعجب ہے
Sohbat-e-bad mein kya ta-ajjub hai
نیک انساں خراب ہو جائے
Neyk insaa(n) kharaab ho jaayey

اُس سے ایسا سوال کیا کرنا
Us se aisa sawaal kya karna

شرم سے آب آب ہو جائے
Sharm sey aab aab ho jaayey

تم سوالوں کا خود ہی دے دو جواب
Tum sawaalo(n) ka khud hi dey do jawaab

جب کوئی لا جواب ہو جائے
Jab koi laa-jawaab ho jaayey

شوقؔ پیاسا ہے ، کیا ٹھکانا ہے
Shauq pyaasa hai kya thekaana hai

کب شکارِ سراب ہو جائے
Kab shikaar-e-saraab ho jaayey

ہم اپنی ضرورت کا اظہار نہیں کرتے

Ham apni zaroorat ka ezhaar nahee(n) kartey

چہرے کو مصیبت کا اخبار نہیں کرتے

Chehrey ko moseebat ka akhbaar nahee(n) kartey

ایسا نہ ہو تم ان کو خوشحال سمجھ لینا

Aisa n(a) ho tum unko khush-haal samajh leyna

جو لوگ مصیبت کا اظہار نہیں کرتے

Jo log moseebat ka ezhaar nahee(n) kartey

بس خوں کے چراغوں کو خلوت میں جلاتے ہیں

Bas khoo(n) ke charaagho(n) ko khilwat mein jalaatey hain

ہم اُن سے کبھی روشن بازار نہیں کرتے

Ham unse kabhee raushan baazaar nahee(n) kartey

ہم بچ کے کہاں جائیں خود گھر کے ہی دشمن سے

Ham bach ke kahaa(n) jaaey(n) khud ghar ke hi dushman sey

کس سمت نہیں کرتے کب وار نہیں کرتے

Kis simt nahee(n) kartey kab waar nahee(n) kartey

شکوہ ہے پڑوسی کو ہم کیسے کہیں اُس سے

Shikwa hai padosee ko ham kaise kahey(n) us sey

غربت کے سبب اونچی دیوار نہیں کرتے

Ghurbat ke sabab oo(n)chee deewaar nahee(n) kartey

نَم کرتے ہیں آنکھوں کو ہم اوروں کی خاطر بھی

Nam karte hain aakho(n) ko ham auro(n) ki khaatir bhee

اپنے ہی لئے اِن کو خونبار نہیں کرتے

Apney hi liyey inko khoo(n)baar nahee(n) kartey

ہے فن کی جو ناقدری کیوں شوقؔ ہے مایوسی

Hai fan ki jo naa-qadree kyo(n) Shauq hai maayoosee

غم اس کا کبھی سچّے فنکار نہیں کرتے

Gham isk(a) kabhee sach-chey fankaar nahee(n) kartey

ہر مسافر رہِ ہستی کا تھکا رہتا ہے
Har mosaafir rah-e-hastee k(a) thaka rahta hai

پاس منزل کے ہی بے جان پڑا رہتا ہے
Paas manzil ke hi bey-jaan pada rahta hai

جو فسادات کے سائے میں پلا رہتا ہے
Jo fasaadaat ke saaye mein pala rahta hai

امن کی جھوٹی تسلی سے ڈرا رہتا ہے
Amn kee jhooti tasalli se dara rahta hai

یا خدا دل کو مرے اب تو رہائی دے دے
Ya Khoda dil ko mere ab to rehaayee dey dey

لوگ کہتے ہیں گرفتارِ انا رہتا ہے
Log kahte hain giraftaar-e-ana rahta hai

سب کے سب ایک ہی منزل کے ہیں جانے والے
Sab ke sab eyk hi manzil ke hain jaaney waaley

پھر بھی اندازِ سفر سب کا جُدا رہتا ہے
Phir bhi andaaz-e-safar sab k(a) juda rahta hai

رنگ و بُو کے ہیں کہاں آج پرکھنے والے
Rang-o-boo key hain kahaa(n) aaj parakhney waaley

کاغذی پھولوں کا گلدان سجا رہتا ہے
Kaaghazi phoolo(n) k(a) guldaan saja rahta hai

اب سمجھتا ہی نہیں ہے کوئی مفہومِ وفا

Ab samajhta hi nahee(n) hai koi mafhoom-e-wafa

بس کتابوں میں ہی یہ لفظ لکھا رہتا ہے

Bas ketaabo(n) mein hi yeh lafz likha rahta hai

فن تو ہر دور میں بکتے ہی رہے ہیں لیکن

Fan to har daur mein biktey hi rahey hain leykin

اس نئے دور کا فنکار بکا رہتا ہے

Is nayey daur k(a) fankaar bika rahta hai

کیوں نہ چمکیں مرے اشعار گہُر کی مانند

Kyo(n) n(a) chamkey(n) mere ashaar gohar kee maanind

ان چراغوں میں مرا خون جلا رہتا ہے

In charaagho(n) mein mera khoon jala rahta hai

شوقؔ سنتا ہی کہاں ہے کسی ہمدرد کی بات

Shauq sunta hi kahaa(n) hai kisi hamdard ki baat

اپنی ہی ضد پہ وہ کمبخت اَڑا رہتا ہے

Apni hi zid pe wo kambakht ada rahta hai

ہر نظارہ مری نظروں سے خفا رہتا ہے
Har nazaara meri nazro(n) se khafa rahta hai
"کس کا چہرہ مری آنکھوں میں بسا رہتا ہے"
'kisk(a) chehra meri aa(n)kho(n) mein basa rahta hai

ٹمٹماتا ہوا اس گھر میں دیا رہتا ہے
Timtimaata hua is ghar mein diya rahta hai
شرم لگتی ہے یہ کہتے کہ جلا رہتا ہے
Sharm lagtee hai ye kahtey ke jala rahta hai

ہوں شہنشاہ و گدا یا کہ امیر و مفلس
Ho(n) shahanshaah-o-gada ya ke ameer-o-muflis
وقت کے سامنے سر سب کا جھکا رہتا ہے
Waqt ke saamaney sar sab k(a) jhuka rahta hai

آئینہ توڑ کے تونے اِسے وسعت دے دی
Aa-ina tod ke tooney ise wus-at dey dee
اس کی ہر قاش میں اب عکس ترا رہتا ہے
Is ki har qaash mein ab aks tera rahta hai

حادثے روز چلے آتے ہیں چکھنے کو لہو
Haadesey roz chale aate hain chakhney ko lahoo
ذائقہ اس کا ہی کیا سب سے جدا رہتا ہے
Zaayeqa is k(a) hi kya sab se juda rahta hai

خستہ حالی در و دیوار کی کہتی ہے مجھے
Khast(a) haalee dar-o-deewaar ki kahtee hai mujhey
دیکھنا ہے ترا گھر کیسے بچا رہتا ہے
Deykhana hai ter(a) ghar kaise bacha rahta hai

ہوچکے خاک وہاں جل کے نشیمن پھر بھی
Ho chukey khaak wahaa(n) jal ke nasheyman phir bhee
دل پرندوں کا گلستاں میں لگا رہتا ہے
Dil parindo(n) k(a) gulistaa(n) mein laga rahta hai

ہے زمیں پاؤں کے نیچے سے نکلنے والی
Hai zamee(n) paao(n) ke neechey se nikalney waalee
کہدو اس سے کہ جو مغرور کھڑا رہتا ہے
kah do us sey ke jo maghroor khada rahta hai

آج تہذیب کی میزوں سے ہے برہم خوشبو
Aaj tahzeeb ki meyzo(n) se hai barham khushboo
کاغذی پھولوں کا گلدان سجا رہتا ہے
Kaaghazi phoolo(n) k(a) guldaan saja rahta hai

مٹ سکے گا نہ مٹانے سے ترے لفظِ وفا
Mit sakeyga n(a) mitaaney se terey lafz-e-wafa
یہ ، لہو سے مرے سینے میں ، لکھا رہتا ہے
Yey, lahoo sey mere seeney mein, likha rahta hai

شوق تو ایک ہی تصویر بناتا ہے سدا
Shauq to eyk hi tasweer banaata hai sada
صرف ہر بار کوئی رنگ نیا رہتا ہے
Sirf har baar koi rang naya rahta hai

مرے لہو کی ضرورت ہے روشنی کے لئے

Merey lahoo ki zaroorat hai raushanee ke liyey

میں جی رہا ہوں چراغوں کی زندگی کے لئے

Mai(n) jee raha haoo charaagho(n) ki zindagee ke liyey

طلب کو چاہئے اک لمحہ آگہی کے لئے

Talab ko chaahiye ek lamh(a) aagahee ke liyey

دو چار دن مرے کافی ہیں زندگی کے لئے

Do chaar din mere kaafee hain zindagee ke liyey

ہمیں تھے جس نے بہاروں سے دشمنی لے لی

Hamee(n) the jisne bahaaro(n) se dushmanee ley lee

تری نظر کے اشاروں سے دوستی کے لئے

Teree nazar ke eshaaro(n) se dosatee ke liyey

بہار ایک فسانہ ہے آرزوؤں کا

Bahaar eyk fasaana hai aarazoo-o(n) ka

خزاں تو ایک حقیقت ہے زندگی کے لئے

Khazaa(n) to eyk haqeeqat hai zindagee ke liyey

لپٹ کے روتی ہے گلشن میں شاخِ گل سے ہوا

Lipat ke roti hai gulshan mein shaaakh-e-gul se hawa

خزاں کی دھوپ میں جھلسی ہوئی کلی کے لئے

Khazaa(n) ki dhoop mein jhulsee huyee kalee ke liyey

424

کسی نے مہر کی کرنوں کے پر کتر ڈالے

Kisee ne mehr ki kirno(n) ke par katar daaley

دریچے ہم نے تو کھولے تھے روشنی کے لئے

Dareeche ham ne to kholey the raushanee ke liyey

بہت ہی غم ہے سمندر کی بے قراری کا

Bahut hi gham hai samundar ki bey-qaraari ka

ذرا ملال کسی کو نہیں ندی کے لئے

Zara malaal kisi ko nahee(n) nadee ke liyey

وہ جن کے ہاتھوں نے تخلیق کی ہے محلوں کی

Wo jinke haatho(n) ne takhleeq kee hai mahlo(n) kee

ترس رہے ہیں وہی لوگ جھونپڑی کے لئے

Taras rahey hain wohee log jhoo(n)padee ke liyey

بُھلا بھی دیجئے اب بیسویں کا عہدِ ستم

Bhula bhi dijiyey ab beeswee(n) k(a) ahd-e-sitam

دُعائیں کیجئے اکّیسویں صدی کے لئے

Doaey(n) kijiye ekkeeswee(n) sadee ke liyey

کسی غزل کی ہے تصویر میری غزلوں میں

Kisi ghazal ki hai tasweer meyri ghazlo(n) mein

اشارے اور کنائے ہیں سب اُسی کے لئے

Eshaare aur kenaayey hain sab usee ke liyey

مشاعروں میں مجھے شوق کھینچ لاتا ہے

Moshaaero(n) mein mujhe Shauq khai(n)ch laata hai

وگرنہ ہے کسے فرصت یہ شاعری کے لئے

Wagarn(a) hai kise fursat ye shaaeree ke liyey

چند ہی بوند مری پیاس بجھا دیتی ہے

Chand hee boond meri pyaas bujha deytee hai

مفلسی جینے کا انداز سکھا دیتی ہے

Muflisee jeene k(a) andaaz sikha deytee hai

جی سکے گا نہ کوئی بن کے حریفِ دنیا

Jee sake ga n(a) koi ban ke hareef-e-dunya

اپنے باغی کو یہ تا عمر سزا دیتی ہے

Apne baaghee ko ye taa-umr saza deytee hai

امن کا لے کے نکلتے ہیں جو پرچم اکثر

Amn ka ley ke nikaltey hain jo parcham aksar

مصلحت ان کو بھی تلوار تھما دیتی ہے

Maslehat unko bhi talwaar thama deytee hai

اس زمانے کو ہے اک ایسی جماعت کی تلاش

Is zamaaney ko hai ek aisi jamaa-at ki talaash

نسل اور قوم کی جو قید ہٹا دیتی ہے

Nasl aur qaum ki jo qaid hata deytee hai

خوف ہر وقت لگا رہتا ہے معصوموں کو

Khauf har waqt laga raht(a) hai maasoomo(n) ko

اب عدالت کہاں مجرم کو سزا دیتی ہے

Ab adaalat kaha(n) mujrim ko saza deytee hai

ماہ و انجم کے سفر پر ہی نظر کیوں رکھئے
Maah-o-anjum ke safar par hi nazar kyo(n) rakhiyey
راہ کی دھول بھی منزل کا پتا دیتی ہے
Raah kee dhool bhi manzil ka pata deytee hai

کچھ یہاں ایسے مسافر بھی ہیں جن کو ہر گام
Kuch yahaa(n) aise mosaafir bhi hain jin ko har gaam
شوق کی راہ میں منزل ہی صدا دیتی ہے
Shauq kee raah mein manzil hi sada deytee hai

شوق کے گھر میں جو ہوتی ہے غزل کی بارش
Shauq ke ghar mein jo hotee hai ghazal kee baarish
ایک ویرانے کو گلزار بنا دیتی ہے
Eyk weeraane ko gulzaar bana deytee hai

اپنا جو حال ہے وہ زمانے کا حال ہے

Apna jo haal hai wo zamaaney k(a) haal hai

ایسا ہو گر یقین تو پھر کیا ملال ہے

Aisa ho gar yaqeen to phir kya malaal hai

آزادیوں میں قید ہوں یہ کس کی چال ہے

Aazaadio(n) mein qaid hoon yeh kiski chaal hai

جب دشتِ زندگی میں شکاری نہ جال ہے

Jab dasht-e-zindagee mein shikaaree n(a) jaal hai

بڑھ کر جو بدر تھا وہی گھٹ کر ہلال ہے

Bardh kar jo badr tha wohi ghat kar helaal hai

سچ ہے کہ ہر عروج کی قسمت زوال ہے

Sach hai ke har orooj ki qismat zawaal hai

جاں دے دے حق کی راہ میں کس کی مجال ہے

Jaa(n) dey de haq ki raah mein kiskee majaal hai

نیزے تو سر بلند ہیں سر کا سوال ہے

Neyzey to sar-buland hain sar ka sawaal hai

زندہ رہے گی میری وفا میرے بعد بھی

Zinda raheygi meyri wafa meyre baad bhee

سب کو زوال ہے یہ مگر لا زوال ہے

Sab ko zawaal hai ye magar laa-zawaal hai

راہِ سفر میں جو کوئی نکلا وہ گم ہوا

Raah-e-safar mein jo koi nikla wo gum hua

اے گردشِ حیات تری کیسی چال ہے

Ayey gardish-e-hayaat teri kaisi chaal hai

منزل کی آرزو لئے راہِ حیات میں

Manzil ki aarazoo liye raah-e-hayaat mein

تیری ہی رہگذر کا مجھے تو خیال ہے

Teyree hi rahguzar k(a) mujhey to khayaal hai

مستقبلِ حیات سے اُس کو ملے گا کیا

Mustaqbil-e-hayaat se usko miley g(a) kya

جس بدنصیب کا کوئی ماضی نہ حال ہے

Jis bad-naseeb ka koi maazi n(a) haal hai

کردار محتسب کا ادا کر رہا ہوں میں

Kirdaar mohtasib k(a) ada kar raha hu(n) mai(n)

خود اپنی ذات سے ہی جواب و سوال ہے

Khud apni zaat sey hi jawaab-o-sawaal hai

ہر چیز اب نئی ہے ہمارے مکان کی

Har cheez ab nayee hai hamaarey makaan kee

فرسودہ ہر نظر میں ہمارا خیال ہے

Farsood(a) har nazar mein hamaara khayaal hai

429

کیف و سرور بزم جہاں میں ہو کس طرح
Kaif-o-soroor bazm-e-jahaa(n) mein ho kis tarah

اب نغمۂ حیات میں سُر ہے نہ تال ہے
Ab naghma-e-hayaat mein sur hai n(a) taal hai

شہرِ غزل میں یوں تو ہیں اہلِ سخن بہت
Shahr-e-ghazal mein yoo(n) t(o) hain ahl-e-sokhan bahut

شاعر وہی ہے جس کا اچھوتا خیال ہے
Shaaer wohee hai jisk(a) achoota khayaal hai

دکھلائے باطلوں کو حقیقت کا آئینہ
Dekhlaaye baatilo(n) ko haqeeqat k(a) aa-ina

اے شوقؔ فکر و فن کا یہی تو کمال ہے
Ayey Shauq fikr-o-fan k(a) yahee to kamaal hai

آپ شاعر ہیں تو انداز بھی اپنا رکھئے
Aap shaaer hain to andaaz bhi apna rakhiyey
طرزِ غالبؔ نہ کسی میرؔ کا لہجا رکھئے
Tarz-e-Ghaalib n(a) kisee Meer k(a) lahja rakhiyey

اپنی غزلوں میں نئی فکر کو زندا رکھئے
Apni ghazlo(n) mein nayee fikr ko zinda rakhiyey
نسلِ نو کے لئے کوئی تو اثاثا رکھئے
Nasl-e-nau key liye koyee to asaasa rakhiyey

اپنے ہر درد کو اچھا ہے کہ اپنا رکھئے
Apne har dard ko achcha hai ke apna rakhiyey
اس کو اوروں کی نگاہوں میں نہ رسوا رکھئے
Isko auro(n) ki nigaaho(n) mein n(a) ruswa rakhiyey

اجنبی راہ میں خطرے بھی نئے ہوں شاید
Ajnabee raah mein khatrey bhi nayey ho(n) shaayad
اپنے ہمراہ کوئی دوست پرانا رکھئے
Apne hamraah koi dost puraana rakhiyey

طے اگر آپ کو کرنا ہے یہ ہستی کا سفر
Tai agar aapko karna hai ye hastee k(a) safar
خود کو طوفانِ حوادث کا شناسا رکھئے
Khud ko toofaan-e-hawaadis k(a) shanaasa rakhiyey

مطلبی اب تو ہر اک شخص نظر آتا ہے

Matlabi ab to har ek shakhs nazar aata hai

کس کو اپنایئے اور کس سے کنارا رکھیئے

Kisko apnaaiyey a(ur) kis se kinaara rakhiyey

وقت ہر دم نہیں رہتا ہے کسی کا یکساں

Waqt hardam nahi(n) rahta hai kisi ka yaksaa(n)

یہ شب و روز بھی بدلیں گے بھروسا رکھیئے

Yeh shab-o-roz bhi badley(n)ge bharosa rakhiyey

میں بکھرتا ہوا اک پھول ہوں اب تو مجھ سے

Mai(n) bikharta hua ek phool hu(n) ab to mujh sey

رنگ کا شوق نہ خوشبو کی تمنّا رکھیئے

Rang ka shauq n(a) khushboo ki tamanna rakhiyey

شوق سے کوئی بھی تلقین کہاں سنتا ہے

Shauq sey koyi bhi talqeen kahaa(n) sunta hai

بس سبھوں کے لئے تحسین کا جملا رکھیئے

Bas sabho(n) key liye tahseen k(a) jumla rakhiyey

دیکھتا رہتا ہوں تصویرِ تمنّا سامنے

Deykhata rahta hoon tasweer-e-tamanna saamaney

اس سے بڑھ کر اور کیا ہوگا نظارا سامنے

Is se badhkar aur kya hoga nazaara saamaney

دلکش و رنگین جو لگتی ہے دنیا سامنے

Dilkash-o-rangeen jo lagtee hai dunya saamaney

کون جانے یہ حقیقت ہے کہ دھوکا سامنے

Kaun jaaney yeh haqeeqat hai ke dhoka saamaney

زندگی پھیرے ہوئے ہے ہر تماشے سے نظر

Zindagee pheyrey huyey hai har tamaashey sey nazar

آ گیا ہے کون سا آخر تماشا سامنے

Aa gaya hai kaun sa aakhir tamaasha saamaney

کس قدر دشوار ہے یہ زندگانی کا سفر

Kis qadar dushwaar hai yeh zindagaanee ka safar

ہے اُجالا پیچھے پیچھے اور اندھیرا سامنے

Hai ujaala peeche peechey a(ur) andheyra saamaney

پوچھتا ہے مجھ سے یہ دل کا کھلونا بار بار

Poochata hai mujhse yeh dil ka khelauna baar baar

کھیلنے والا کوئی اب تک نہ آیا سامنے

Kheylaney waala koi ab tak n(a) aaya saamaney

433

نا مکمّل مقصدِ ہستی ہے شاید آج تک

Naa-mokammal maqsad-e-hastee hai shaayad aaj tak

مجھ کو آتا ہے نظر سب کچھ ادھورا سامنے

Mujh k(o) aata hai nazar sab kuch adhoora saamaney

تہہ بہ تہہ چہرے تھے اب کس کس کو کوئی دیکھتا

Tah-ba-tah chehrey the ab kis kis ko koyee deykhata

ہم نے بس دیکھا اسی کو جو تھا چہرا سامنے

Ham ne bas deykha usee ko jo tha chehra saamaney

خامشی چھائی ہوئی کیسی ہے اِس محفل میں جب

Khaam(o)shee chaayee huyee kaisee hai is mahfil mein jab

سننے والا سامنے ہے کہنے والا سامنے

Sunney waala saamaney hai kahney wala saamaney

پھول افسردہ ہیں ، کلیاں مضمحل ، بلبل اداس

Phool afsurda hain, kaliyaa(n) muzmahil, bulbul udaas

کیا بتاؤں ہے کوئی گلشن کہ صحرا سامنے

Kya bataaoo(n) hai koi gulshan ke sahra saamaney

جس کو جذبوں کے سہارے معرکہ کرنا ہے سر

Jisko jazbo(n) key sahaarey maarka karna hai sar

خود جلا دیتا ہے وہ غازی سفینا سامنے

Khud jala deyta hai wo ghaazi safeena saamaney

شوق کا تحفہ ہے اس کو کیوں نہ میں رکھوں عزیز

Shauq ka tohfa hai is ko kyo(n) n(a) mai(n) rakh-khoo(n) azeez

رکھ گیا ہے گُل کے بدلے وہ جو کانٹا سامنے

Rakh gaya hai gul ke badley wo jo kaa(n)ta saamaney

کہتا ہے یوں تو سارا زمانہ بُرا مجھے
Kahta hai yoo(n) to saar(a) zamaana bura mujhey

تیری نظر سے کاش کوئی دیکھتا مجھے
Teyree nazar se kaash koi deykhata mujhey

رستہ سمندروں میں ہے پھر کھولنا مجھے
Rasta samundaro(n) mein hai phir kholna mujhey

مالک مرے عطا ہو کلیمی عصا مجھے
Maalik merey ata ho kaleemee asa mujhey

انسانیت کی رسم ادا کر رہا ہوں میں
Insaaniat ki rasm ada kar raha hu(n) mai(n)

کچھ لوگ کہہ رہے ہیں مگر سر پھرا مجھے
Kuch log kah rahey hain magar sarphira mujhey

اک مضمحل چراغ ہوں بزمِ حیات میں
Ek muzmahil charaagh hu(n) bazm-e-hayaat mein

تجھ کو ہے اختیار جلا یا بجھا مجھے
Tujhko hai ekhteyaar jala ya bujha mujhey

دشواریوں کا راہِ محبت میں شکریہ
Dushwaario(n) k(a) raah-e-mohabbat mein shukriya

ناکامیوں نے اور دیا حوصلا مجھے
Naa-kaamio(n) ne aur diya hausala mujhey

اک دوسرے کے واسطے دونوں ہیں اجنبی
Ek doosrey ke waaste dono(n) hain ajnabee
تکتا ہوں راستے کو میں اور راستا مجھے
Takta hu(n) raasatey ko mai(n) aur raasta mujhey

تاریکیاں تھیں شہر تمنّا میں ہر طرف
Taareekiyaa(n) thi(n) shahr-e-tamanna mein har taraf
پھر بھی دکھائی دیتا رہا راستا مجھے
Phir bhee dekhaai deyta raha raasata mujhey

اپنی نگاہِ فکر ابھی موت پر نہیں
Apnee nigaah-e-fikr abhee maut par nahee(n)
کرنا ہے زندگی کا ابھی حق ادا مجھے
Karna hai zindagee k(a) abhi haq ada mujhey

روز ازل سے میں تو کتابِ حیات ہوں
Roz-e-azal se mai(n) to ketaab-hayaat hoon
دنیا سمجھ رہی ہے کوئی واقعا مجھے
Dunya samajh rahee hai koi waaq-ya mujhey

حالات موت کے ہیں مگر جی رہے ہیں لوگ
Haalaat maut key hain magar jee rahey hain log
لگتا ہے دورِ نو بھی کوئی معجزا مجھے
Lagta hai daur-e-nau bhi koee mojaza mujhey

خطرے میں آرہا ہے نظر اب مرا وجود
Khatrey mein aa raha hai nazar ab mera wojood
کس راستے پہ شوق مرا لے گیا مجھے
Kis raasate pe Shauq mera ley gaya mujhey

ہر راہ مسافر نے ہی ہموار کیا ہے
Har raah mosaafir ne hi hamwaar kiya hai
ورنہ کوئی پتھر کہیں رستے سے ہٹا ہے
Warna koi pat-thar kisi rastey se hata hai

اب تک تو وطن کی وہی مسموم فضا ہے
Ab tak to watan kee wohi masmoom faza hai
وہ امن کہاں جس کے لئے خون بہا ہے
Wo amn kahaa(n) jiske liyey khoon baha hai

پوشیدہ گناہوں کی بھی پوشیدہ سزا ہے
Posheed(a) gunaaho(n) ki bhi poosheed(a) saza hai
لگتا ہے کہ ہر وقت کوئی گھور رہا ہے
Lagta hai ke har waqt koi ghoor raha hai

اس کی ہی جسارت کا زمانے میں ہے چرچا
Uskee hi jasaarat k(a) zamaaney mein hai charcha
انساں جو رہِ شوق میں گِر گِر کے اٹھا ہے
Insaa(n) jo rah-e-shauq mein gir gir ke utha hai

اب میری نگاہوں کو بھی راس آئے تو جانوں
Ab meyri nigaaho(n) k(o) bhi raas aayey to jaanoo(n)
موسم تو گلابی ہے گلستاں بھی ہرا ہے
Mausim to gulaabee hai gulistaa(n) bhi hara hai

وہ جس نے سنائی ہے یہاں حق کی کہانی
Wo jisne sunaayee hai yahaa(n) haq ki kahaanee
تاریخ بتاتی ہے صلیبوں پہ چڑھا ہے
Taareekh bataatee hai saleebo(n) pe chadha hai

انگشت نہیں ہاتھ میں جس طرح برابر
A(n)gusht nahi(n) haath mein jis tarha baraabar
چھوٹا ہے کوئی شخص ، کوئی شخص بڑا ہے
Chota hai koi shakhs, koi shakhs bada hai

گھر سے بھی نکلنا ہے بہت سوچ سمجھ کر
Ghar sey bhi nikalna hai bahut soch samajh kar
بدلی ہوئی اس درجہ زمانے کی ہوا ہے
Badlee huyee is darj(a) zamaaney ki hawa hai

میرا بھی تو کچھ حق ہے بہاروں پہ چمن کی
Meyra bhi to kuch haq hai bahaaro(n) pe chaman kee
اس کے لئے اپنا بھی بہت خون بہا ہے
Is key liye apna bhi bahut khoon baha hai

اب شوق کو مت چھیڑ ارے گردشِ دوراں
Ab Shauq ko mat cheyd arey gardish-e-dauraa(n)
بے چارہ غمِ دل سے بہت ٹوٹ چکا ہے
Bey-chaar(a) gham-e-dil se bahut toot chuka hai

”دل سے ملتے نہیں یہ ہاتھ ملانے والے“
'Dil se miltey nahi(n) ye haath milaaney waaley'
کتنے کم ظرف ہیں موجودہ زمانے والے
Ketney kamzarf hain maujood(a) zamaaney waaley

جی کڑا رکھّیں غمِ عشق اُٹھانے والے
Jee kada rakh-khe(n) gham-e-ishq uthaaney waaley
اور کچھ تیر ستم ہیں ابھی آنے والے
Aur kuch teer-e-sitam hain abhi aaney waaley

ہو کے بدنام محبت میں تری جانِ غزل
Ho ke badnaam mohabbat mein teri jaan-e-ghazal
ہم ترے شہر میں ہیں نام کمانے والے
Ham tere shahr mein hain naam kamaaney waaley

کیا ضروری کہ تغیّر بھی انہیں راس آئے
Kya zarooree ke taghai-ur bhi unhe(n) raas aayey
انقلابات کے خواہاں ہیں زمانے والے
Inqelaabaat ke khwaahaa(n)hain zamaaney waaley

ایسی تہذیب کا بس اب ہے خدا ہی حافظ
Aisi tahzeeb k(a) bas ab hai Khoda hee haafiz
بے ادب ہوں جہاں آداب سکھانے والے
Bey adab ho(n) jahaa(n) aadaab sikhaaney waaley

آسمانوں سے اُتر کر تو نہیں آئیں گے

Aasmaano(n) se utar kar to nahee(n) aaey(n)gey

اس زمانے کو تباہی سے بچانے والے

Is zamaaney ko tabaahee se bachaaney waaley

دورِ حاضر کے موافق ہے یہ نسخہ تیرا

Daur-e-haazir ke mowaafiq hai ye nuskha teyra

زورِ گفتار سے اے کام بنانے والے

Zor-e-guftaar se ayey kaam banaaney waaley

رسمِ دنیا کو ہم اے شوقؔ بھلا کیا جانیں

Rasm-e-dunya ko ham ayey Shauq bhala kya jaaney(n)

ہم ہیں اخلاص و محبت کے گھرانے والے

Ham hain ekhlaas-o-mohabbat ke gharaaney waaley